THEORIE UND PRAXIS
DER DEUTSCHEN SOZIALDEMOKRATIE

Kleine Geschichte der SPD
Band 1

Heinrich Potthoff

Die Sozialdemokratie von den Anfängen bis 1945

Verlag Neue Gesellschaft GmbH
Bonn-Bad Godesberg

11.—15. Tausend 1975

ISBN 3—87831—156—7

53 Bonn-Bad Godesberg, Kölner Straße 149

Umschlaggestaltung: Uwe Loesch, Düsseldorf
Druck: Vorwärts-Druck, Bonn-Bad Godesberg
Printed in Germany 1975

Kleine Geschichte der SPD
Band 1

Zum Geleit

Die Sozialdemokratische Partei Deutschlands kann unter den politischen Parteien in Deutschland auf die längste Geschichte zurückblicken. Eine solche Geschichte ist Belastung und Verpflichtung zugleich. Die Kenntnis der Geschichte der Partei war über viele Jahrzehnte hinweg Grundbestandteil dessen, was man von einem Mitglied der Sozialdemokratischen Partei erwartete und erwarten konnte. Franz Mehrings „Geschichte der Sozialdemokratie" war in hohen Auflagen verbreitet. Nach dem Kriege hat vor allem die kleine Schrift von Willi Eichler zum 100jährigen Bestehen der SPD vielen als Anleitung und Richtschnur gedient. Ihre Auflage dürfte inzwischen die Viertelmillion weit überschritten haben. Dennoch hat sich in den letzten Jahren im Rahmen der politischen Bildungsarbeit der Partei das Bedürfnis immer stärker artikuliert, eine aktuellere Kurzdarstellung der Geschichte der Partei zu haben, die für Bildungsveranstaltungen als Unterlage dienen und die darüber hinaus den vielen neuen Mitgliedern der Sozialdemokratie eine Einführung geben könnte.

Dabei war es von vornherein klar — und dies muß ausdrücklich betont werden —, daß eine solche Darstellung nicht eine Art offizielle Einführung in die Geschichte der Partei sein kann. Das Verständnis der Sozialdemokratischen Partei von wissenschaftlicher Freiheit und geistigem Pluralismus schließt es aus, ihren Mitgliedern eine offizielle, sakrosankte Darstellung der Geschichte der Partei zu vermitteln. Wie jedes andere historische Geschehen, ist auch die Geschichte der SPD der kritischen Analyse der Wissenschaft und der kritischen Beurteilung der Politik ausgesetzt. Der hier vorgelegte Text ist also nicht in Form und Inhalt irgend etwas, was für Sozialdemokraten verbindlich zu sein hätte. Es ist ein Text geschrieben von Fachhistorikern, Wissenschaftlern, die seit vielen Jahren der Sozialdemokratie verbunden sind und die aus dieser Verbundenheit heraus in ihrer Verantwortung als Wissenschaftler den Versuch einer kurzen Gesamtdarstellung unternommen haben — im Bewußtsein aller Schwierigkeiten und Probleme, die ein solcher Versuch mit sich bringt.

Beide Autoren leugnen nicht, daß sie bei aller kritischen Einschätzung der Geschichte unserer Partei von der Basis des Godesberger Programms ausgehen und der stellvertretende Vorsitzende dieser Partei hat keinen Anlaß zu leugnen, daß ihn nicht zuletzt diese Tatsache bewogen hat, den vorgelegten Text für die Bildungsarbeit innerhalb

unserer Partei und auch für diejenigen, die eine erste Einführung zu erhalten wünschen, zu empfehlen.
Wir wissen alle, daß im anderen Teil Deutschlands sehr große Anstrengungen unternommen werden, um die Geschichte der SPD in einer bestimmten Richtung zu zeichnen, ja zu verzeichnen. Die Sozialdemokratische Partei kann diesem durch einen gesamten Staatsapparat getragenen Bemühen nicht mit gleicher Münze im strengen Sinne des Wortes antworten. Sie kann nur antworten mit dem Prinzip, daß die ihr angehörenden und ihr verbundenen Wissenschaftler aufgefordert werden, die Geschichte dieser Partei objektiv zu analysieren, Fehler nicht zu verschweigen, nichts zu beschönigen, nichts zu loben, wo dies nicht aus der Sicht historischer Perspektiven geboten erscheint, d. h. ihre Aufgabe in erster Linie als eine kritische zu betrachten. Die Tatsache, daß über die Einschätzung bestimmter Ereignisse verschiedene Auffassungen bestehen, bewerten wir nicht negativ, sondern als ein Element des wissenschaftlichen und politischen Fortschritts. In diesem Sinne wünsche ich der „Kleinen Geschichte der SPD“ viel Verbreitung innerhalb und außerhalb der Sozialdemokratischen Partei.

Heinz Kühn

Inhaltsverzeichnis

Dokumente

Vorwort

Die hier vorgelegte „Kleine Geschichte der SPD“ unternimmt den Versuch, das Werden und Wirken, das Denken und Handeln der deutschen Sozialdemokratie darzustellen. Ihre Geschichte ist verwoben mit dem wirtschaftlichen und sozialen Wandlungsprozeß, der durch die Industrialisierung in Deutschland eingeleitet wurde. Von daher gesehen stellt sie sich als die große Emanzipationsbewegung des „Vierten Standes“, der Arbeiterschaft, dar. Doch der demokratische Sozialismus war stets mehr als das. Seit seinen Anfängen verkörperte sich in ihm das Streben nach Befreiung aller Unterdrückten und das Ringen um eine freiheitlich-demokratische Gesellschaftsordnung als Lebensform für den sich selbst bestimmenden Menschen. Wie keine andere Partei kann hier die Sozialdemokratie auf eine ungebrochene Tradition zurückblicken. Vor Irrungen und Fehlwegen blieb auch sie nicht bewahrt. Nicht alle in ihren Reihen begriffen, daß Sozialismus untrennbar mit Freiheit und Demokratie verbunden ist. Die Sozialdemokratie hat im Laufe ihrer mehr als 100jährigen Geschichte Krisen erlebt und schwere Rückschläge verkraften müssen. In einem blieb sie sich immer treu: als Anwalt des kleinen Mannes, als Kämpferin für Frieden und Freiheit, soziale Gerechtigkeit und wahre Menschlichkeit.

Ein Buch wie dieses ist nie allein die Arbeit eines Einzelnen. Dankbar erinnert sich der Verfasser der Anregungen, die er von dem verstorbenen Willi Eichler empfing. Zu der Gestaltung dieses Werkes trugen in erheblichem Maße die Teilnehmer von Seminaren zur Geschichte der Arbeiterbewegung bei, insbesondere die SPD-Betriebsgruppe der Hoesch-AG — Werk Phoenix. Wertvoll war mir das Überlesen der Manuskripte durch Lise Hartung (Königswinter). Dieter K. Buse (Sudbury, Kanada) steuerte durch ausführliche Gespräche, kritische Hinweise und Verbesserungsvorschläge Wichtiges zu Inhalt und Form bei. In besonderem Maße nahm sich Susanne Miller (Bonn) in stetiger Hilfsbereitschaft und mit fachlichem Kommentar des Werdens dieser „Kleinen Geschichte“ an. In Jahren des engen Gedankenaustausches und der Zusammenarbeit erfuhr ich durch sie eine Fülle von wertvollen Aufschlüssen. Ihnen allen sei an dieser Stelle sehr herzlich gedankt.

Bonn, im Oktober 1973 Heinrich Potthoff

Vorwort

Zur Einführung

Als offizielle Parteibezeichnung wurde der Begriff „Sozialdemokratische Partei Deutschlands" seit 1890 verwandt. Bis heute blieb er über alle Stürme, Krisen und Neuansätze hinweg unverändert. Das Gewicht der Aussage „sozialdemokratisch" beweist sich vielleicht am besten darin, daß die „Unabhängige Sozialdemokratische Partei", die sich 1917 von der Mutterpartei abspaltete, diese Bezeichnung in ihrem Parteinamen beibehielt. „Sozialdemokratisch" nannte sich jedoch auch schon die 1869 von August Bebel und Wilhelm Liebknecht in Eisenach gegründete „Sozialdemokratische Arbeiterpartei". Die bis heute weit verbreitete Ansicht, die Eisenacher verkörperten die marxistische Komponente der Arbeiterbewegung, während das spezifisch Sozialdemokratische seine Wurzeln bei Lassalle habe, findet zumindest in den Parteinamen keine Stütze. Neben dem Bekenntnis zum „Kampf für die Befreiung der arbeitenden Klassen" und für Ersetzung der kapitalistischen Produktionsweise „durch genossenschaftliche Arbeit" dominierten im Eisenacher Programm eher freiheitlich-demokratische Forderungen. Unzweideutig wird dort festgestellt: „Die politische Freiheit ist die unentbehrliche Vorbedingung zur ökonomischen Befreiung der arbeitenden Klassen. Die soziale Frage ist mithin untrennbar von der politischen, ihre Lösung durch diese bedingt und nur möglich im demokratischen Staat [1]."
Vor über hundert Jahren wurde damit in einem offiziellen Parteiprogramm der zentrale Punkt herausgearbeitet, der das Kennzeichen für die Sozialdemokratie blieb: die enge Verknüpfung von freiheitlicher Demokratie und Sozialismus. Die Sozialistische Internationale — ähnlich auch Kurt Schumacher — hat dieses Selbstverständnis in ihrer Frankfurter Erklärung vom 3. Juli 1951 in die knappen, einprägsamen Worte gekleidet: „Es gibt keinen Sozialismus ohne Freiheit. Der Sozialismus kann nur durch die Demokratie verwirklicht, die Demokratie nur durch den Sozialismus vollendet werden [2]."
Diese Synthese zwischen Sozialismus und Demokratie war für die sozialdemokratische Arbeiterbewegung seit ihren Anfängen stets die

1 Vgl. Dokumente 3.
2 Abgedruckt u. a. in: Der demokratische Sozialismus zwischen Tradition und Fortschritt, Hrsg. Georg v. Vollmar-Schule e. V., Kochel am See 1967, S. 151 ff., Zitat S. 152.

Leitlinie ihres Handelns gewesen. Wenn auch mit der Übernahme von marxistischen Analysen, Lehrsätzen und Schlagworten in den theoretischen Aussagen Begriffe wie „Klassenkampf“, „Revolution“, „Eroberung der politischen Macht“ dominierten, so wurde das nicht als ein Gegensatz zu dem erstrebten Ziel, einem freiheitlich, demokratischen Sozialismus, verstanden.
Gegenüber Lenins Form der Diktatur des Proletariats und des Sozialismus in Rußland gab es für die überwiegende Mehrheit in den Reihen der deutschen Sozialdemokratie bis hin zu Rosa Luxemburg keinen Zweifel, daß der russische Weg nicht der ihre war. Respektierung demokratischer Mehrheitsentscheidungen, Rechtsstaatlichkeit und Streikrecht, Freiheit der Person und des Wortes, Achtung des Menschenrechts und der Menschenwürde galten den Sozialdemokraten als unabdingbare Voraussetzungen einer gerechten Gesellschaftsordnung. Sie zählten seit den Anfängen zu den Selbstverständlichkeiten, die ihr Handeln bestimmten. Nun aber wurde zur Abgrenzung von Lenins kommunistischer Bewegung ausdrücklich von freiheitlichem oder demokratischem Sozialismus gesprochen. Durch die Erfahrung mit dem Hitler-Faschismus und der Stalinschen Terrorherrschaft rückte das Bekenntnis zur Demokratie und Freiheit noch stärker ins Zentrum. Sozialdemokratie und demokratischer Sozialismus wurden zu sich überlappenden, ja weithin austauschbaren Begriffen, wenn sich auch heute Tendenzen abzeichnen, eine eher konstruierte Scheidelinie zu ziehen.
Zu solchen Interpretationen trägt sicher bei, daß im Godesberger Programm der SPD der Begriff „Sozialismus“ nicht näher umrissen ist. Als „Grundwerte des sozialistischen Wollens“ werden dort „Freiheit, Gerechtigkeit und Solidarität“ genannt. Unter ausdrücklichem Verzicht auf „letzte Wahrheiten“ bekennt sich die SPD zu einem Prinzip der gesellschaftlichen Dynamik und der Bedingtheit der Erkenntnis, des ständigen Ringens und des Aufrufs zum Handeln: „Der Sozialismus ist eine dauernde Aufgabe, Freiheit und Gerechtigkeit zu erkämpfen, sie zu bewahren und sich in ihnen zu bewähren.“

Die Schwierigkeiten, die mit dem Gebrauch der Worte „Sozialismus“ und „sozialistisch“ verbunden sind, werden in unserer heutigen Zeit aufs neue deutlich. Sie sind allerdings so alt wie der Begriff des „Sozialismus“ selbst, der nach 1800 zunehmend Eingang in den politischen Wortschatz fand. Seit Marx und Engels gewann unter den Anhängern der marxistischen Theorien eine Auslegung Raum, die unter „Sozialismus“ die nach der Vergesellschaftung der Produktionsmittel entstehende Gesellschaft ohne Ausbeutung und Unterdrückung verstand. Neben dieser Auslegung hielten sich jedoch auch andere Interpretationen und Formen, so z. B. religiöser Sozialist, genossenschaftlicher Sozialismus, Gildensozialismus, Staatssozialismus.

Daneben wurde der Begriff „Sozialismus“ und mehr noch das Wort „sozialistisch“ häufig zur Kennzeichnung der großen Emanzipationsbewegung der Arbeiterschaft verwandt, soweit sie als selbständige politische und soziale Kraft auftrat. Von hier aus gesehen bedeutet „sozialistisch“ vordringlich die Abgrenzung zu den Arbeitnehmerorganisationen im christlichen und liberalen Lager. Der Name „sozialistische“ Bewegung deckt so die ganze Breite der großen Sozial- und Freiheitsbewegung des „Vierten Standes“ mit dem Ziel einer neuen Gesellschaftsordnung der Freiheit und Gerechtigkeit. Das Ringen um den geeigneten Weg hing dabei nicht zuletzt von der staatlich-gesellschaftlichen Ordnung und der Wirtschaftsstruktur ab, denen sich die „Sozialisten“ gegenüber sahen. Da auch in den Reihen der deutschen Sozialdemokratie von den Anfängen bis zur Gegenwart die Worte „Sozialismus“ und „sozialistisch“ selten einheitlich und eindeutig gehandhabt wurden, verbietet es sich, von starren Definitionen auszugehen. Die Begriffe müssen vielmehr möglichst so verwandt werden, wie sie in der jeweiligen Zeit und von den betreffenden Personen und Gruppen verstanden wurden.
Ein Buch wie dieses darf und soll nicht bei theoretischen Darlegungen stehen bleiben. Die Geschichte der sozialdemokratischen Bewegung in Deutschland muß vielmehr vor dem Hintergrund der politisch-ökonomisch-sozialen Entwicklung betrachtet werden. Dabei ist es notwendig, auch die Gegenkräfte einzubeziehen, denen sie sich gegenüber sah. Soweit es der knappe Umfang dieser Arbeit und die Forschungslage zuläßt, wurde es versucht. Selbstverständlich muß vieles lückenhaft bleiben, wie auch bei der Darstellung der eigentlichen Parteigeschichte Schwerpunktsetzungen unumgänglich waren. Worauf es dabei ankam: nicht nur die großen Ideen und das Werk der führenden Repräsentanten zu zeigen. Diese Studie ist nicht zuletzt darum bemüht, die Situation und die Vorstellungen des einfachen Sozialdemokraten an der Basis nachzuzeichnen und die Lage des Arbeiters, Angestellten und Beamten zu beschreiben, der sich zur Sozialdemokratie hingezogen fühlte. Das kann hier verständlicherweise nur mit groben, skizzenhaften Strichen geschehen. Eine umfassende, mehrbändige Gesamtgeschichte des demokratischen Sozialismus und seiner Organisationen in Deutschland fehlt trotz einer Reihe von umfangreichen Teil- und Spezialstudien bis heute[3]. Die „Kleine Geschichte der SPD“ will, gestützt auf die bisherige Forschung, einen Einblick in die Bewegung vermitteln, die wie keine andere in Deutschland für eine gerechte, freiheitliche Staats- und Gesellschaftsordnung kämpfte und heute noch kämpft.

---

3 In der DDR erschien dagegen eine achtbändige „Geschichte der deutschen Arbeiterbewegung“, hrsg. vom Institut für Marxismus-Leninismus beim Zentralkomitee der SED, Berlin 1966.

I. Frühe Ansätze in der Revolution von 1848/49

1. Die politischen und sozialen Verhältnisse um die Jahrhundertmitte

„Freiheit, Gleichheit, Brüderlichkeit!" und „Einigkeit macht stark!" so steht es auf einer roten Fahne, die im Parteiarchiv der SPD gehütet wird. In ihrer Mitte das Bild eines Handschlags in einem Kranz aus Eichenlaub, unter dem zu lesen ist: „23. Mai 1863, Ferdinand Lassalle [1]."

Die rote Fahne ist die alte Fahne des Allgemeinen Deutschen Arbeitervereins, das Traditionsbanner der SPD. Der 23. Mai 1863, als in Leipzig eine selbständige Arbeiterpartei ins Leben gerufen wurde, gilt als die Geburtsstunde der deutschen Sozialdemokratie. Von diesem Zeitpunkt an läßt sich von einer ungebrochenen Kontinuität der sozialistischen Arbeiterbewegung in Deutschland sprechen. Eine selbständige politische Organisation, deren demokratisches und soziales Anliegen durch eine eigenständige Theorie untermauert wurde, kennzeichnet von nun an den langen Weg des von Krisen und Rückschlägen überschatteten Aufstiegs. Doch bei aller Anerkennung der Bedeutung großer Persönlichkeiten für den Lauf der Geschichte, eine Bewegung wie die Sozialdemokratie wird nicht aus dem Nichts heraus durch einen einmaligen Willensakt geschaffen. Nur unter bestimmten günstigen politischen und gesellschaftlichen Voraussetzungen hatte der energische Wille eine Chance, in die Tat umgesetzt zu werden.

Der „Handschlag" in der Fahne des Allgemeinen Deutschen Arbeitervereins erinnert daran, daß schon 15 Jahre zuvor Arbeiterorganisationen die Bühne des politischen Geschehens betraten. Die „Arbeiterverbrüderung" des Buchdruckers Stephan Born begründete die Tradition dieses Symbols. Zum erstenmal schlossen sich hier Arbeiter zu einer festen Organisation im Zeichen der Solidarität zusammen.

Im gleichen Jahr, nur wenige Monate zuvor, erschien im Februar 1848 das Kommunistische Manifest. Wenn Karl Marx und Friedrich Engels darin von Proletariern sprachen, „die keine Produktionsmittel besitzen und gezwungen sind, ihre Arbeitskraft zu verkaufen, um zu exi-

---

1 Eine Abbildung dieser Fahne befindet sich auf der hinteren Umschlagseite der auf S. 11 in Anm. 2 zitierten Schrift.

stieren"[2], so dachten sie vornehmlich an die Industriearbeiterschaft. In Mitteleuropa war das damals erst eine kleine Bevölkerungsgruppe. Die Industrialisierung steckte in Deutschland im Gegensatz zu dem weiter fortgeschrittenen England noch in den Kinderschuhen. Das Wort des Kommunistischen Manifestes von den Proletariern, die „nichts zu verlieren" hatten als ihre Ketten, traf in einem abgewandelten Sinne dennoch auf eine ganze Bevölkerungsschicht zu.

Nicht die Industrialisierung hat, wie eine auch heute noch weit verbreitete Ansicht sagt, das Elend einer breiten, schwer arbeitenden und dennoch hungernden besitzlosen Klasse geschaffen, sondern dieser „Vierte Stand", das „Proletariat", wie es in der Sprache der Zeit ausgedrückt wurde, existierte in anderen Formen schon vorher. Die Einführung der Gewerbefreiheit und die Bauernbefreiung im Zuge der Aufklärung und der Französischen Revolution und andere noch nicht genau geklärte Faktoren führten zu einem steilen Anstieg der Eheschließungen unter den Gesellen und nachgeborenen Bauernsöhnen. Zweckmäßigere Ernährung (Kartoffelanbau), Erhöhung der landwirtschaftlichen Produktion (Fruchtwechselwirtschaft), ein verbessertes Verteilungssystem für die Lebensmittel, das Ausbleiben von Seuchen wie anderer Katastrophen und Ansätze der Hygiene (Verwendung von Seife) gelten als wichtige Ursachen des explosionsartigen Bevölkerungsanstieges. So entstand das, was die Wissenschaftler „Pauperismus" (pauper = arm) nennen, eine zahlenmäßig große, vornehmlich ländliche Unterschicht, die sich gerade notdürftig am Leben erhalten konnte. Nach sozialstatistischen Berechnungen gehörten in der ersten Hälfte des 19. Jahrhunderts fast 50 Prozent der Bevölkerung zu diesem „Proletariat". Lohnende Arbeit war kaum zu finden. Besonders trostlos sah die Situation der Weber und Spinner in Schlesien, Sachsen und Westfalen aus, deren Erlös aus der Heimarbeit weit unter dem Existenzminimum lag. Ihre Aufstände gegen Hunger und Ausbeutung wurden, wie es uns Gerhart Hauptmann in seinen „Webern" so eindrucksvoll schildert, in den vierziger Jahren rücksichtslos mit militärischer Gewalt niedergeschlagen.

Fabrikarbeit bedeutete demgegenüber wenigstens Arbeit und Brot. Trotz aller Härten war sie ein Hoffnungsanker, an den man sich klammerte. Die Chance, in der Industrie Beschäftigung zu finden, bot sich vor 1850 in Deutschland nur wenigen. So begann beispielsweise die Firma Krupp 1811 mit 7 Arbeitern, 1849 beschäftigte sie 80 und erst dann setzte der steile Aufstieg ein: 1857 arbeiteten schon 1000 Mann in diesem Unternehmen. Unzulängliche Produktionsmethoden und ein Überangebot von Arbeitskräften kennzeichnen die beginnende Frühindustrialisierung. Unvorstellbare Armut großer Bevölkerungsgruppen und rasch steigender Wohlstand einer kleinen Schicht von

2 Vgl. Dokumente 1.

Kapitalisten rissen eine wachsende Kluft zwischen den Besitzenden und den Besitzlosen auf. Arbeitszeiten bis zu 13, 14, in den vierziger Jahren selbst bis zu 17 Stunden unter härtesten Bedingungen, sinkende Löhne, die man durch billige Frauen- und Kinderarbeit auszugleichen suchte, katastrophale Wohnverhältnisse und das Fehlen jeder Versorgung bei Unfall, Krankheit und Alter charakterisieren diese Epoche.

Mit der Auflösung der alten feudalen Gesellschaftsordnung und dem Vordringen des Frühliberalismus vollzog sich ein tiefgreifender Wandlungsprozeß, der nach und nach fast alle Bereiche des staatlichen und gesellschaftlichen Lebens erfaßte. Der Leitgedanke dieses sogenannten „Manchesterliberalismus" läßt sich unter dem Motto zusammenfassen: „Freie Bahn dem Tüchtigen", Kampf ums Dasein als positive Auslese. Der Träger dieser Bewegung war in erster Linie das Bürgertum, das als „Dritter Stand" in der Französischen Revolution von 1789 unüberhörbar seine Herrschaftsansprüche angemeldet hatte. In den deutschen Staaten wurde der Liberalismus im politischen Bereich von den altkonservativen Herrschaftsgruppen abgeblockt, im wirtschaftlichen kam er dagegen voll zum Tragen. Auch der Staat gab sich hier liberal, d. h. er überließ die inneren Verhältnisse des Wirtschaftsprozesses weitgehend sich selbst. Was das bedeutete, war klar. Die Starken, d. h. die Besitzer von Land, Kapital und Produktionsstätten, diktierten den Schwachen, d. h. den Besitzlosen, das Gesetz des Handelns. Nur in äußersten Fällen griff die staatliche Bürokratie, in der sich ein gewisses vorliberales Fürsorgedenken erhalten hatte, bei ganz akutem Elend ein.

In Preußen kam 1828 ein wichtiger Anstoß von dem General Horn. Er warnte vor der Kinderausbeutung durch Nachtarbeit, da infolge „des dadurch verursachten schlechten Gesundheitszustandes" Rekrutierungslücken auftreten würden. Trotz dieser Sorge um den Bestand der Armee und anderer Mahnungen und Warnungen dauerte es 11 Jahre bis zum Erlaß von Kinderschutzbestimmungen, die eine regelmäßige Beschäftigung von Kindern unter 9 Jahren in Fabriken und Bergwerken untersagten. Diese Vorschriften brachten kaum Besserung, da sie nur sehr unzulänglich durchgeführt wurden. Immerhin schritt Preußen mit dieser Kinderschutzverordnung noch anderen deutschen Staaten voran. Bayern und Baden folgten 1840, Sachsen 1861 und Württemberg im folgenden Jahr. Solche Maßnahmen blieben jedoch ein Tropfen auf den heißen Stein. Vor allem aber, das Kernproblem der sozialen Frage ließen sie völlig aus den Augen.

2. *Theorien zur Lösung der sozialen Frage*

Von England, dem Mutterland der Industrie und des Kapitalismus, hatte diese Entwicklung zuerst auf den westeuropäischen Kontinent nach Frankreich und Belgien übergegriffen. Und so, wie diese Länder zu Vorreitern der neuen Produktionsform wurden, so setzte auch hier zuerst die Auseinandersetzung mit den negativen Folgen der Industrialisierung ein. Es blieb dabei nicht bei einer Sozialkritik, sondern es wurden Theorien erörtert, wie die aus dem Wandel von der agrarisch-feudalen zur bürgerlich-industriellen Wirtschaft und Gesellschaft erwachsenden Probleme zu lösen seien.

In England versuchte der Fabrikant Robert Owen seine Ideen zur Überwindung der sozialen Ungerechtigkeit zuerst im Rahmen seiner Fabrik und dann in Amerika durch einen praktizierten Vollkommunismus nach dem Grundsatz der Gütergemeinschaft in die Wirklichkeit umzusetzen. Während der Versuch in Amerika fehlschlug, befruchteten seine Theorie und Praxis der Genossenschaften und der Sozialreform die spätere Entwicklung. Owen wurde zum Vater der Gewerkschafts- und Genossenschaftsbewegung in England. In Frankreich entwarfen vor allem Saint-Simon, der in der Wirtschaft die Triebfeder der gesellschaftlichen Entwicklung erblickte, und Fourier, für den in einer gerechten Güterverteilung die Lösung aller sozialen Probleme lag, Modelle sozialistischer und kommunistischer Gesellschaftssysteme, die bald auch Einfluß auf die Sozialkritik in Deutschland gewannen. Eine länger anhaltende Wirkung erzielte Pierre-Joseph Proudhon mit seiner Kritik des kapitalistischen „Privateigentums als Diebstahl“. Der Weg zur Durchsetzung einer sozialen Neuordnung führte für ihn über den bestehenden bürgerlichen Staat.

Die Ideen der französischen Sozialisten wurden in Deutschland u. a. durch ein Buch des konservativen Denkers und Soziologen Lorenz von Stein verbreitet, der soziale Reformen forderte. Daneben war es u. a. der Dichter Georg Büchner, der mit seinem Kampfruf „Friede den Hütten! Krieg den Palästen!“ frühsozialistisches Gedankengut weitertrug. Größeren Einfluß gewann der Schneidergeselle Wilhelm Weitling (1808—1871), der immer wieder den gewaltsamen Umsturz propagierte. Vor allem unter den wandernden deutschen Handwerksgesellen im Ausland fand er Anhänger für seine Vorstellungen. Mit der Forderung nach Gütergemeinschaft und Abschaffung des Geldes, Aufhebung der Grenzen und Verbrüderung aller Menschen zielte Weitling auf einen konsequenten Gleichheitskommunismus, in dem er auch das eigentliche Anliegen des Christentums sah.

Doch erst mit Karl Marx und Friedrich Engels traten zwei Interpreten der sozialen Problematik auf, deren Wirkung nicht auf eine kurze Zeit und einen kleinen Personenkreis beschränkt blieb. Sie haben mit ihren Ideen die Welt des 19. und 20. Jahrhunderts geprägt und verändert.

Marx und Engels

Karl Marx wurde am 5. Mai 1818 in Trier als Sohn eines jüdischen Anwalts geboren. Nach Abschluß seines Studiums arbeitete er für kurze Zeit als Journalist der liberal-demokratischen Rheinischen Zeitung in Köln. Schon nach einem halben Jahr zog er nach Paris. Nachdem er dort 1845 ausgewiesen worden war, verlegte er seinen Wohnsitz nach Brüssel. Hierhin hatte sich auch der am 28. November 1820 geborene Barmer Fabrikantensohn Friedrich Engels gewandt, mit dem Marx seit 1844 eine tiefe, lebenslange Freundschaft verband. In Paris und Brüssel standen die beiden Freunde in engem Kontakt zu dem sogenannten „Bund der Gerechten". Von einem abgesplitterten Zweig dieser Vereinigung, der sich „Bund der Kommunisten" nannte, erhielt Marx im November 1847 den Auftrag, ein umfassendes theoretisches und praktisches Parteiprogramm zu formulieren.
Das Programm wurde für eine kleine, radikale Geheimorganisation verfaßt, doch als „Kommunistisches Manifest" hat es mehr als jedes andere Schriftstück der Neuzeit Geschichte gemacht. Die Gedanken des Manifests basierten auf dem, was Marx seit Anfang der vierziger Jahre gedacht und veröffentlicht hatte. Zu nennen sind hier u. a. „Kritik des Hegelschen Staatsrechts" (1843), „Zur Kritik der Hegelschen Rechtsphilosophie" (1843/44), „Die Heilige Familie" (1844) sowie die erst später publizierten Manuskripte „Zur Kritik der Nationalökonomie" (1931) und — zusammen mit Engels — „Die deutsche Ideologie" (1932). Daneben hatte Engels' gründliche Untersuchung über „Die Lage der arbeitenden Klasse in England" (1844) viel zur Klärung ihres Standpunktes beigetragen. Dessen 1847 verfaßten thesenartigen „Grundsätze des Kommunismus" boten Marx eine weitere gute Vorarbeit. Im Februar 1848 wurde das „Manifest der Kommunistischen Partei" veröffentlicht. Am Vorabend der Revolution verkündete es drohend: „Ein Gespenst geht um in Europa — das Gespenst des Kommunismus [3]."
„Die Geschichte aller bisherigen Gesellschaft ist die Geschichte von Klassenkämpfen." In diesem Satz des Manifests drängt sich die Grundauffassung der (später von Engels so genannten) materialistischen Geschichtsauffassung zusammen. Die Bourgeoisie, so heißt es realistisch, hat in ihrer knapp hundertjährigen Klassenherrschaft den bisher größten historischen Fortschritt gebracht und ungeahnte Produktionskräfte entfesselt. Die vom Kapitalismus ausgehende Dynamik fegte die alten Schranken und Traditionen beiseite und legte so

3 Siehe hierzu und zum folgenden Dokumente 1.

den Kern der Abhängigkeit des Menschen vom Menschen bloß: die Verfügung über die Produktionsmittel, das Eigentum. „Die ganze Gesellschaft spaltet sich mehr und mehr in zwei große feindliche Lager, in zwei große, einander direkt gegenüberstehende Klassen: Bourgeoisie und Proletariat.“ Doch die Bourgeoisie ist nicht in der Lage, „noch länger die herrschende Klasse der Gesellschaft zu bleiben ... weil sie unfähig ist, ihren Sklaven die Existenz selbst innerhalb der Sklaverei zu sichern“. Die kapitalistische Produktionsweise erzeugt vielmehr ein rasch wachsendes Proletariat, das durch die Zusammenballung in den Fabriken und die Arbeit der Gewerkschaften immer stärker zu einer Einheit zusammengeschweißt wird. Die Produktionsweise aber bedinge, wie Marx im Vorwort zur „Kritik der politischen Ökonomie“ (1859) knapp und prägnant ausführte, „den sozialen, politischen und geistigen Lebensprozeß überhaupt. Es ist nicht das Bewußtsein der Menschen, das ihr Sein, sondern umgekehrt ihr gesellschaftliches Sein, das ihr Bewußtsein bestimmt[4].“ So entwickele sich im gleichen Maße wie die Bourgeoisie, d. h. das Kapital, auch das Proletariat, die Klasse der modernen Arbeiter. „Mit der Entwicklung der großen Industrie wird also unter den Füßen der Bourgeoisie die Grundlage selbst hinweggezogen, worauf sie produziert und die Produkte sich aneignet. Sie produziert vor allem ihre eigenen Totengräber. Ihr Untergang und der Sieg des Proletariats sind gleich unvermeidlich.“

Neben diesen Sätzen, in denen Marx den sich scheinbar zwangsläufig vollziehenden Ablauf der Geschichte zeichnet, stehen seine Aufrufe zur revolutionären Tat, wie hier im Manifest: „Der nächste Zweck der Kommunisten ist derselbe wie der aller übrigen proletarischen Parteien: Bildung des Proletariats zur Klasse, Sturz der Bourgeoisieherrschaft, Eroberung der politischen Macht durch das Proletariat. Die Kommunisten erklären es offen, daß ihre Zwecke nur erreicht werden können durch gewaltsamen Umsturz aller bisherigen Gesellschaftsordnung. Mögen die herrschenden Klassen vor einer kommunistischen Revolution zittern. Die Proletarier haben nichts in ihr zu verlieren als ihre Ketten, sie haben eine Welt zu gewinnen. Proletarier aller Länder vereinigt euch!“

Sowohl dieser Aufruf zur Aktion und zum gewaltsamen Umsturz, wie die These von dem „unvermeidlichen“ Sieg des Proletariats, die Marx in seinem großen theoretischen Werk „Das Kapital“ untermauerte, haben immer wieder Politiker und Wissenschaftler, Revolutionäre und Evolutionäre beschäftigt. Für die einen ist der Wandel vom frühkapitalistischen Ausbeutungssystem zur sozialen Demokratie

4 Karl Marx, Zur Kritik der politischen Ökonomie, hrsg. von Karl Kautsky, 3. Aufl. Stuttgart, Verlag J. H. W. Dietz Nachf. 1909 [1. Aufl. 1859] S. LV.

der Beweis, daß ein anderer als der von Marx gezeichnete Weg möglich war und ist. Andere hängen der These an, daß nach wie vor der Weg zum Sozialismus nur über den Sturz der bürgerlichen Gesellschaftsordnung führt. Besonders der ins Auge fallende Widerspruch von naturgesetzlich notwendiger Entwicklung und dem Drängen zum politischen Handeln, der Gebundenheit an ökonomisch-soziale Gesetze und der Freiheit zur Tat hat stets aufs neue Auseinandersetzungen darüber provoziert, was nun den Kern des Marxschen Denkens ausmache. Marx und Engels haben sich zu diesem Problem nie in eindeutiger, zweifelsfreier Weise geäußert. Doch läßt sich aus der ihr Denken bestimmenden Einheit von Theorie und Praxis am ehesten schließen, daß zwar der Sozialismus für sie eine aus der Gesellschaftsentwicklung folgende Notwendigkeit darstellte, es aber auch der „durch revolutionäre Bewußtheit bewegten Kraft des menschlichen Willens" bedurfte [5].

Das Ziel am Ende dieser Umgestaltung der Gesellschaft ist für Marx die Aufhebung der „Entfremdung des Menschen vom Menschen", die den Proletarier im kapitalistischen System zur Ware degradiere und zum „völligen Verlust des Menschen" geführt habe. Die einzige Freiheit, die das Privateigentum an Produktionsmitteln dem Arbeiter bescherte, war die bittere doppelte Freiheit: „Frei von Produktionsmitteln und frei, seine Arbeitskraft zu verkaufen." Der „Kommunismus als positive Aufhebung des Privateigentums" [6] sollte demgegenüber die Bedingungen schaffen, daß der Mensch nicht nur frei *von* etwas, sondern frei *zu* etwas wurde, d. h. daß der Mensch sich selbst verwirklichen kann. „An die Stelle der alten bürgerlichen Gesellschaft mit ihren Klassen und Klassengegensätzen" — so verkündet das Kommunistische Manifest seine Gesellschaftsvision — „tritt eine freie Assoziation, worin die freie Entwicklung eines jeden die Bedingung für die freie Entwicklung aller ist [7]."

---

5 Siehe Helga Grebing, Geschichte der deutschen Arbeiterbewegung. Ein Überblick. dtv, 3. Aufl. 1972, S. 32.

6 Siehe Dokumente 1. Vgl. dazu auch Erich Fromm, Das Menschenbild bei Marx, Frankfurt a. M., 3. Aufl. 1969, S. 44.

7 Für die in diesem Abschnitt behandelten frühen organisatorischen Zusammenschlüsse siehe vor allem Ernst Schraepler, Handwerkerbünde und Arbeitervereine 1830—1853 (= Veröffentlichungen der Historischen Kommission zu Berlin, Bd. 34) Berlin—New York 1972. Zur Entwicklung bis zum 1. Weltkrieg siehe auch Hedwig Wachenheim, Die deutsche Arbeiterbewegung 1844—1914, Köln und Opladen 1967.

3. *Das Jahr 1848 und die ersten Arbeiterorganisationen*

Mit ihrem Denken haben Marx und Engels das erreicht, was Marx in Abkehr von der bisherigen Philosophie als wirkliche Aufgabe nannte:
Es kommt darauf an, die Welt zu verändern. Doch für das Jahr 1848 spiegelte sich in der Behauptung des Manifests: „Der Kommunismus wird bereits von allen europäischen Mächten als Macht anerkannt" mehr der Wunsch als die Wirklichkeit. Marx und er gaben sich, wie Engels später bekannte, in diesem Zeitpunkt illusionären Hoffnungen hin. Ihr Manifest erreichte in Deutschland zunächst nur die kleine Anhängerschar des Bundes der Kommunisten.
Bis 1848 fehlte es in Deutschland, im Gegensatz zu England, an einer gewerkschaftlichen, aber auch an einer politischen Arbeiterbewegung. Das lag neben der im Vergleich zu den westeuropäischen Ländern viel später einsetzenden Industrialisierung vornehmlich an der staatlichen Unterdrückungspolitik der Reaktionszeit. Während in England das Koalitionsverbot schon 1824/25 aufgehoben wurde, blieben in Deutschland Koalitionen und politische Vereinsbildungen bis zur Revolution von 1848 gesetzlich untersagt. Eine scharfe Pressezensur tat das ihrige, Äußerungen freiheitlicher Bestrebungen möglichst zu verhindern. Zwar gab es einzelne soziale Selbsthilfeorganisationen der Handwerker in Form von Hilfs- und Sterbekassen, doch politische Aktivität konnte sich nur in den Vereinen der wandernden Handwerksburschen im Ausland entfalten [8]. Neues Deutschland, Junges Deutschland, Bund der Geächteten und der Bund der Gerechten sind als die wichtigsten Vereine zu nennen, in denen sich Gesellen zu Diskussionszirkeln zusammenschlossen. Die Zentren lagen zunächst vornehmlich in Frankreich und der Schweiz, bis sich nach 1840 der Schwerpunkt nach London verschob. Aus dem Bund der Gerechten erwuchs unter tatkräftiger Hilfe von Marx und Engels schließlich der 1847 in London gegründete Bund der Kommunisten. Er bestand nur wenig länger als ein Vierteljahr.
Im Februar 1848 brach in Frankreich die Revolution aus, die bald auf Deutschland übergriff. Im Gegensatz zu Frankreich, wo sich in diese Revolution starke soziale Elemente mischten, war die revolutionäre Welle in Deutschland in erster Linie eine Bewegung für nationale Einheit, demokratische Freiheit, Parlament und Verfassung. Für die meisten war daher das Ziel schon mit der nach allgemeinem, gleichem Wahlrecht gewählten verfassunggebenden Nationalversammlung in der Frankfurter Paulskirche erreicht. An sie knüpften sich jedoch auch

8 Vgl. dazu Frolinde Balser, Sozial-Demokratie 1848/49—1963. Die erste deutsche Arbeiterorganisation „Allgemeine Arbeiterverbrüderung" nach der Revolution, Stuttgart 1962.

weitergehende Hoffnungen auf eine Umgestaltung des politischen und sozialen Lebens in Deutschland. Während Marx und Engels mit der in Köln von ihnen redigierten Neuen Rheinischen Zeitung der Demokratie die Wege zur Eroberung der politischen Macht und zur Vollendung der Revolution zu weisen suchten, vollzog sich, von ihnen zunächst kaum beachtet, die erste Formierung der Arbeiterbewegung in Deutschland.

Handwerksgesellen und Arbeiter standen in vorderster Front auf den Barrikaden, als im März 1848 die revolutionäre Bewegung in Deutschland den Absolutismus in die Knie zwang. Das so geweckte Selbstbewußtsein und die neu errungenen Freiheiten ebneten die Bahn für die Gründung verschiedenartigster Organisationen. Neben den Anfängen gewerkschaftsähnlicher Zusammenschlüsse, bei denen Buchdrucker und Tabakarbeiter tonangebend wurden, traten vor allem von bürgerlichen Demokraten gegründete Arbeiterbildungsvereine in Erscheinung. Sie erwuchsen aus einem sozialen Fürsorgedenken, das in dem liberalen Bildungsideal „Bildung macht frei" den Ausweg aus der Misere sah.

Von ganz anderem Zuschnitt war die von dem Buchdrucker Stephan Born ins Leben gerufene „Arbeiterverbrüderung" [9]. Auf einem vom 23. August bis 3. September 1848 in Berlin tagenden Delegiertenkongreß von 32 Arbeitervereinen aus ganz Deutschland wurde mit der Gründung der „Allgemeinen Deutschen Arbeiterverbrüderung" eine eigenständige, politische Organisation geschaffen, die bald über 170 örtliche Vereine und Bezirksorganisationen verfügte. Es waren vor allem Handwerksgesellen und gelernte, qualifizierte Facharbeiter, die sich in der „Arbeiterverbrüderung" zusammenfanden. Zwischen ihnen und den ungelernten Arbeitern, den Handlangern, Tagelöhnern und dem sogenannten Lumpenproletariat bestand eine deutliche Kluft. Aber gerade weil diese qualifizierten Fachkräfte den Begriff „Arbeiter" auf sich anwandten und sich als Angehörige des „Arbeiterstandes", der „Arbeiterklasse" zu verstehen begannen, wuchs hier ein soziales Selbstverständnis, das den späteren Aufstieg der Arbeiterbewegung so ungeheuer beflügelt hat.

Der Wahlspruch der Arbeiterverbrüderung, „Einer für alle, Alle für einen", den später die sozialistischen Gewerkschaften nicht zufällig übernahmen, zeigt, welchen Stellenwert Born und seine Anhänger dem Gedanken der Solidarität beimaßen. Hierin lag für sie die Basis zur Emanzipation der Arbeiterklasse, durch eigene Organisationen zu einer politischen und moralischen Macht zu werden und soziale Reformen in einem demokratischen Staatswesen durchzudrücken. In einem

---

9 Zitiert nach Max Quarck, Die erste deutsche Arbeiterbewegung. Geschichte der Arbeiterverbrüderung 1848/49. Ein Beitrag zur Theorie und Praxis des Marxismus, Leipzig 1924, S. 369 und 371.

Rundschreiben vom 18. September 1848 faßte ihr Zentralkomitee die Grundlinien noch einmal zusammen: „Wir Arbeiter müssen uns selbst helfen, das ist das Prinzip, von dem der Kongreß zu Berlin ausging. Auf den Grundsatz der notwendigen Selbsthilfe baute er seine Beschlüsse, die der Öffentlichkeit zur Beurteilung jetzt vorliegen. Deutschlands Arbeiter müssen dahin streben, eine moralische Macht im Staate zu bilden, ein starker Körper zu werden, der jedem Sturme trotzt, der vorwärts und immer vorwärts dringt und in seiner Bewegung alles niederhält und forträumt, was einer freieren und besseren Gestaltung der Dinge im Wege steht, der jeden in sich aufnimmt, wer ein Herz hat für die Not der Bedrückten und selbst gefesselt ist von der Macht des Kapitals, dessen körperliche oder geistige Kräfte sich verdingen müssen an einen Glücklichen der Erde; einen jeden, der arbeitet oder arbeiten will ... Arbeiter Deutschlands, wir rufen es Euch nochmals zu: Seid einig, dann seid Ihr stark, scheut keine Hindernisse. Ihr werdet sie alle überwinden, aber nur durch vereinte Kraft! [10]"

Ihre Hoffnungen richteten sich auf die Frankfurter Paulskirche, in der das erste „volkserwählte Reichsparlament" tagte. Von ihm erwarteten sie ein Eingehen auf ihre konkreten Ziele: Koalitionsfreiheit und Arbeitsnachweis, Gesundheitseinrichtungen und Krankenunterstützungskassen, Konsum- und Produktionsgenossenschaften, gesetzlichen Arbeiterschutz und Mitbestimmung bei Arbeitszeit und Löhnen. Doch die Vorstöße einzelner Paulskirchenabgeordneter auf einen gesetzlich garantierten Mindestlohn, den Aufbau einer Sozialgesetzgebung und ein Mitbestimmungsrecht für die Arbeiter im Produktionsprozeß prallten erfolglos an der Parlamentsmehrheit ab.

Die tragende liberale Mehrheit wollte einen deutschen Nationalstaat schaffen und dem Volk gleichzeitig die bürgerlichen Freiheitsrechte gewährleisten. Sie verdankte diese Chance einer Revolution, der sie äußerst zwiespältig gegenüberstand. Einerseits machte sie Front gegen die nur vorübergehend erschütterten monarchischen Konservativen in Staat und Gesellschaft, zum anderen geriet sie in Konfrontation zu den weiterdrängenden demokratischen, republikanischen und sozialrevolutionären Kräften.

Nicht nur die Erwartungen der Arbeitervereine, sondern auch die der bürgerlichen Radikaldemokraten wurden von der Paulskirche enttäuscht. Aufgebrachte Massen demonstrierten vor dem Parlament, das von Soldaten des preußischen Königs geschützt wurde. Die Mächte der Reaktion sahen ihre Stunde gekommen, eine verlorene Stellung nach der anderen zurückzuerobern. Den Anfang machte die österreichische Monarchie, gefolgt vom preußischen König. Die Parlamente wurden auseinandergejagt und die Erhebungen entschiedener Demo-

10 Zitiert nach Schraepler, Handwerkerbünde und Arbeitervereine. S. 310.

kraten mit Waffengewalt niedergeschlagen. Die Arbeitervereine wurden nach und nach verboten und alle politischen Zusammenschlüsse unmöglich gemacht. Das Scheitern der Revolution von 1848/49 war von tiefgreifender Wirkung für die Arbeiterbewegung in Deutschland und ihr Verhältnis zum Bürgertum. Entpolitisierung, Resignation oder Anpassung an die herrschenden Mächte erfaßte breite Schichten der Liberalen. Bei Marx wie bei anderen Anwälten des „Vierten Standes" entwickelte sich allmählich das Bewußtsein, das Bürgertum habe in der Revolution von 1848 versagt und vor den Mächten des monarchischen Obrigkeitsstaates kapituliert. Die sozialdemokratische Arbeiterbewegung, wie sie sich in den kommenden sechziger Jahren entfaltete, verstand sich als Erbe dieser gescheiterten Revolution. Sie übernahm den doppelten Auftrag, die Demokratie zu erringen und die Emanzipation der Arbeiterschaft zu erkämpfen. Im Oktober 1848 hatte der Demokratische Kongreß, auf dem Stephan Born, Wilhelm Weitling und Anhänger von Karl Marx vertreten waren, sich zu dem Grundsatz bekannt, „daß nur in der demokratisch-sozialen Republik die Lösung der sozialen Frage möglich" sei [11]. Dieses Prinzip wurde eine politische Leitlinie der deutschen Sozialdemokratie.

11 A. a. O. S. 318

II. Die Entstehung der sozialdemokratischen Arbeiterbewegung

1. *Ferdinand Lassalle und der Allgemeine Deutsche Arbeiterverein*

„Nach fünfzehnjährigem Schlummer rief Lassalle — und dies bleibt sein unsterbliches Verdienst — die Arbeiterbewegung wieder wach in Deutschland [1]." Mit diesen Worten würdigte kein geringerer als Karl Marx das Wirken Ferdinand Lassalles. Die politische Reaktion in den Jahren nach der gescheiterten Revolution von 1848 hatte das Streben nach Freiheit, Demokratie und politischer Gleichberechtigung zwar unterdrücken, aber nicht abtöten können. Die italienische Einigungsbewegung und eine kurzfristige Lockerung in der preußischen Politik mit der Abkehr von ihrer einseitigen Ausrichtung auf die agrarisch-konservativen Kräfte wirkten als Initialzündung einer Politisierungswelle. Sie gab nicht nur dem nationalen Einheitswunsch kräftigen Auftrieb, sondern verlieh auch dem Emanzipationsbestreben der von der politischen Verantwortung ferngehaltenen Schichten Impulse. Noch einmal trat das liberale Bürgertum als erster Anwalt für Parlamentarismus und demokratische Rechte, Freiheit und nationale Einheit auf. In Preußen kam es zum Kampf zwischen Parlament und Monarch, der schließlich zu ungunsten der Liberaldemokraten entschieden wurde, als 1862 mit Bismarck ein überlegener, tatkräftiger Gegenspieler die Bühne betrat.

Für Ferdinand Lassalle wurde dieser Verfassungskonflikt zu einem Schlüsselerlebnis. Während Marx und Engels im Kommunistischen Manifest dafür eingetreten waren, „überall an der Verbindung und Verständigung der demokratischen Parteien aller Länder zu arbeiten" [2], gewann Lassalle die Überzeugung, daß die Liberalen und mit ihnen die gesamte Bourgeoisie nicht bereit seien, energisch für die Demokratie zu kämpfen. Bitter schrieb er dem Kaufmann Lewy in Düsseldorf: „Glauben Sie mir, ich habe die Fortschrittspartei (die Partei der Liberalen) hier aufs genaueste studiert, ihr erster Hauptsatz ist: ‚Nur keine Revolution von unten, lieber noch Despotismus von oben' [3]."

1 Karl Marx in einem Schreiben an Jean Baptist von Schweitzer, 13. 10. 1868, in: Die Neue Zeit, XV. Jg. 1, Nr. 1, S. 8.

2 Siehe Dokumente 1.

3 Zitiert nach Willi Eichler, Hundert Jahre Sozialdemokratie, Bielefeld o. J. [1963], S. 15.

Für ihn hatte das Bürgertum die Ideale von 1848 verraten. Allein der Vierte Stand trug das Banner der Demokratie weiter. „Seine Sache ist daher in Wahrheit die Sache der gesamten Menschheit, seine Freiheit ist die Freiheit der Menschheit selbst, seine Herrschaft ist die Herrschaft aller [4].“ Lassalles scharfe Frontstellung gegen das liberale Bürgertum hatte neben ideellen Erwägungen durchaus praktische Beweggründe. Die Arbeiter, die er für sich gewinnen wollte, waren zu diesem Zeitpunkt, wenn überhaupt, in sogenannten Arbeiter- und Arbeiterbildungsvereinen organisiert. Es waren Gründungen bürgerlicher Demokraten. Als um die Wende von den fünfziger zu den sechziger Jahren der Ruf nach Freiheit und Einheit wieder erscholl, suchten sie Bundesgenossen unter den Arbeitern. Obwohl bei diesen Vereinsgründungen auch das soziale Moment eine Rolle spielte, konnte doch von gleichgewichtiger Vertretung der Interessen der Arbeiterschaft keine Rede sein. Sachsen, wo die Industrialisierung schon vergleichsweise weit fortgeschritten war, bildete ein Zentrum dieser Arbeitervereine. Günstig wirkte sich hier besonders aus, daß durch die 1861 erfolgte Aufhebung des Koalitionsverbotes die Vereine geringeren Beschränkungen unterworfen waren als in den anderen deutschen Staaten. Eine zusehends aktiver werdende Minderheit in dem Leipziger Bildungsverein strebte unter Führung des Schuhmachers Vahlteich und des Zigarrenarbeiters Fritzsche nach Unabhängigkeit von den bürgerlichen Protektoren und befürwortete eine Ausrichtung des Vereins auf politische Zielsetzungen. Ein von dieser Gruppe ins Leben gerufenes „Central-Comité zur Berufung eines Allgemeinen Deutschen Arbeiter-Congresses“ wandte sich im Februar 1863 mit der Bitte um die Ausarbeitung eines Programmentwurfs an den Publizisten Ferdinand Lassalle.

Ferdinand Lassalle (1825—1864) war durch seine langjährige Prozeßführung für die Gräfin Hatzfeld bekannt geworden. Neben seiner Beschäftigung mit philosophischen Arbeiten, über die er auch mit Marx und Engels korrespondierte, wandte er sich immer mehr den sozialen Problemen der Arbeiter zu. Seit dem Frühjahr 1862 widmete er sich in Wort und Schrift ganz der Sache der Arbeiterschaft. In Vorträgen „Über die Bedeutung des Arbeiterstandes“ (Arbeiterprogramm) und „Die Wissenschaft und die Arbeiter“ — beide anschließend in Broschüren veröffentlicht — erläuterte er seine Ideen. Auf einer Reise

---

4 So im „Arbeiterprogramm“, in: Ferdinand Lassalle, Gesammelte Reden und Schriften, hrsg. und eingeleitet von Eduard Bernstein, Berlin 1919, S. 186 f. — Zu den programmatischen Vorstellungen Lassalles und der sozialdemokratischen Partei bis zur Revisionismusdebatte siehe vor allem das Buch von Susanne Miller, Das Problem der Freiheit im Sozialismus. Freiheit, Staat und Revolution in der Programmatik der Sozialdemokratie von Lassalle bis zum Revisionismusstreit, Frankfurt a. M. 1963.

nach London versuchte er, einen engeren Arbeitskontakt zu Marx und Engels herzustellen [5].

In seinem „Offenen Antwortschreiben“ (1. März 1863) [6], einem klassischen Dokument der sozialistischen Arbeiterbewegung, legte Lassalle dem Leipziger Comité seine Ansichten über den Weg zur Verbesserung der politischen und sozialen Lage der Arbeiter dar. Sein Aufruf zur Gründung einer eigenständigen, von den Bürgerlichen unabhängigen Arbeiterpartei fand Widerhall. Am 23. Mai 1863 wurde in Leipzig von den Delegierten aus 11 Orten der „Allgemeine Deutsche Arbeiterverein“ ins Leben gerufen und Lassalle zu seinem Präsidenten gewählt. Obwohl die Mitgliederzahl trotz Lassalles unermüdlicher Agitation zunächst verhältnismäßig niedrig blieb (Ende 1864 ca. 4600), ging doch von dem ADAV eine aufrüttelnde, das Eigenwertgefühl der Arbeiter beflügelnde Wirkung aus, die am besten in dem von Georg Herwegh gedichteten Bundeslied zum Ausdruck kommt:

> ... Mann der Arbeit, aufgewacht!
> Und erkenne Deine Macht!
> Alle Räder stehen still,
> wenn Dein starker Arm es will ...
> ... Brecht das Doppeljoch entzwei!
> Brecht die Not der Sklaverei!
> Brecht die Sklaverei der Not!
> Brot ist Freiheit, Freiheit Brot!

Gut ein Jahr stand Lassalle an der Spitze des ADAV, dann starb er am 31. August 1864 nach einem Duell um eine Frau. Diese kurze Zeit hatte genügt, um ihn — und erst recht nach seinem romantisch verklärten Tod — zum Idol vieler Arbeiter zu machen. In ihrer von Jakob Audorf verfaßten „Arbeiter-Marseillaise“ sangen sie stolz und selbstbewußt:

> Nicht zählen wir den Feind,
> Nicht die Gefahren alle!
> Der Bahn, der kühnen folgen wir,
> Die uns geführt Lassalle!

Die Bahn, die ihnen Lassalle gewiesen hatte, war das Auftreten als selbständige, festgefügte Arbeiterpartei, in der die programmatischen Schlagworte allgemeines, gleiches Wahlrecht, Produktivassoziationen, Ausbeutung und Klassenkampf einen festen Platz gewannen. Mit der

---

5 Abgedruckt in Lassalle, Gesammelte Reden und Schriften, S. 165 ff. und 242 f.

6 Siehe Dokumente 2.

These vom „ehernen“ Lohngesetz, nach dem der Arbeitslohn immer „auf die in einem Volke gewohnheitsmäßig zur Fristung der Existenz und zur Fortpflanzung erforderliche Lebensnotdurft“ [7] beschränkt blieb, gelang es Lassalle, seinen Hauptkonkurrenten im Kampf um die Gewinnung der Arbeiter auszustechen.

Hermann Schulze-Delitzsch lehnte im Sinne des Frühliberalismus Staatshilfe als einen unzulässigen Eingriff ab und propagierte Selbsthilfemaßnahmen in Form von Konsumgenossenschaften, Kranken- und Invaliden-, Spar- und Hilfskassen. Sie aber könnten, argumentierte Lassalle, unter den ökonomischen Bedingungen des Kapitalismus die Lage der Arbeiter nicht dauerhaft bessern. Nur wenn die Arbeiter selbst Produktionsgenossenschaften gründeten, die „Scheidung zwischen Arbeitslohn und Unternehmergewinn“ damit aufhöben und so der volle Ertrag ihrer Arbeit ihnen zuflösse, ließe sich das scheinbar ausweglose Dilemma überbrücken. Da die eigene Kraft der Arbeiterschaft dazu nicht ausreichte, müßte der Staat „fördernd und entwikkelnd“ mit Krediten eingreifen. Aus dem liberalen Nachtwächterstaat sollte, vorangetrieben durch die Partei der Arbeiterschaft, ein sozialer Staat werden, der seine wahre Aufgabe erfüllt, „die großen Kulturfortschritte der Menschheit zu erleichtern und zu vermitteln“.

In der Einschätzung der Rolle des Staates für die Emanzipation des Vierten Standes lag der wichtigste Unterschied auch zu Marx. Wenn dieser den Staat vor allem als das Unterdrückungsinstrument der herrschenden Klasse begriff, so sah Lassalle in ihm die positive Organisationsform der Gesellschaft. „Der Zweck des Staates“ — hieß es im „Arbeiterprogramm“ — „ist nicht der, dem einzelnen nur die persönliche Freiheit und das Eigentum zu schützen [...]; der Zweck des Staates ist vielmehr gerade der, durch diese Vereinigung die einzelnen in den Stand zu setzen, solche Zwecke, eine solche Stufe des Daseins zu erreichen, die sie als einzelne nie erreichen könnten, sie zu befähigen, eine Summe von Bildung, Macht und Freiheit zu erlangen, die ihnen sämtlich als einzelnen schlechthin unersteiglich wäre [8].“

Trotz der gegensätzlichen Staatsauffassungen lassen sich die unterschiedlichen Konzeptionen nicht, wie das häufig geschieht, auf den einfachen Nenner bringen: „der den nationalen Staat bejahende sozial-demokratische Reformismus Lassalles und der internationale, revolutionäre Sozialismus von Marx und Engels [9].“ In der Analyse des kapitalistischen Systems, in der Einschätzung der Rolle der Arbeiterschaft und der Arbeiterbewegung, selbst in der Endzielvorstellung,

---

7 Zu hier und dem folgenden siehe Dokumente 2.

8 Lassalle, Gesammelte Reden und Schriften, S. 197 f.; ähnlich auch in „Die Wissenschaft und die Arbeiter“ a. a. O., S. 267.

9 So u. a. Helga Grebing, Geschichte der deutschen Arbeiterbewegung. Ein Überblick, dtv, 3. Aufl. 1972, S. 57.

herrschte weitgehende Übereinstimmung. Nicht zufällig hat Marx ja das „Arbeiterprogramm" Lassalles als Plagiat seiner eigenen Gedanken bezeichnet [10]. Die von ihm und Engels polemisch attackierte „Assoziation mit Staatsmitteln" galt Lassalle nur als praktisches Instrument und als ein Ansatz zur Änderung des Wirtschaftsgefüges. Eine Lösung der sozialen Frage war auch für ihn erst durch die Abschaffung des „Grund- und Kapitaleigentums" möglich [11]. Allein, in der tagespolitischen Agitation reduzierte sich der revolutionäre Anspruch des ADAV mit seiner kommunistischen Endzielsetzung auf die Forderung nach allgemeinem Wahlrecht und Produktionsgenossenschaften. Der für die Sozialdemokratie des 19. Jahrhunderts so charakteristische Dualismus zwischen radikaler Ideologie und reformerischer Praxis war so schon in Lassalles Allgemeinem Deutschen Arbeiterverein mit angelegt.

2. *Die Erste Internationale*

Marx und Engels haben an Lassalle seine einseitige Kampfrichtung gegen das liberale Bürgertum scharf kritisiert. Nach dem taktischen Konzept des Kommunistischen Manifests mußte die Arbeiterklasse zunächst im Bündnis mit den demokratischen Kräften des Bürgertums gegen die Reaktion kämpfen. Erst bei dem Vorliegen bestimmter ökonomischer und politischer Bedingungen sahen sie den Zeitpunkt zu einem selbständigen Auftreten gekommen. So drängten sie wenige Jahre nach Lassalles Tod Wilhelm Liebknecht und seinen Mitstreiter August Bebel dazu, den Bruch mit der „kleinbürgerlichen Demokratie" zu vollziehen und eine selbständige Arbeiterorganisation zu gründen.

Marx hatte sich nach dem Scheitern der Revolution von 1848 im Juni 1849 — zusammen mit seinem Kampfgefährten Engels — in London niedergelassen, wo er bis zu seinem Tode lebte. Neben seinem Eingreifen in die Kölner Kommunistenprozesse und Artikelserien in Tageszeitungen standen diese Jahre vor allem im Zeichen einer intensiven wissenschaftlichen Arbeit. Außer seiner berühmt gewordenen Analyse der Machtergreifung Napoleons III. („Der achtzehnte Brumaire des Louis Bonaparte", 1852) verfaßte er mit den „Grundrissen der Kritik der politischen Ökonomie" (1938 aus dem Nachlaß veröffentlicht) den ersten Entwurf seines Hauptwerkes. Hier wurden

10 Schreiben an Friedrich Engels, 28. 1. 1863, Marx/Engels, Gesamtausgabe. Hrsg. im Auftrage des Marx-Engels Instituts Moskau, 3. Abt., Bd. 3, S. 125 f.

11 Schreiben Lassalles an Karl Rodbertus, 28. 4. 1863, in: Lassalle, Gesammelte Reden und Schriften, S. 329.

bereits die Kerngedanken des „Kapitals", dessen erster Band 1867 erschien, klar herausgearbeitet: die Lehre vom Warencharakter der menschlichen Arbeitskraft im kapitalistischen System und die Mehrwerttheorie. Mit Mehrwert bezeichnet Marx die Differenz zwischen dem Wert der vom Arbeiter in der Produktion hergestellten Güter und dem Lohn, den er für seine Arbeit erhält.

Neben seiner wissenschaftlichen und publizistischen Arbeit trat Marx in diesen Jahren vor allem bei der Gründung der „Internationalen Arbeiter-Assoziation" (1. Internationale) am 28. September 1864 in Erscheinung. Wie in Deutschland, so regte sich auch in anderen Ländern Europas der „Vierte Stand". Auf der Londoner Weltausstellung von 1862 kam es zu Kontakten von Arbeitern aus Frankreich, England und Deutschland, durch die der Gedanke einer internationalen Verbindung belebt wurde. Zwei Jahre später, im September 1864, traf sich in London eine Schar von Männern aus England, Frankreich, Italien und Deutschland zur Gründung eines Dachverbandes für die Arbeiterorganisationen aller Länder. Weder unterschiedliche Organisationsformen (Parteien oder Gewerkschaften) noch eine verschiedenartige theoretische Orientierung sollten ein Hinderungsgrund sein, sich der „Internationalen Arbeiter-Assoziation" anzuschließen. Die verschiedenartigsten sozialistischen Strömungen bis hin zu englischen Gewerkschaftlern waren in der IAA vertreten. Daneben gehörten ihr nationalrevolutionäre Demokraten wie der Italiener Giuseppe Mazzini und ein anarchistischer Flügel an. Nach dem 1868 erfolgten Beitritt des russischen Anarchisten Michail Bakunin kam es zu heftigen inneren Kämpfen, die schließlich zur Spaltung (1872) führten. 1876 wurde die Internationale, die ihren Sitz mittlerweile nach New York verlegt hatte, aufgelöst. Obwohl sie nie Massencharakter gewann, sondern eher ein Gremium zum theoretischen Gedankenaustausch darstellte, erregte sie ein weit über ihre praktische Bedeutung hinausgehendes Aufsehen. Kam es irgendwo zu Streiks oder Unruhen, so sahen die herrschenden Kräfte schon die Internationale am Werk.

In einer von Marx verfaßten „Inauguraladresse" bekannte sich die Internationale bei ihrer Gründung zum Kampf gegen die Klassenherrschaft und forderte zur Gründung von Genossenschaften und selbständigen politischen Arbeiterparteien auf [12]. Ihr Appell an die internationale revolutionäre Solidarität der Arbeiterklasse stieß dabei gerade auch in Deutschland auf Resonanz. Marx gab damit zwar nicht den entscheidenden Anstoß zur Bildung einer Partei des Proletariats in Deutschland, doch bot seine Vision der übernationalen Solidarität den sich gerade emanzipierenden Arbeitern einen begierig auf-

12 Der Genfer Kongreß der Internationale (1866) nahm dann auch den Gedanken der Gewerkschaften auf und empfahl den der IAA angeschlossenen Personen und Organisationen den Beitritt.

gegriffenen Ersatz für die gesellschaftliche und politische Isolierung, in die sie in den sechziger Jahren immer stärker gerieten. Eine neu entstehende Arbeiterpartei, die „Eisenacher", schloß sich der Internationalen Arbeiterassoziation an.

3. Die „Eisenacher"

Das Scheitern der Fortschrittspartei im preußischen Verfassungskonflikt und die Erfolge der Bismarckschen Schwertstrategie bei der Lösung der nationalen Frage deckten gnadenlos die Schwächen des bürgerlichen Liberalismus gegenüber dem Obrigkeitsstaat auf. Sowohl seine in Preußen erwiesene Unfähigkeit, die Demokratie durchzusetzen, wie seine zwiespältige Haltung in der nationalen Frage und sein Versagen gegenüber der sozialen Problematik des „Vierten Standes" verwiesen die politisch erwachenden Arbeiter auf sich selbst. Statt einer naheliegenden Koalition zwischen bürgerlicher Radikaldemokratie und Arbeiterschaft zum Kampf für Demokratie und soziale Gerechtigkeit kam es zu einem Interessenbündnis zwischen der alten Agrararistokratie und der neuen industriellen Führungsschicht des Bürgertums.
Die mit dem Allgemeinen Deutschen Arbeiterverein einsetzende Bildung eigenständiger, sozialistisch orientierter Parteien war die logische „Antwort der deutschen Arbeiterbewegung auf ihre Ausschließung vom Zugang zu politischer Gleichberechtigung und wirtschaftlicher Umverteilung im nationalen Staat" [13]. Das Unterfangen engagierter Demokraten, 1863 durch eine Zufammenfassung lokaler Bildungsvereine zum Verband Deutscher Arbeitervereine eine Gegenorganisation zu Lassalles ADAV zu schaffen, hatte nur kurzfristig Erfolg. Mit ihrer einseitigen Ausrichtung auf die Fortbildung trugen sie viel zu dem später in der Sozialdemokratie so verbreiteten Glauben bei, daß Wissen Macht sei.
Doch immer mehr gewannen die Kräfte die Oberhand, die nach einer wirksameren Wahrnehmung der politischen und sozialen Interessen der Arbeiterschaft strebten. Geradezu exemplarisch wirkt die Entwicklung des jungen August Bebel.
August Bebel (1840—1913) war nach langen Jahren der Wanderschaft als Drechsler in Leipzig ansässig geworden und betätigte sich im dortigen gewerblichen Bildungsverein. Bebel hatte sich zuerst gegen eine Politisierung des Vereins gesperrt und sogar das allgemeine

---

13 Siehe Wolfgang Schieder, Das Scheitern des bürgerlichen Radikalismus und die sozialistische Parteibildung in Deutschland, in: Sozialdemokratie zwischen Klassenbewegung und Volkspartei, hrsg. von Hans Mommsen, Frankfurt a. M. 1974, S. 21.

Wahlrecht abgelehnt, da die Arbeiter dafür noch nicht reif seien. Erst die Auseinandersetzungen mit Anhängern Lassalles, denen er zunächst vorgeworfen hatte, „die Fahne des Kommunismus mit all ihren Schrecken zu entfalten", führte ihn auf den Weg zum Sozialismus und schließlich unter dem Einfluß von Liebknecht zu den Theorien von Marx [14].

Wilhelm Liebknecht (1826—1900), ein Kämpfer der Revolution von 1848, war nach ihrem Scheitern nach London emigriert, wo er bald zum engeren Freundeskreis von Marx zählte. Als überzeugter Anhänger von dessen Lehren, die er jedoch nach seinen eigenen politischen Vorstellungen auslegte, kehrte er 1862 nach Deutschland zurück. In Leipzig lernte er dann Bebel kennen, mit dem er 1866 die radikaldemokratische „Sächsische Volkspartei" gründete. Zusammen mit diesem wurde er im folgenden Jahr in den Norddeutschen Reichstag gewählt.

Im gleichen Jahr löste Bebel den Liberalen Dr. Max Hirsch als Vorsitzenden des Verbandes Deutscher Arbeitervereine ab. Sofort begann er mit einer lebhaften Agitation für die Politisierung der Vereine. An die Stelle der liberalen Konzeption, die bis dahin vorherrschend gewesen war, setzte Bebel Gesichtspunkte, wie sie von der Internationale vertreten wurden. Auf dem Nürnberger Vereinstag von 1868 kam es zum Bruch zwischen den Liberal-Demokraten und den Anhängern einer sozialistischen Ausrichtung. Eine von Bebel geleitete Mehrheit bekannte sich zu dem Gedanken, daß die Emanzipation „der arbeitenden Klassen" durch diese selbst erkämpft werden müsse und beschloß ihren „Anschluß an die Bestrebungen der Internationalen Arbeiterassoziation" [15]. Den Vereinsmitgliedern wurde gleichzeitig empfohlen, sich in Gewerksgenossenschaften (Gewerkschaften) zusammenzuschließen, um so eine wirksamere Vertretung ihrer Interessen im wirtschaftlichen Bereich zu schaffen. Parallel zu der Scheidung zwischen den bürgerlichen Demokraten und den späteren Sozialdemokraten in den Arbeitervereinen vollzog sich die Trennung in der Sächsischen Volkspartei und ähnlich zusammengesetzten Volksparteien in anderen deutschen Ländern. Die entscheidenden Initiativen kamen von Wilhelm Liebknecht und August Bebel, der in den kommenden Jahrzehnten zur herausragenden Persönlichkeit der Sozialdemokratie heranwuchs und ihr Gesicht mehr als jeder andere prägte.

Am 7.—9. August 1869 wurde in Eisenach die Sozialdemokratische Arbeiterpartei gegründet. Neben dem ADAV war damit eine zweite

---

14 Siehe dazu Bebels Autobiographie, Aus meinem Leben, Stuttgart 1910 bis 1914, Verlag J. H. W. Dietz Nachf.

15 Abgedruckt u. a. in Hermann Weber, Das Prinzip Links. Eine Dokumentation. Beiträge zur Diskussion des demokratischen Sozialismus in Deutschland 1847—1973. Hannover 1973, S. 29.

Arbeiterpartei in Deutschland entstanden. Ihre Anhänger rekrutierten sich vor allem aus mittel- und süddeutschen Arbeitervereinen, ehemaligen Anhängern der Sächsischen Volkspartei und unzufriedenen Mitgliedern des Allgemeinen Deutschen Arbeitervereins. In ihrem Programm forderten die Eisenacher die Abschaffung der Klassenherrschaft und die „Errichtung des freien Volksstaates“ [16]. Eine gesetzlich geregelte Höchstarbeitszeit, Einschränkung der Frauen- und Verbot der Kinderarbeit, allgemeine Schulpflicht, Unabhängigkeit der Gerichte und Ersetzung der indirekten Steuern durch eine progressive Einkommens- und Erbschaftssteuer und das allgemeine, gleiche, direkte Wahlrecht waren weitere Programmpunkte. Es war nur konsequent, daß die Eisenacher bei Reichstagswahlen kandidierten und sich damit zum Parlament als Wirkungsstätte bekannten. Als spezifisch sozialistische Komponente ihres Programms galt der Punkt 10, die „staatliche Förderung des Genossenschaftswesens und Staatskredit für freie Produktivgenossenschaften unter demokratischen Garantien“.
In der politischen Freiheit sah die neue Partei die Vorbedingung für die „ökonomische Befreiung der arbeitenden Klassen“. „Die soziale Frage ist mithin untrennbar von der politischen, ihre Lösung durch diese bedingt und nur möglich im demokratischen Staat.“ Obwohl sich die Eisenacher ausdrücklich als „Zweig der Internationalen Arbeiter-Assoziation“ bezeichneten, waren für viele ihrer Anhänger Begriffe wie Sozialismus und Kommunismus noch „böhmische Dörfer“. Selbst führende Männer kannten, wie Kautsky im Rückblick bemerkte, bis an das Ende der siebziger Jahre die Lehren von Marx und Engels nur sehr oberflächlich. Was die Arbeiter um diese Zeit vor allem bewegte, waren die Nöte des Alltags, die Ungerechtigkeit und Unterdrückung, die sie täglich erfuhren und im solidarischen Zusammenwirken bekämpfen und überwinden wollten.
Die Existenz zweier Arbeiterparteien war deshalb auch weniger durch einen unterschiedlichen theoretischen Ansatz, als vielmehr durch aktuelle Probleme bedingt. In der nationalen Frage, die in den sechziger Jahren die öffentliche Diskussion beherrschte, vertraten die Eisenacher in der Tradition der Radikaldemokratie einen föderalistisch-großdeutschen Kurs. Sie lehnten eine Reichseinigung von oben durch die preußische Machtstaatspolitik als Zwangseinheit ohne Freiheit ab. Dagegen setzten Lassalle und seine Nachfolger auf die preußische Karte. Suchte Lassalle bei seinem Kampf gegen seinen Hauptfeind, das liberale Bürgertum, die Unterstützung Bismarcks, so waren Bebel und seine Freunde von tiefer Abneigung gegen die Blut- und Eisenpolitik des preußischen Junkers erfüllt. Den von Lassalle im ADAV eingeführten autoritären Organisationsaufbau, der einer Art

16 Hierzu und zum folgenden Dokumente 3.

plebiszitärer Diktatur glich und so auch von seinem späteren Nachfolger, J. B. von Schweitzer, weiter gehandhabt wurde, bekämpften die Eisenacher erbittert. Ihre Partei war demokratisch von unten nach oben aufgebaut. Die Hauptstützpunkte lagen in Sachsen. 1870 betrug die Mitgliederzahl ca. 10 000, 1875 ca. 9000, während der ADAV 1872 über 21 000, 1875 ca. 15 000 Mitglieder in seinen Reihen zählte.

4. Einigung in Gotha

Die teilweise heftigen Auseinandersetzungen zwischen den beiden konkurrierenden Parteien begannen mit dem Jahr 1873 langsam abzuklingen. Einmal fiel mit dem Rücktritt des langjährigen und umstrittenen Präsidenten des ADAV Schweitzer ein persönlicher Hinderungsgrund fort, zum anderen wurden mit der Reichsgründung und der Festigung der Staatsmacht alte Gegensätze hinfällig. Die Eisenacher mußten ihre Hoffnungen auf eine großdeutsch-demokratische Einigung begraben. Doch auch die Erwartungen der eher kleindeutsch-preußisch ausgerichteten Lassalleaner auf soziale Zugeständnisse des Staates erwiesen sich als illusionär. Die nach der Reichsgründung einsetzende staatliche Unterdrückungspolitik, bei der sich vor allem der Staatsanwalt Tessendorf hervortat, traf beide, ADAV und Eisenacher, in gleicher Weise und begünstigte so einen Verständigungs- und Aussöhnungsprozeß. Und nicht zuletzt zwang die 1873 einsetzende Wirtschaftskrise die beiden Parteien, ihr Augenmerk vordringlich auf die unmittelbaren Nöte der Arbeiterschaft, Streikkämpfe, Wohnungsmisere, Gewerkschaftsfrage zu richten. So waren es gerade die einfachen Mitglieder, die auf einen Zusammenschluß drängten.
Mit dem Gothaer Einigungsparteitag vom 23. bis 27. Mai 1875 sahen sie ihr Verlangen von Erfolg gekrönt. Das hier beschlossene Programm der neuen Sozialistischen Arbeiterpartei Deutschlands ist von Marx in seinen sogenannten „Randglossen“ [17] einer vernichtenden Kritik unterzogen worden. Auch heute wird vielfach die Ansicht vertreten, daß die fehlende marxistische Grundlage durch die Zugeständnisse an die Lassalleaner bedingt sei. Wenn Marx sich über den lassalleanischen Unsinn des „ehernen“ Lohngesetzes mokierte, dann zweifellos zu Recht. Sicher war auch der von ihm angeprangerte Satz, gegenüber der Arbeiterklasse seien „alle anderen Klassen nur eine reaktionäre Masse“, wissenschaftlich unsinnig und politisch ungeschickt, da er mögliche Bündnisse mit anderen Parteigruppierungen erschwerte. Doch aus diesem Wort sprach die elementare Empörung einer von der bürgerlichen Gesellschaft weitgehend geächteten, vom Staat schi-

17 „Randglossen zum Programm der deutschen Arbeiterpartei“, u. a. veröffentlicht: Karl Marx, Kritik des Gothaer Programms, Berlin 1946.

kanierten und verunglimpften Minderheit. Der Solidaritätsgedanke und das Klassenbewußtsein bezogen gerade aus dieser Isolierung und Verfolgung ihre Kraft.
Beim Gothaer Programm ging es im Kern gar nicht, wie es gern interpretiert wird, um einen Kompromiß zwischen gemäßigten, staatsbejahenden Lassalleanern und marxistischen Eisenachern. Liebknechts Argument, mit dem er später die Geheimhaltung der ihm von Marx zugegangenen „Randglossen" rechtfertigte, er habe im Interesse der Einigung Kompromisse machen müssen, entsprach kaum der Wahrheit. Die Lassalleaner, die in mancher Hinsicht radikalere Forderungen vertraten, hätten zweifellos auch ein „marxistischeres" Programm angenommen. So erklärte sich z. B. der Vertreter des ADAV Tölcke im Interesse der Einigung zur Annahme jedes Programms bereit und sei es nur ein „Stück weißes Papier mit einer geballten Faust darauf" [18]. In Wirklichkeit hatte Liebknecht, den Marx und Engels trotz häufiger Zornesausbrüche über „Wilhelmchens Dummheit" lange als „einzige zuverlässige Verbindung" in Deutschland betrachteten [19], bei der Programmgestaltung weitgehend freie Hand. So spiegeln sich in seinem Entwurf, abgesehen von einigen Komponenten des Lassalleschen Ideengutes, vornehmlich seine eigenen Vorstellungen wider. Sie wichen zwar erheblich von den Theorien seiner Freunde Marx und Engels ab, doch fanden sie die einstimmige Billigung des Kongresses, da Bebel seine Bedenken zurückstellte.
In diesen Anfangsjahren der Arbeiterbewegung konnte von einer geschlossenen, festgefügten Theorie noch nicht die Rede sein. Die programmatischen Kundgebungen wurden vielmehr vordringlich von dem Gesichtspunkt bestimmt, der Arbeiterbewegung in ihrem Kampf ein schlagkräftiges, die Anhänger ansprechendes und begeisterndes Instrument an die Hand zu geben. Gerade in den letzten Jahren vor Gotha wurde das Interesse an abstrakter Theorie durch die aus der Verschärfung der sozialen und politischen Auseinandersetzungen resultierenden Nöte überwuchert. Gesetzliche Arbeitszeitbegrenzung und Erhöhung der Löhne, Arbeitsschutzbestimmungen und Verbot der Kinderarbeit, unbeschränktes Koalitionsrecht und Vereins- und Versammlungsfreiheit, das waren konkrete, die Arbeiter bewegende Anliegen. Ihnen zur Seite gesellte sich das Verlangen nach dem allgemeinen, gleichen Wahlrecht und nach politischer Demokratie, der Aufruf zum Kampf gegen die Herrschaft der „einen reaktionären Masse" und das Bekenntnis zur internationalen Solidarität der Arbeiterschaft.

---

18 Volksstaat Nr. 58, 23. 5. 1875. Siehe auch Georg Eckert, Die Konsolidierung der sozialdemokratischen Arbeiterbewegung zwischen Reichsgründung und Sozialistengesetz; in: Sozialdemokratie, hrsg. von Hans Mommsen. S. 47 ff.

19 Schreiben von Engels an Marx, 7. 8. 1865, Marx/Engels Gesamtausgabe, Abt. 3, Bd. 3, S. 284.

Von hier aus führte keine Brücke mehr zu den bürgerlichen sozialen Reformbewegungen [20]. Schulze-Delitzschs Konzept der reinen Selbsthilfegenossenschaften hatte immer mehr an Anhang verloren. Ein Versuch württembergischer Demokraten, doch noch von liberaler Seite die soziale Frage aufzugreifen, verlief schnell im Sande. Im katholischen Lager erkannten zwar Männer wie der Mainzer Bischof Ketteler und der „Gesellenvater" Kolping die Brisanz der sozialen Mißstände und forderten Maßnahmen zur Beseitigung der schlimmsten Auswüchse des Frühkapitalismus. Doch sah Ketteler, ebenso wie der Protestant Wichern, die sozialen Probleme vornehmlich unter dem Aspekt der Seelsorge. Kolpings vom Fürsorgegedanken geprägte Bestrebungen richteten sich weniger auf die Arbeiter, als vielmehr auf die Handwerksgesellen. Größeren Einfluß gewann daneben später der Verein für Sozialpolitik, ein Zusammenschluß engagierter Wissenschaftler, der durch Wort und Schrift das Bewußtsein der Bürger für die Notlage des Vierten Standes zu wecken suchte und die spätere staatliche Sozialpolitik entscheidend mit befruchtete. Doch zu einem Brückenschlag zwischen der Sozialdemokratie auf der einen Seite, kirchlichen Sozialpolitikern und bürgerlichen Sozialreformern auf der anderen, ist es, anders als beispielsweise in England, im deutschen Kaiserreich nicht gekommen. Zwei Ereignisse vertieften den Graben zu einer tiefen Kluft, die fast unüberwindbar schien: die Pariser Kommune und das Sozialistengesetz.

---

20 Vgl. zum folgenden insgesamt Carl Jantke, Der Vierte Stand. Die gestaltenden Kräfte der deutschen Arbeiterbewegung im XIX. Jahrhundert, Freiburg 1955.

III. Von der Reichsgründung bis zum Fall des Sozialistengesetzes

1. Die Pariser Kommune

Die Kriegskreditfrage, die im ersten Weltkrieg zum Spaltpilz der deutschen Sozialdemokratie werden sollte, war schon bei dem Deutsch-Französischen Krieg von 1870/71 umstritten. Auch damals ging es im Kern um das gleiche Problem, ob der Krieg zur Verteidigung geführt wurde oder nicht. Schweitzer vom ADAV und der Eisenacher Fritzsche stimmten im Reichstag des unter preußischer Führung stehenden Norddeutschen Bundes der ersten Vorlage zu, während sich Bebel und Liebknecht der Stimme enthielten. Sie setzten sich damit in Widerspruch zur Mehrheitsmeinung der Partei, auch Sozialisten hätten „als Deutsche für Deutschland" einzustehen. Doch als nach der Abdankung Napoleons III. der Kampf gegen die französische Republik weitergeführt wurde, wandten sich sowohl die Eisenacher wie bald auch die Lassalleaner gegen die Fortführung des Krieges und die beabsichtigte Annexion Elsaß-Lothringens. In den hochgehenden Wogen der nationalistischen Leidenschaften erhob allein ein kleines Häuflein seine Gegenstimme und solidarisierte sich statt mit Annexionen mit dem Aufstand der Pariser Kommune vom 19. März 1871. Eisenacher wie Lassalleaner begrüßten die Pariser Revolution als Anbruch einer neuen Zeit und protestierten mit Leidenschaft gegen die Massaker der Maiwoche, in der französische Regierungstruppen mit stiller Unterstützung Bismarcks das Experiment einer neuen Demokratie und Sozialordnung in einem Meer von Blut erstickten. Von der Bühne des Reichstages bezeugte Bebel der niedergeworfenen Kommune seine Hochachtung und rief den Abgeordneten zu, sie sei nur ein Vorpostengefecht und „daß, ehe wenige Jahrzehnte vergehen, der Schlachtruf des Pariser Proletariats: ‚Krieg den Palästen, Friede den Hütten, Tod der Not und dem Müßiggang!' der Schlachtruf des gesamten europäischen Proletariats wird" [1].
Diese Rede habe ihm, so behauptete Bismarck später bei den Beratungen über das Sozialistengesetz, die Augen über den staatsgefährdenden, umstürzlerischen Charakter der Sozialdemokratie geöffnet. Bismarck schürte damit geschickt die Revolutionsfurcht, die Adel und

1 Stenographische Berichte über die Verhandlungen im Deutschen Reichstag, 1. Legislaturperiode, S. 921.

Bürgertum seit der Pariser Kommune verstärkt ergriffen hatte. Die Solidarisierung der deutschen Sozialdemokraten mit den Pariser Kommunarden und die von Marx verfaßte „Adresse“ der Internationale, in der er die Kommuneverfassung als „die endlich entdeckte politische Form der Herrschaft des Proletariats“ feierte [2], führten dazu, daß die deutsche Arbeiterbewegung weithin als „Partei der sittlichen Verwilderung, der politischen Zuchtlosigkeit und sozialen Unfriedens“ [3], als Partei des Umsturzes und der Gewalt verfemt wurde. Sicher hat die aggressive und oft revolutionäre Sprache der Sozialdemokratie zur Schürung solcher Ängste beigetragen, doch reichten die Wurzeln tiefer. Die Beschwörung der „roten Gefahr“ diente den auf Erhaltung ihrer Privilegien bedachten Herrschaftsschichten als Propagandamittel, um das wirtschaftlich nach vorn drängende Bürgertum an den Ruhe und Ordnung garantierenden Obrigkeits- und Militärstaat zu ketten.

Objektiv gab es kaum Anlaß zur Revolutionsfurcht. Mit dem „Mythos“ der Kommune gewann die deutsche Sozialdemokratie zwar in ihren theoretischen Bekenntnissen eine revolutionäre Tradition, doch in der Praxis wurde, gerade nach den Erfahrungen der Kommune, der „revolutionäre“ Umsturz der Gesellschaftsordnung als eine Umwandlung ohne das Mittel der Gewalt ausgelegt. Sie setzte mehr denn je auf das, was nach der Meinung vieler Sozialdemokraten der Pariser Kommune gefehlt hatte: den Aufbau einer schlagkräftigen, disziplinierten Organisation. Die Reichstagswahlen nach dem allgemeinen, gleichen Wahlrecht lieferten den zuverlässigen Gradmesser der Stärke der Bewegung. Von 3,2 Prozent („Eisenacher“ und ADAV) im Jahre 1871, über 6,8 Prozent für die beiden Parteien bei den Wahlen von 1874, stieg der Stimmenanteil 1877, zwei Jahre nach Gotha, auf 9,1 Prozent der Wähler. Weder staatliche Repressionen noch die Schaffung von Gegenorganisationen auf Unternehmerseite (1875 Zentralverband der Industriellen) hatten die Bewegung stoppen können. Sie war auf dem besten Wege, ein Faktor in der deutschen Innenpolitik zu werden, als das Sozialistengesetz diese Entwicklung in eine neue Bahn lenkte.

2. *Das Sozialistengesetz*

Zwei Attentate auf Kaiser Wilhelm, mit denen die Sozialdemokraten, die Terrormaßnahmen entschieden ablehnten, nichts zu tun hatten, lieferten Bismarck den willkommenen Vorwand zur Einreichung des

---

2 Karl Marx, Politische Schriften, hrsg. von Hans Joachim Lieber, Stuttgart [1960], S. 953.

3 So u. a. Heinrich Treitschke, Der Sozialismus und seine Gönner, in: Preußische Jahrbücher, Bd. 34 (1874) S. 67 ff. und 248 ff.

sogenannten Sozialistengesetzes. Nun war für ihn der Moment gekommen, um gegen das weitere Anwachsen „der bedrohlichen Räuberbande, mit der wir gemeinsam unsere Städte bewohnen", vorzugehen. Reichstagsneuwahlen nach dem zweiten Attentat brachten ihm das benötigte willfährige Parlament. Trotz einer beispiellosen Kampagne gegen die Sozialdemokratie errang sie in der Hauptwahl noch 437 000 Stimmen gegenüber 493 000 im Jahre 1877. Im Oktober 1878 verabschiedete der Reichstag mit 221 gegen 149 Stimmen das „Gesetz gegen die gemeingefährlichen Bestrebungen der Sozialdemokratie" [4]. Sozialdemokraten, das katholische Zentrum, die linksliberale Fortschrittspartei stimmten dagegen, während die konservativen Parteien und die Mehrheit der Nationalliberalen, die zunächst ein Ausnahmegesetz abgelehnt hatten, dafür votierten.

Das Sozialistengesetz galt vorerst für drei Jahre. Dreimal wurde es verlängert, bis es endlich am 30. September 1890 aufgehoben wurde. Die Sozialdemokraten — so charakterisierte Bebel in einem Schreiben an seinen großen Mitstreiter in Bayern, Georg von Vollmar, zutreffend die Situation — sind jetzt Freiwild; „Recht und Gesetz gibt es für uns jetzt nicht [5]."

Das Gesetz verbot alle Organisationen, „welche durch sozialdemokratische, sozialistische und kommunistische Bestrebungen den Umsturz der bestehenden Staats- und Gesellschaftsordnung bezwecken", sowie Vereine, „in welchen sozialdemokratische, sozialistische oder kommunistische auf den Umsturz der bestehenden Staats- und Gesellschaftsordnung gerichtete Bestrebungen in einer den öffentlichen Frieden, insbesondere die Eintracht der Bevölkerungsklassen gefährdenden Weise zutage treten" [6]. Alle Versammlungen und Presseerzeugnisse, „in denen sozialdemokratische ... Bestrebungen zutage treten", verfielen dem gleichen Verdikt. Neben der Androhung von Gefängnis- und Geldstrafen wurden die Landespolizeibehörden ermächtigt, „Personen, von denen eine Gefährdung der öffentlichen Sicherheit zu besorgen ist", aus den betreffenden Orten und Bezirken auszuweisen. Die kautschukartigen Paragraphen des Gesetzes boten den Behörden Spielraum zu einer extensiven Auslegung. Nicht nur die Parteiorganisationen, auch die der Sozialdemokratie nahestehenden Gewerkschaften verfielen der Auflösung. Bereits bis zum November 1878 waren 153 Vereine und 175 Zeitungen und Zeitschriften verboten und 67 Sozialdemokraten allein aus Berlin verbannt. Insgesamt wurden in den 12 Jahren des Sozialistengesetzes zwischen 800 und 900 „Verdächtige" mit nahezu 1500 Familienangehörigen aus ihrer Heimat

---

4 Reichs-Gesetzblatt [1878] Nr. 34, S. 351.

5 So Bebel in einem Schreiben an Vollmar von 1878 vom 12. Dez. 1878, zit. nach Bebel, Aus meinem Leben, Bd. 3, S. 28 f.

6 Siehe Anm. 4.

verwiesen. Allein in den beiden Jahren 1878/79 verhängten die Gerichte 600 Jahre Gefängnis wegen Vergehen gegen das Unterdrückungsgesetz und Majestätsbeleidigung, und bis 1888 noch einmal 881 weitere Jahre. Als einzige legale Betätigung war der Sozialdemokratie die Beteiligung an den Reichstagswahlen und an einzelnen Landtagswahlen geblieben. Hier zeigte sich, daß alle Restriktionen und Lockungen die Bewegung nicht dauerhaft stoppen konnten. Nach dem Fall des Sozialistengesetzes zog August Bebel auf dem Parteitag in Halle eine stolze Bilanz [7]:

„Es wurden abgegeben bei den allgemeinen Wahlen im Jahre 1871: 102 000 Stimmen; 1874: 352 000 Stimmen; 1877, zwei Jahre nach dem Vereinigungskongreß der bis 1875 gespaltenen Partei: 493 000 Stimmen. Das war der höchste Stand der Stimmen vor dem Ausnahmegesetz. Ein Jahr darauf bereits wurde infolge der beiden Attentate der Reichstag aufgelöst, eine ungeheure Hetze gegen unsere Partei, der man infamerweise die Urheberschaft der Attentate zuschrieb, wurde in Szene gesetzt, und unter dem Hochdruck jener Hatz ging im Sommer 1878 die Zahl der Wahlstimmen von 493 000 auf 437 000 zurück; wir erhielten 56 000 Stimmen weniger als anderthalb Jahre zuvor. Dann kam das Gesetz mit seinen Schlägen, aber trotz alledem erhielten wir 1881 bei den allgemeinen Wahlen, die unter ganz beispiellosen Verhältnissen sich vollzogen, 312 000 Stimmen. Das war um so höher anzuschlagen, als unter den Ausnahmezuständen und dem Drucke jener Zeit ein großer Teil der Wahlkreise nicht einmal Flugblätter, nicht einmal Stimmzettel erhalten konnte, weil keine gegnerische Druckerei sie uns drucken wollte und die eigenen Druckereien fast sämtlich vernichtet waren, und auch Flugblätter, wo man sie hatte, nur mit den größten Schwierigkeiten und Fährlichkeiten verbreitet werden konnten. Dann kamen die Wahlen von 1884. Diese Wahlen zeigten schon ein ganz anderes Bild. Die Partei hatte sich mittlerweile mächtig erholt, die Parteitage von Wyden und Kopenhagen waren vorüber und hatten das Selbstgefühl der Partei bedeutend gehoben. Hier und da waren auch mit Erfolg Versuche gemacht, neue Blätter ins Leben zu rufen, Druckereien zu erhalten usw., und so gelang es diesmal 550 000 Stimmen, 238 000 mehr als 1881, aufzubringen. Aber 1887 wuchsen wir auf 763 000 und bei den letzten allgemeinen Wahlen dieses Jahres (20. Februar 1890), die noch in Aller Erinnerungen sind, auf 1 427 000 Stimmen. Die Partei war damit zugleich die stärkste Partei Deutschlands geworden."

Sie war es geworden, obwohl Bismarck neben den Büttel den Almosenkorb gestellt hatte. Auch der preußische Junker an der Spitze des

7 Protokoll über die Verhandlungen des Parteitages der Sozialdemokratischen Partei Deutschlands, abgehalten zu Halle a. S. vom 12. bis 18. Oktober 1890, Berlin 1890, S. 32 f.

deutschen Kaiserreiches wußte, daß eine Bewegung wie die Sozialdemokratie nicht aus dem Nichts heraus entstand, sondern in den sozialen und gesellschaftlichen Mißständen wurzelte. Hier setzte er mit seiner Sozialpolitik an, die mit einer kaiserlichen Botschaft vom 17. November 1881 angekündigt wurde. 1883 wurde das Krankenversicherungsgesetz vom Reichstag verabschiedet. Ihm folgte 1884 die Unfallversicherung und 1889 das Invaliditäts- und Alterssicherungsgesetz. Leitgedanke dieser ersten und immer wieder bis heute als bahnbrechend gepriesenen Sozialgesetzgebung war das staatliche Fürsorgedenken, eine Art „Weiterentwicklung der Form" — wie Bismarck es charakterisierte —, „welche der staatlichen Armenpflege zugrunde liegt". Doch die tieferen Beweggründe enthüllte er selber mit seinen Worten: „Wenn es keine Sozialdemokratie gäbe und wenn nicht eine Menge Leute sich vor ihr fürchteten, würden die mäßigen Fortschritte, die wir überhaupt in der Sozialreform bisher gemacht haben, auch noch nicht existieren [8]." Politisch-taktische Motive „und allenfalls noch der Ausdruck eines praktischen Christentums" [9] bestimmten sein Handeln. Mit staatlichen Wohltaten wollte er der verhaßten Sozialdemokratie den Boden unter den Füßen entziehen, die Arbeiter für die bestehende monarchisch-konservative Ordnung gewinnen und sie an das bürokratisch-obrigkeitliche Gängelband eines so gestärkten Staates nehmen.

3. *Die politischen Folgen der Unterdrückung*

Doch auch mit der Doppelstrategie aus Zuckerbrot und Peitsche ließ sich die Masse der Arbeiterschaft nicht ködern. Sie wollte Gleichberechtigung und demokratische Selbstverwaltung der Unterstützungskassen, die sich die Arbeiterbewegung teilweise schon selber aufgebaut hatte, nicht gnädig von oben gewährte Almosen. Sie konnte es täglich erleben, wie dieser gleiche Staat die sozialdemokratische Arbeiterbewegung weiter verfolgte. So wie August Bebel empfanden viele: „Daß man uns wie Vagabunden und Verbrecher ausgewiesen und ohne eine gerichtliche Prozedur von Weib und Kind gerissen hatte, empfand ich als eine tödliche Beleidigung, für die ich Vergeltung geübt, hätte ich die Macht gehabt. Kein Prozeß, keine Verurteilung hat je bei mir ähnliche Gefühle des Hasses, der Er- und Verbitterung hervorgerufen, als jene sich von Jahr zu Jahr erneuernden Ausweisungen, bis endlich der Fall des unhaltbar gewordenen Ge-

---

8 Rede im Reichstag vom 26. 11. 1884; Sten. Ber. über die Verhandlungen des Reichstags, VI. Legislaturperiode, I. Session 1884/88, 1. Bd., Berlin 1885, S. 25.

9 So Helga Grebing, Geschichte der Arbeiterbewegung, S. 75.

setzes dem grausamen Spiel mit menschlichen Existenzen ein Ende machte [10]."
Tief drang der Stachel des Mißtrauens und der Verbitterung in die Herzen der geächteten und als Staatsschädlinge verketzerten sozialdemokratischen Arbeiter. Trotzdem wurde die von einer kleinen Gruppe um Johann Most und Wilhelm Hasselmann verfochtene anarchistische Putschtaktik von der Partei entschieden abgelehnt und mit Ausschluß geahndet. Auch die auf dem Wydener Kongreß 1880 in der Schweiz erfolgte Streichung des Wortes „gesetzlich" aus dem Gothaer Programm sollte nur zum Ausdruck bringen, daß die Partei unter den Bedingungen der ihr durch Gesetz aufgezwungenen Illegalität ihre Arbeit fortsetzen wollte.
Die tiefgreifenden Folgen des Sozialistengesetzes lagen auf einer anderen Ebene. Aus der Empörung über den gegenwärtigen Staat wuchs eine von Mißtrauen und Abneigung geprägte Feindschaft gegen den Staat schlechthin. Wer konnte es den Sozialdemokraten verdenken, daß sie im Staat zunehmend nur noch das Unterdrückungsinstrument der herrschenden Klassen sahen. Aus diesem radikalisierten Bewußtsein der von der bürgerlichen Gesellschaft Geächteten und von der Obrigkeit Verfolgten entstand der Drang nach einem Fundament, das ihrer Erbitterung entsprach und ihnen den Zusammenbruch des ganzen Systems mit Sicherheit verhieß. Beides fanden sie in den Lehren von Marx und Engels, für deren Verbreitung und Popularisierung vor allem Eduard Bernstein und Karl Kautsky wirkten. Entscheidend für die Hinwendung zu Marx wurde nicht ein differenziertes Verständnis seiner Theorien, sondern eine spezifische, dem Bewußtseinsstand entsprechende Interpretation und Schwerpunktsetzung. Hier bot sich ihnen ein System, das auf der Basis der Wissenschaftlichkeit die Gewißheit vom zwangsläufigen Untergang der bürgerlichen Klassengesellschaft vermittelte und den naturnotwendigen Sieg der sozialistischen Arbeiterbewegung voraussagte, und dies in einer aggressiv-revolutionären Sprache, die genau ihre eigenen Empfindungen traf.
Trotz äußerlicher Radikalität und den Reden von der proletarischen Revolution, „eine Partei der Revolution ist", wie der langjährige Parteisekretär Ignaz Auer es präzise ausdrückte, „die deutsche Sozialdemokratie nie gewesen und das soll und will sie auch heute, trotz dem Ausnahmegesetz, nicht werden. Die Kraft der deutschen Sozialdemokratie bestand und besteht darin, daß sie tatsächlich die Vertreterin des politisch denkenden Arbeiters ist ... Wollen wir bloß eine Sekte sein, dann können wir uns den Luxus einer Revolutionspartei aus Prinzip gestatten; wollen wir aber die Partei der deutschen Arbeiter bleiben, dann muß im Vordergrund unseres Strebens das Verlan-

10 August Bebel, Aus meinem Leben, Bd. 3, S. 183.

gen stehen, auf dem Wege der friedlichen — ich sage nicht der gesetzlichen — Propaganda auf politischem und wirtschaftlichem Gebiet Reformen und Umwälzungen herbeizuführen, die der arbeitenden Bevölkerung zum Nutzen gereichen und zugleich uns um eine Etappe dem sozialistischen Staat näher bringen [11]."

Gerade das Sozialistengesetz, das die Partei verbot, die Beteiligung an Wahlen und die Arbeit ihrer Abgeordneten im Reichstag aber zuließ, begünstigte die Ausprägung einer reformerischen Praxis. Die Reichstagsfraktion, auf die die Führung der Partei gezwungenermaßen überging, gewann zusehends ein eigenständiges Gewicht. Im Parlament bot sich eine Bühne, deren Nutzen man zu schätzen lernte: von ihr aus konnten die Sozialdemokraten öffentlich wirken, ihr Programm und ihre konkreten Anliegen vorbringen. Und die nach den ersten Rückschlägen rapide und scheinbar unaufhaltsam steigenden Wählerstimmen schienen zu demonstrieren, daß unter den Bedingungen des allgemeinen, gleichen Wahlrechts der Stimmzettel die richtige, erfolgversprechende Methode war, die Macht im Staate zu erobern. Es war nicht zuletzt Friedrich Engels, der mit seinem Vorwort von 1895 zu den „Klassenkämpfen in Frankreich" diesen Wählerstimmenoptimismus bekräftigte. Mit der erfolgreichen Handhabung des allgemeinen Wahlrechts durch die deutsche Sozialdemokratie sei „eine ganz neue Kampfesweise des Proletariats in Wirksamkeit getreten." Die „Masse" der SPD nehme „unablässig zu. Ihr Wachstum geht so spontan, so stetig, so unaufhaltsam und gleichzeitig so ruhig vor sich wie ein Naturprozeß [12]."

So hatte das Sozialistengesetz eine in sich widerspruchsvolle doppelte Wirkung: vom Bewußtsein her eine Radikalisierung der Theorie, von der Methode her eine Orientierung auf die praktisch-parlamentarische Reformarbeit.

---

11 Zitiert bei Eduard Bernstein, Ignaz Auer, Eine Gedenkschrift, Berlin 1907, S. 37 f.

12 Siehe Dokumente 7.

IV. Zwischen radikaler Theorie und reformerischer Praxis — der Weg als Massenpartei bis zum 1. Weltkrieg

1. Das Erfurter Programm

Auf ihrem Erfurter Parteitag 1891 nahm die deutsche Sozialdemokratie nicht nur einen neuen Namen, „Sozialdemokratische Partei Deutschlands" an, sondern sie gab sich auch ein anderes Programm. Acht Jahre nach dem Tod von Marx am 14. März 1883 stellte Engels 1891 triumphierend fest: „Wir haben die Satisfaktion, daß die Marxsche Kritik [des Gothaer Programms] komplett durchgeschlagen hat [1]." Mit dem „Erfurter Programm" wurde der Marxismus die offizielle theoretische Grundlage der deutschen Sozialdemokratie. Ohne lange Diskussion billigte der Parteitag einstimmig den von den beiden führenden Parteitheoretikern Kautsky und Bernstein vorgelegten Entwurf. Die halb spöttisch, halb bewundernd „jüngere Kirchenväter" genannten Verfasser suchten mit ihrer Arbeit „die aus dem Marx-Engels'schen Arsenal stammenden geistigen Waffen" [2] für den Tageskampf gebrauchstüchtig zu machen.

Das Erfurter Programm zerfällt in zwei sich deutlich voneinander abhebende Teile: einen theoretischen und einen praktisch-politischen. Nicht zuletzt aus dieser Doppelpoligkeit zog die Kritik an der „Widersprüchlichkeit" ihre Nahrung.

Der erste, grundsätzliche Teil stützte sich stellenweise fast wörtlich auf das 24. Kapitel (7. Abschnitt) des „Kapital". Er stellte im eigentlichen Sinne gar kein Programm dar, sondern es handelte sich vielmehr um eine Analyse der „ökonomischen Entwicklung der bürgerlichen Gesellschaft" mit den daraus zwangsläufig folgenden Konsequenzen. Immer schroffer wird danach der Abgrund zwischen Besitzenden und Besitzlosen, immer größer „die Armee der überschüssigen Arbeiter", immer stärker Not, Knechtung und Ausbeutung, immer schärfer der

---

1 Briefe und Auszüge aus Briefen von Joh. Phil. Becker, Jos. Dietzgen, Friedrich Engels, Karl Marx u. a. an F. A. Sorge und andere, Stuttgart 1906, S. 370.

2 Susanne Miller, Zur Rezeption des Marxismus in der deutschen Sozialdemokratie, in: Freiheitlicher Sozialismus, hrsg. von Heiner Flohr, Klaus Lompe, Lothar F. Neumann (Schriftenreihe des Forschungsinstituts der Friedrich-Ebert-Stiftung), Bonn-Bad Godesberg, Verlag Neue Gesellschaft 1973, S. 24.

Klassenkampf zwischen Bourgeoisie und Proletariat. „Nur die Verwandlung des kapitalistischen Privateigentums an Produktionsmitteln — an Grund und Boden, Gruben und Bergwerken, Rohstoffen, Werkzeugen, Maschinen, Verkehrsmitteln — in gesellschaftliches Eigentum und die Umwandlung der Warenproduktion in sozialistische, für und durch die Gesellschaft betriebene Produktion kann es bewirken, daß der Großbetrieb und die stets wachsende Ertragsfähigkeit der gesellschaftlichen Arbeit für die bisher ausgebeuteten Klassen aus einer Quelle des Elends und der Unterdrückung zu einer Quelle der höchsten Wohlfahrt und allseitiger harmonischer Vervollkommnung wird. Diese gesellschaftliche Umwandlung bedeutet die Befreiung nicht bloß des Proletariats, sondern des gesamten Menschengeschlechts, das unter den heutigen Zuständen leidet." Doch erkämpfen muß und wird sie die Arbeiterklasse allein im „ökonomischen" Ringen, durch die Ertrotzung politischer Rechte und die Eroberung der politischen Macht als Basis zum „Übergang der Produktionsmittel in den Besitz der Gesamtheit" [3].
Scheint es nach dem ersten Programmteil, daß nur die Vergesellschaftung der Produktionsmittel die Lage der Arbeiter nachhaltig bessern könne, so erhebt der zweite Abschnitt praktische Forderungen zur Demokratisierung des Staates und der Gesellschaft, sowie zur sozialen Besserstellung der Arbeiterschaft. Neben dem allgemeinen, gleichen Verhältniswahlrecht für alle Parlamente, Wahl der Behörden und Selbstverwaltung auf allen staatlichen Ebenen, verlangte das Programm u. a. Gleichstellung der Frau und Weltlichkeit der Schule, Unentgeltlichkeit der Rechtspflege und der ärztlichen Hilfeleistung, Änderung der Steuer- und Wirtschaftspolitik, Einführung von Arbeitsämtern, Sicherung der Meinungs- und Versammlungsfreiheit sowie des Koalitionsrechtes, „Übernahme der gesamten Arbeiterversicherungen durch das Reich" unter demokratischer Mitwirkung der Arbeiter und vor allem die „Festsetzung eines höchstens acht Stunden betragenden Normalarbeitstages". Die ausgeprägte plebiszitäre Komponente des Gothaer Programms wurde im Erfurter Programm abgeschwächt. Statt „Rechtsprechung durch das Volk" hieß es nun „Rechtsprechung durch vom Volk gewählte Richter". Die direkte Gesetzgebung wurde indirekt eingeschränkt und die Entscheidung über Krieg und Frieden nicht mehr wie in Gotha dem Volk, sondern der „Volksvertretung" zugewiesen.
Auffällig ist das Fehlen jeder grundsätzlichen Aussage zur staatlichen Ordnung. Engels hat die Verfasser des Entwurfs darauf hingewiesen, wenn „man in den Sozialismus hineinwachsen" wolle, so müsse man auch bekennen, daß die SPD nur „unter der Form der demokratischen

3 Siehe Dokumente 5.

Republik zur Macht" kommen könne [4]. Hier klafft in der Tat eine Lücke. Die demokratische Republik zu fordern, war unter den gesetzlichen Bedingungen des Kaiserreiches nicht möglich, als Gegenwartsforderung zudem illusorisch. Doch auch Marx und Engels waren nicht ganz unschuldig daran, weil sie das Verhältnis zwischen naturnotwendiger Entwicklung und praktischem Handeln, zwischen revolutionärer Zielsetzung und Reformarbeit nie eindeutig beschrieben und nur auf die Auflösung des Gegensatzes in der dialektischen Einheit von Theorie und Praxis verwiesen. Die Sozialdemokratie übernahm aus ihren Lehren mit dem Erfurter Programm und den Marx-Interpretationen von Kautsky die Überzeugung von der nach den strengen Regeln eines Naturgesetzes ablaufenden gesellschaftlichen Entwicklung, die in die Abschaffung der Klassenherrschaft und des dann überflüssig gewordenen Staates münden sollte. Friedrich Engels prägte dafür das berühmt gewordene Wort: „Der Staat stirbt ab und wird ins Museum der Altertümer neben das Spinnrad und die bronzene Axt versetzt [5]."

Der Sozialismus ist dann an sein Ziel gelangt. Doch wie dieses Ziel genau zu erreichen und die Ergreifung der Staatsgewalt durch das Proletariat zu bewerkstelligen war, welcher politisch-gesellschaftlichen Strukturveränderungen und institutionellen Durchgangsstadien es dazu bedurfte, das mußte man im Erfurter Programm schon zwischen den Zeilen lesen. Gerade wegen der hier fehlenden Präzisierung forderte es unterschiedliche Schwerpunktsetzungen heraus. Unter Berufung auf das Programm konnte man den Kampf vor allem für die Erringung demokratischer Freiheiten und sozialer Reformen führen, oder man versuchte vom grundsätzlichen Teil her auf eine Verschärfung der Klassengegensätze und die soziale Revolution zu setzen. Doch trotz divergierender Strömungen blieb das Handeln der Sozialdemokratischen Partei stets von dem bestimmt, was sie im Erfurter Programm als ihren Grundsatz verankerte: der Einsatz „für die Abschaffung der Klassenherrschaft und der Klassen selbst und für gleiche Rechte und gleiche Pflichten aller, ohne Unterschied des Geschlechts und der Abstammung" und der Kampf nicht nur gegen die Ausbeutung der Arbeiter, sondern gegen „jede Art der Ausbeutung und Unterdrückung, richte sie sich gegen eine Klasse, eine Partei, ein Geschlecht oder eine Rasse [6]."

4 So Engels in seiner Kritik am Erfurter Programm, Auszug in: Das Prinzip Links, S. 65.

5 Friedrich Engels, Herrn Eugen Dührings Umwälzung der Wissenschaft („Anti-Dühring"), 3. Aufl., Stuttgart 1894, S. 311.

6 Siehe Dokumente 5.

2. *Wirtschaftlicher und sozialer Wandel*

Bei den Reichstagswahlen vom 20. Februar 1890 errang die deutsche Sozialdemokratie 19,7 Prozent der Stimmen. Mit diesem Ergebnis war sie zur stärksten Wählerpartei des Kaiserreiches geworden. Die 1 427 000 Männer, die sich mit dem Stimmzettel zu der verpönten Repräsentanz des „Vierten Standes" bekannten, signalisierten den endgültigen Durchbruch zu einer Bewegung der Massen. In einem stetigen, nur 1907 kurzfristig gebremsten Aufstieg setzte die SPD ihre Expansion bis zum 1. Weltkrieg fort. Von 23,3 Prozent im Jahre 1893 (= 1 786 000 Wähler) über 27,2 Prozent 1898 (= 2 107 000), 31,7 Prozent 1903 (= 3 010 000) und 28,9 Prozent 1907 (= 3 258 000) stieg ihr Stimmenanteil 1912 auf 34,8 Prozent (= 4 250 000) der Wähler [7]. 982 850 Männer und Frauen bekundeten 1913 mit dem Parteibuch ihre Zugehörigkeit zur SPD, obwohl ihnen daraus häufig Schwierigkeiten und Nachteile für Arbeit und Beruf erwuchsen. Das absolute Mehrheitswahlrecht verhinderte, daß sich die Stimmenzahlen in einem entsprechenden Mandatsanteil niederschlugen. Die in der Reichsgründungszeit festgelegte und nie an die Bevölkerungsverschiebung angepaßte Wahlkreiseinteilung begünstigte die dünn besiedelten agrarischen Gebiete gegenüber den Ballungszentren. Erst 1912 wurde die SPD mit 110 Abgeordneten zur größten Fraktion im Reichstag. Trotz dieses beispiellosen Aufschwungs blieb die Sozialdemokratie im wesentlichen eine Partei der Industriearbeiterschaft. Sie konnte weder nennenswerte Erfolge bei den Landarbeitern erringen, die unter dem Einfluß der Gutsherren, Lehrer und Pfarrer meist konservativ stimmten, noch gelang ihr der Einbruch bei den katholisch geprägten Arbeitern, unter denen nach wie vor die Zentrumspartei dominierte.

Ähnlich stürmisch erfolgte das Anwachsen der Gewerkschaftsbewegung [8]. Buchdrucker und Zigarrenarbeiter, die sich in der Revolution von 1848 schon zu Organisationen zusammenschlossen, waren auch die ersten, die sich in den sechziger Jahren wieder regten. Die Gründung des Zigarrenarbeitervereins 1865 und des Buchdruckerverbandes 1866 sowie die von den sozialistischen Parteien ausgehenden Anstöße führten zur Schaffung weiterer Verbände. Ihr Versuch eines zentralen Überbaus (1878) wurde durch das Sozialistengesetz zunichte gemacht, durch das auch die der Sozialdemokratie nahestehenden Gewerkschaften der Auflösung verfielen und höchstens in getarnter Form weitergeführt werden konnten.

Erst mit dem Fall des Ausnahmegesetzes wurde wirkliche Gewerk-

7 Siehe auch die Tabellen und Diagramme 1 und 2.

8 Einen Überblick über die Geschichte der Gewerkschaften gibt: Dieter Schuster, Die deutsche Gewerkschaftsbewegung/DGB, Hrsg. DGB-Bundesvorstand, Düsseldorf, 3. Aufl. 1971.

schaftsarbeit wieder möglich. Differenzen über die geeigneten Organisationsformen konnten weitgehend überwunden werden. Schon 1890 kam es mit der Schaffung der „Generalkommission der Gewerkschaften Deutschlands“ zu einer einheitlichen, allerdings lockeren Spitze, die 1891 über 277 000 Gewerkschaftsmitglieder zählen konnte. Nach einer bis 1895 im Zeichen einer Wirtschaftskrise stehenden Stagnation begann der steile Aufstieg. 1899 wurde die 500 000-Grenze überschritten. 1904 war die erste Million erreicht, 1910 die zweite und vor Ausbruch des Weltkrieges standen schließlich 2,5 Millionen Mitglieder in ihren Reihen. Neben diesen, der Sozialdemokratie eng verbundenen und sich „Freie Gewerkschaften“ nennenden Verbänden gab es noch die christlichen Gewerkschaften und die den Liberalen nahestehenden Gewerkvereine. Beide konnten nur Minderheiten für sich gewinnen und erreichten 1913 mit 340 000 bzw. 105 000 Mitgliedern ihren Höchststand vor dem Kriege.
Der Wachstumsprozeß der sozialdemokratischen Arbeiterbewegung vollzog sich vor dem Hintergrund und auf der Grundlage einer vehementen wirtschaftlichen Expansion. Die Eisenbahn wirkte dabei durch ihren Stahlbedarf und die Verbesserung der Transportwege als doppelter Motor der Industrialisierung. Ihr Streckennetz stieg von 549 km im Jahre 1840, über 6044 km (1850), 19 575 km (1870) auf 51 678 km im Jahre 1900 [9]. Um ein weiteres Beispiel zu nennen: vom Jahre der Reichsgründung, mit der die industrielle Revolution erst auf volle Touren kam, wuchs die Roheisenproduktion von 1,6 Millionen Tonnen auf 14,8 Millionen im Jahr 1910. Neue technische Verfahren (Bessemerbirne 1855/60, Dynamo 1866, Chemie) schufen die Basis für die Entstehung neuer Industriezweige. Die wie Pilze aus dem Boden schießenden Aktiengesellschaften, Trustbildungen, Monopole, die ersten Großkonzerne z. B. in der Elektroindustrie, Großbanken, wie die Deutsche Bank, Dresdner Bank, sowie eine sich zusehends verstärkende Verflechtung zwischen Banken und Konzernen waren typische Erscheinungen dieser Epoche.
Deutschland wandelte sich endgültig vom Agrar- zum Industriestaat. Der von der Landwirtschaft erwirtschaftete Sektor des Bruttosozialproduktes sank von 47 Prozent im Jahre 1850 auf 23 Prozent 1913, während sich im gleichen Zeitraum der von der gewerblichen Wirtschaft aufgebrachte Anteil vervielfachte und bei Ausbruch des Weltkrieges fast 60 Prozent erreichte. Die industriellen Ballungszentren an Rhein und Ruhr, in Sachsen und in Berlin prägten das Gesicht der neuen Wirtschaftsgroßmacht Deutschland. Allein in der Zeit zwischen 1887 und 1914 verdoppelte sich die Zahl der Industriearbeiter. Lebten 1871 noch 65 Prozent der Bevölkerung in Dörfern und Kleinstädten, so waren es 1910 nur noch 40 Prozent. Im gleichen Zeitraum stieg der

9 Vgl. Fritz Voigt, Verkehr, Bd. II, Berlin 1965, S. 505, 529, und 537.

Anteil der Großstädte über 100 000 Einwohner von 5 auf 20 Prozent. Das Bevölkerungswachstum (1871 40 Millionen, 1914 67 Millionen) und der Massenzustrom aus den agrarisch geprägten Gebieten führten zu einer Menschenkonzentration im Arbeits- und Wohnbereich, die die Herausbildung eines Solidaritäts- und Klassenbewußtseins förderte. Obwohl die Arbeitsproduktivität durch technische Verbesserungen und zunehmende Arbeitsteilung rasch zunahm, entstand daraus nicht die vom Erfurter Programm und Marx vorausgesagte Massenarbeitslosigkeit. Sie sank vielmehr auf ein relativ niedriges Niveau, das erst die Voraussetzung für einen erfolgversprechenden Kampf der Arbeiterschaft bot.

In der Lohnfrage zeigte der Trend nach oben. Entscheidend war, daß nicht nur eine Erhöhung der Nominallöhne erfolgte, sondern daß die Reallöhne, wenn auch nicht immer kontinuierlich, wuchsen. Besonders in den Jahren nach 1881 erfolgte ein steiler Anstieg, der vielleicht eher den Titel einer „wirklichen, materiellen Sozialreform“ [9a] verdient, als das Bismarcksche Sozialversicherungssystem. Mußte um 1850 ein preußischer Arbeiterhaushalt allein 58 Prozent seines Lohnes für die notwendigsten Nahrungsmittel ausgeben, so betrug der Anteil 1913 nur noch 33 Prozent.

Trotzdem reichte auch jetzt das Einkommen gerade dazu aus, mit einer nicht zu großen Familie ohne schwere Ernährungssorgen zu existieren, nicht aber, sich dazu ausreichende Kleidung anzuschaffen und ein menschenwürdiges Dasein zu führen. Die Mitarbeit der Frauen blieb deshalb für die meisten Arbeiterhaushalte eine Lebensnotwendigkeit. Trostlos war es um die Wohnbedingungen bestellt. Meist lebte man mehr schlecht als recht in düsteren Hinterhäusern und rasch aus der Erde gestampften, grauen Mietskasernen. Noch 1895 zählte man in Berlin 25 000 Wohnungen, die nur aus einem einzigen Raum bestanden. Beinahe 80 000 sogenannte Schlafburschen verfügten nur über eine Schlafstelle, die sie in einer fremden Wohnung gemietet hatten.

Doch es waren nicht allein die trotz mancher Verbesserungen weiter bestehenden materiellen Existenzsorgen, welche die Arbeiter bedrückten. Die Wurzeln des Unmuts reichten tiefer. Der protzig zur Schau gestellte Reichtum der Wohlhabenden, das Andauern der politischen und gesellschaftlichen Diskriminierung und vor allem die weitgehende Rechtlosigkeit und Abhängigkeit im Arbeitsprozeß riefen immer wieder berechtigte Gefühle der Erbitterung gegen „die da oben“ wach. Sie richteten sich ebenso gegen die als Antreiber verachteten Werkmeister wie gegen Kapitalisten, Arbeitgeber, Unternehmer, die, abgesehen von positiven Ausnahmefällen wie Ernst Abbe und Robert

---

9a So Hans Rosenberg, Große Depression und Bismarckzeit. Berlin 1967, S. 217.

Bosch, in ihrer Mehrzahl einem starren, autoritären „Herr-im-Hause"-Kurs anhingen. Ihren Standpunkt formulierte der Großindustrielle Kirdorf anläßlich des Bergarbeiterstreiks von 1899 selbstherrlich: „Weder Kaiser noch Könige haben in den Betrieben etwas zu sagen. Da bestimmen wir allein [10]."

Allein auf sich gestellt, stand der einzelne Arbeiter diesem Herrschaftsanspruch als ohnmächtiges Objekt gegenüber. Nur im solidarischen Zusammenstehen bot sich die Chance zur wirksamen Wahrnehmung seiner Interessen. Gerade aus dem täglichen Erleben der gleichen Situation der Arbeitskameraden erwuchs das Bewußtsein der Zugehörigkeit zu der einen großen, ausgebeuteten und unterdrückten Klasse der Arbeiterschaft. In der Sozialdemokratie erkannten sie die Partei, die ihre Belange vertrat und für eine bessere Zukunft kämpfte. In ihren Organisationen und den Gewerkschaften fand man eine Gemeinschaft Gleichgestellter und Gleichgesinnter, in der das Gefühl der eigenen Machtlosigkeit überwunden wurde. Sie war Schutz und Heimat zugleich und gab den Arbeitern die Gewißheit, daß ihre Lage und die ihrer Klassengenossen nicht aussichtslos sei, sondern Ausbeutung und Unterdrückung eines nicht fernen Tages enden würden. Beflügelt von dem Glauben an den kommenden Sieg der Sozialdemokratie und die verheißene sozialistische Zukunftsgesellschaft fühlten sich ihre Anhänger als stolze, selbstbewußte Bahnbrecher einer neuen Zeit. Diesen Empfindungen gab ein junger Metallarbeiter mit den bezeichnenden Worten Ausdruck: „Hoffnungslos bin ich nicht, denn wer vom Sozialismus so durchdrungen ist, wie ich, der glaubt an eine Befreiung wie an ein neues Evangelium [11]."

3. *Praktische Politik und theoretischer Streit*

Mit dem Fall des Sozialistengesetzes und dem Sturz Bismarcks als Zeichen eines innenpolitischen Kurswechsels sah sich die Sozialdemokratie einer gewandelten Situation gegenüber. Dennoch blieb die Diskriminierung weiter bestehen. Mit behördlichen Eingriffen, Prozessen wegen Majestätsbeleidigung und den Mitteln des Vereinsgesetzes bereitete der Staat der SPD und den Gewerkschaften immer wieder Schwierigkeiten. Von Zeit zu Zeit wurden darüber hinaus Versuche unternommen, neue verschärfte Kampfmittel gegen die Sozialdemokratie einzusetzen. Die bekanntesten sind die sogenannte „Umsturzvorlage" von 1894/95 und die sogenannte „Zuchthausvorlage" von

10 Zur Haltung der bekannten Industriellen Alfred Krupp und Carl Ferdinand von Stumm-Halberg: Ernst Schraepler, Quellen zur Geschichte der sozialen Frage in Deutschland, Bd. II, Göttingen 1957, S. 87 ff.

11 Adolf Levenstein, Die Arbeiterfrage. Mit besonderer Berücksichtigung der sozialpsychologischen Seite des modernen Großbetriebes und der psychologischen Einwirkungen auf den Arbeiter, München 1912, S. 314.

1898/99. Beide fielen jedoch im Reichstag durch. Ungeachtet all dieser Repressionsversuche konnte die Sozialdemokratie seit 1890 im Vergleich zu den vorhergehenden 12 Jahren endlich im Rahmen der Legalität als Partei agieren. Damit stellte sich die Frage der künftigen politischen Taktik in einer neuen Dimension [12]. Die Oppositionsbewegung der sogenannten „Jungen" mit ihrer Polemik gegen die „Führer" und revolutionären, teilweise antiparlamentarisch und syndikalistisch gefärbten Parolen blieb eine kurzlebige Randerscheinung. Vergebens beriefen sich die „Jungen" auf Engels, der ihnen vielmehr vorwarf, sie seien nicht fähig, „die einfachsten Dinge mit Augen zu sehen und bei der Beurteilung einer ökonomischen oder politischen Sachlage weder das relative Gewicht der vorliegenden Tatsachen, noch die Stärke der ins Spiel kommenden Kräfte unbefangen abzuwägen" [13].

Auf einer ganz anderen Grundlage als die Bewegung der „Jungen" stand das Aufkommen des Reformismus, der, wie Kautsky zutreffend analysierte, „einem realen Bedürfnis" entsprang: „Wir sind zu groß geworden, um bloße Demonstrationspartei bleiben zu können [14]." Genau in diesem Sinne forderte Georg von Vollmar, der lange zum radikalen Flügel gehört hatte, 1891 in seinen berühmten „Eldorado-Reden" (nach dem Tagungslokal in München genannt) zu einer entschiedenen Reformpolitik auf dem Boden der bestehenden Staats- und Gesellschaftsordnung auf. Statt andere, außerhalb ihrer Reihen stehende progressive Kräfte durch eine unversöhnliche Haltung und revolutionäre Reden zu verprellen, solle die Sozialdemokratie lieber mit ihnen zusammenarbeiten, um so leichter eine entschiedene Politik der sozialen und demokratischen Reformen voranzutreiben. Unter dem Motto „Dem guten Willen die offene Hand, dem schlechten die Faust!" [15] wollte Vollmar auf dem Boden des bestehenden Staates den Emanzipationskampf des Proletariats durch die Konzentrierung

12 Vgl. zum folgenden insgesamt Gerhard A. Ritter, Die Arbeiterbewegung im Wilhelminischen Reich. Die Sozialdemokratische Partei und die Freien Gewerkschaften 1890—1900, Berlin-Dahlem 1959; und Hans-Josef Steinberg, Sozialismus und deutsche Sozialdemokratie. Zur Ideologie der Partei vor dem Ersten Weltkrieg (Schriftenreihe des Forschungsinstituts der Friedrich-Ebert-Stiftung), 3. Aufl., Bonn-Bad Godesberg, Verlag Neue Gesellschaft 1972.

13 Karl Marx/Friedrich Engels, Werke, Bd. 22, Berlin — DDR 1963, S. 84.

14 Schreiben an Eduard Bernstein, 8. 12. 1896, zitiert bei Hans-Josef Steinberg, Die deutsche Sozialdemokratie nach dem Fall des Sozialistengesetzes. Ideologie und Taktik der sozialistischen Massenpartei im Wilhelminischen Reich, in: Sozialdemokratie, hrsg. von Hans Mommsen, S. 54.

15 Georg von Vollmar, Über die nächsten Aufgaben der deutschen Sozialdemokratie, München 1891, S. 7.

der Kräfte auf die praktische Reformarbeit beschleunigen. August Bebel warnte zu diesem Zeitpunkt die Partei dagegen vor der Gefahr, sich in Kleinarbeit zu verzetteln und das große Ziel darüber aus den Augen zu verlieren. Er rechnete damit, daß der Endkampf unmittelbar bevorstehe. Bei seiner Kritik an Vollmars Vorstoß rief er den Delegierten auf dem Erfurter Parteitag zu: „Ich bin überzeugt, die Verwirklichung unserer Ziele ist so nahe, daß wenige in diesem Saale sind, die diese Tage nicht erleben werden [16].“ Obwohl Vollmars Thesen zunächst offiziell zurückgewiesen wurden, fanden sie doch zunehmend Widerhall. Sie deckten sich weitgehend mit dem Kurs der Freien Gewerkschaften, die um Verbesserungen „auf dem Boden der heutigen Gesellschaft“ rangen [17].

Die mit Vollmars Vorstoß entfachten leidenschaftlichen Diskussionen dürfen nicht den Blick dafür versperren, daß in der tagespolitischen Arbeit weitgehende Übereinstimmung herrschte. Der Kampf um demokratische Freiheiten und sozialen Wandel, den auch Marx und Engels ausdrücklich verfochten, war durch den zweiten Teil des Erfurter Programms vorgezeichnet und bestimmte auch das Handeln derer, die den unversöhnlichen Klassenkampf und die kommende soziale Revolution propagierten. Paul Kampffmeyer hat 1899 diese Einstellung mit den Worten gekennzeichnet: „Wunderbarerweise geht der heute vorhandene Zwiespalt zwischen den Radikalen und den Possibilisten mitten durch das Erfurter Programm, und er läuft — fast mit Händen greifbar — durch die Seele unserer begabtesten Theoretiker und Parteiführer. Auf der einen Seite überhäufen sie die bürgerliche Gesellschaft mit Bannflüchen über Bannflüchen, auf der anderen bessern sie mit glühender Tatkraft an dieser Gesellschaft herum [18].“

Grundlage dieser Arbeit waren Parteiorganisationen, Parlamente, Gewerkschaften, Genossenschaften und Mitwirkung in Einrichtungen der Sozialversicherung und des Arbeitsrechts. Die Organisationsstruktur der Partei wurde elastisch den gesetzlichen Beschränkungen angepaßt und damit auch den Frauen in den meisten Ländern eine Mitwirkung ermöglicht. Erst 1908 erlaubte ihnen der Gesetzgeber eine offene Mitgliedschaft im ganzen Reich. Nach der Aufhebung des Verbindungsverbotes im Jahre 1900 hatte die Partei ihr Organisationsgefüge mit dem Statut von 1905 vom bis dahin vorherrschenden Vertrauensleutesystem auf Vereine mit festen Mitgliedsbeiträgen um-

16 Protokoll über die Verhandlungen des Parteitages der Sozialdemokratischen Partei Deutschlands, abgehalten zu Erfurt vom 14. bis 20. Oktober 1891, Berlin 1891, S. 172.

17 Siehe den Aufruf der Generalkommission von 1891, zit. bei Schuster, Die deutsche Gewerkschaftsbewegung, S. 27.

18 Paul Kampffmeyer, Schrittweise Sozialisierung oder gewaltsame Sprengung der kapitalistischen Wirtschaftsordnung, in: Sozialistische Monatshefte, 1899, Nr. 10, S. 466.

gestellt. Sie bauten sich von Orts- über Wahlkreisvereine, über Bezirks-, Provinzial- und Landesverbände bis zur Reichsorganisation mit dem Parteivorstand auf. Das Anwachsen der Parteibürokratie durch Anstellung besoldeter Funktionäre war eine nahezu unausweichliche Begleiterscheinung einer Massenpartei, von der man Rat und Hilfe in allen Lebenslagen erwartete. Mit der kostenlosen Beratertätigkeit der zumeist von den Gewerkschaften unterhaltenen Arbeitersekretariate gewährte die Sozialdemokratie einer Vielzahl von Menschen Unterstützung bei der Wahrnehmung ihrer Rechtsansprüche, vor allem auf dem Sektor der Sozialversicherung. Daneben stand die intensive Bildungstätigkeit mit Hunderten von Kursen und Einzelvorträgen, eigenen Bibliotheken, Theatervorstellungen und der Schaffung der „Freien Volksbühne", Wanderlehrern und der Einrichtung einer zentralen Arbeiterbildungsschule und der berühmten Parteischule. SPD und Freie Gewerkschaften vermittelten damit nicht nur das Rüstzeug für den politischen und gewerkschaftlichen Kampf, sondern waren damit auch eine Kulturbewegung im weitesten Sinne.
Stärker im Blickfeld der Öffentlichkeit stand jedoch die Arbeit in den Parlamenten. Die grundsätzlichen Gegensätze über die Staats- und Gesellschaftsordnung und der ihr gegenüber weitgehend geschlossen auftretende Block der bürgerlichen Parteien setzten dem Wirken der Sozialdemokratie im Reichstag enge Grenzen. Nur in wenigen Fällen fanden sich im bürgerlichen Lager für sie Bündnispartner. Bei ihrem Einsatz für größere Rechte des Parlaments und mehr Demokratie konnte die SPD am ehesten auf die linksliberalen Gruppierungen rechnen, während es im Bereich der Sozialpolitik schon einmal Brükken zum Zentrum und seinem christlichen Arbeitnehmerflügel gab. In entscheidenden Punkten, wie etwa bei dem Verlangen nach gesetzlicher Einführung des 8-Stunden-Tages oder nach Abschaffung des diskriminierenden preußischen Dreiklassenwahlrechts, stand sie nahezu ohnmächtig dem Block der Gegenkräfte gegenüber.
Nur durch eine Taktik des Kompromisses konnte sie in Grenzfällen direkten Einfluß auf die Gesetzgebung ausüben. 1894 stimmte die Fraktion zum ersten Mal einer Regierungsvorlage zu, die eine Ermäßigung der Getreideimportzölle vorsah und damit eine Verbilligung von Nahrungsmitteln erhoffen ließ. 1913 kamen durch ihre Stimme neue, wegen der Erhöhung der Militärausgaben notwendige Steuergesetze zustande, die endlich auch die Besitzenden trafen. Damit wurde das Prinzip des „Diesem System keinen Mann und keinen Groschen", das seinen sinnfälligen Ausdruck in der Ablehnung des Haushaltsetats fand, an einem wichtigen Punkt durchlöchert.
In den Landtagen war das schon früher geschehen: zuerst (1891) in Hessen und Baden. 1894 stimmte auch die bayerische Landtagsfraktion im Widerspruch zur Politik der Gesamtpartei dem Haushalt zu. Während in Preußen mit seinem nach dem Steueraufkommen gestaf-

felten Dreiklassenwahlrecht erst 1908 sozialistische Abgeordnete ins Abgeordnetenhaus einziehen konnten und die Norddeutschen so ihre Auffassung vom Staat als Unterdrückungsinstrument der herrschenden Klasse augenfällig demonstriert sahen, herrschte in den süddeutschen Staaten Baden, Hessen, Württemberg und Bayern ein liberaleres Klima. Durch Wahlbündnisse mit bürgerlichen Parteien, Zustimmung zum Etat und Gesetzesvorlagen errang die SPD hier sozialpolitische und demokratische Zugeständnisse, wie u. a. die Ersetzung von Klassenwahlsystemen durch ein allgemeines, gleiches Wahlrecht.
Mit besonderem Nachdruck wandten sich die Sozialdemokraten der Arbeit in den Kommunen zu und begründeten damit die nach 1945 intensivierte kommunalpolitische Tradition. Die von einigen Orten geschaffene Erwerbslosenunterstützung und die Einrichtung lokaler Arbeitsnachweise war nicht zuletzt ihrer unermüdlichen Anstrengung zu verdanken. 1913 wurden annähernd 13 000 Gemeindevertreter der SPD gezählt [19]. Hier und in der Tätigkeit in Verwaltungs- und Vertretungskörperschaften der Arbeiterversicherung, der kommunalen Arbeitsnachweise und der Gewerbe- und Kaufmannsgerichte (für 1910 werden fast 100 000 Sozialdemokraten geschätzt) liegt eine der Wurzeln für das allmähliche Hineinwachsen der Sozialdemokratie in den Staat des Kaiserreiches.
Eine andere wuchs aus der Arbeit der Gewerkschaften. Mit ihrem System der Unterstützungseinrichtungen, für die sie in den Jahren 1891—1914 ingesamt 389,9 Millionen Mark ausgaben, davon 143,5 Millionen für Streik-, 89,9 für Arbeitslosen- und 91,0 Millionen für Krankenunterstützungen [20], boten sie ihren Mitgliedern ein System sozialer Sicherungen, das eine starke Attraktion auch auf die bisher Nichtorganisierten ausübte. Erst die Streikfonds schufen die Grundlage, Arbeitskämpfe länger durchzustehen. Seit der Jahrhundertwende brach sich daneben der Gedanke der Tarifverträge, der zuerst als „Harmonieduselei" und „Verrat am Klassenkampf" angeprangert wurde, immer stärker Bahn. Carl Legien, der Vorsitzende der Generalkommission der Freien Gewerkschaften, sah in ihnen nicht nur ein wirksames Instrument zur Verbesserung der Löhne und Arbeitsverhältnisse, sondern auch eine „Anerkennung des Mitbestimmungsrechtes der Arbeiter bei der Festsetzung der Arbeitsbedingungen [21]." Wie

19 Vgl. dazu auch die detaillierte Statistik bei Gerhard A. Ritter, Die Arbeiterbewegung im Wilhelminischen Reich. Die Sozialdemokratische Partei und die Freien Gewerkschaften 1890—1900, Berlin-Dahlem 1959, S. 233 f.

20 Siehe Paul Umbreit, 25 Jahre deutsche Gewerkschaftsbewegung 1890 bis 1915, Berlin 1915, besonders die Schautafel auf S. 175.

21 Carl Legien, Tarifgemeinschaften und gemeinsame Verbände von Arbeitern und Unternehmern, in: Sozialistische Monatshefte 1902, Nr. 1, S. 29.

Legien, so waren auch die meisten Gewerkschaftsfunktionäre, bedingt durch ihre auf praktische Verbesserungen gerichtete Tätigkeit, reformistisch eingestellt. Sie hielten nicht viel von Reden über Revolutionstheorien, wie von abstrakten Theorien überhaupt, und wollten möglichst alles vermieden sehen, was die Geschlossenheit ihrer Organisation und ihre bisherigen sozialpolitischen Erfolge gefährdet hätte.

4. *Revisionismusstreit und Massenstreikdebatte*

Bis heute wiegt in der kommunistischen Lehre der Vorwurf des „Revisionismus" schwerer als viele andere Verdächtigungen. Wer Zweifel an der Gültigkeit der „rechten Lehre" hegte, der wurde und wird schnell als „Revisionist" angeprangert. Der Begriff ist alt und er verbindet sich mit einem Mann, der mit seinen Vorstellungen um die Jahrhundertwende heftige Auseinandersetzungen in der deutschen Sozialdemokratie entfachte: Eduard Bernstein. Der Reformismus eines Vollmar und anderer zielte auf einen Wandel der politischen Strategie und Zielkonzeption, ohne die Substanz der marxistischen Theorie direkt in Frage zu stellen. Doch wurden in der von ihm ausgelösten Debatte erstmals Stimmen des Zweifels an der Allgemeingültigkeit der marxistischen Lehre laut. In der praktischen Konsequenz bedeuteten diese Auseinandersetzungen die Vorboten des späteren Revisionismusstreites.

Seine theoretische Begründung erhielt er durch Eduard Bernstein. In einer Artikelserie in der „Neuen Zeit" (Probleme des Sozialismus, 1896/97) und in seinem Buch „Die Voraussetzungen des Sozialismus und die Aufgaben der Sozialdemokratie" (1899) zeigte er, daß die Voraussage des Erfurter Programms über die wachsende Verelendung der Arbeiterschaft und seine Katastrophenthese sich in dieser Form nicht bewahrheitet hätten, sondern gegenläufige Tendenzen bemerkbar seien. Die Sozialdemokratie dürfe also nicht mit dem naturnotwendigen Zusammenbruch des Kapitalismus und seiner zwangsläufigen Ablösung durch den Sozialismus rechnen. Sie müsse deshalb ihre radikal-revolutionären Dogmen revidieren und sich auch in ihrer theoretischen Zielsetzung zu dem bekennen, „was sie heute in Wirklichkeit ist: eine demokratisch-sozialistische Reformpartei [22]". In diesem Sinne wollte er seinen häufig mißdeuteten Ausspruch verstanden wissen: „daß mir die Bewegung alles — das, was man gemeinhin Endziel des Sozialismus nenne, nichts sei [23]".

---

22 Eduard Bernstein, Die Voraussetzungen des Sozialismus und die Aufgaben der Sozialdemokratie, Stuttgart 1904 (1. Aufl. 1899), S. 165.

23 So in einer Zuschrift an den Parteitag von 1898, u. a. abgedruckt bei Wilhelm Mommsen, Größe und Versagen des deutschen Bürgertums, 2. Aufl. München 1964, S. 371.

Bernsteins Thesen, die sich vornehmlich auf sein Studium der industriellen Entwicklung in England, aber auch auf deutsche Statistiken stützten, entfachten eine leidenschaftliche, Jahre andauernde Diskussion. Mit der Verurteilung des Revisionismus durch die Parteitage, zuletzt den von 1903, und dem Bekenntnis zu dem von Kautsky repräsentierten und von Bebel leidenschaftlich verfochtenen Marxismus war der Streit nicht entschieden. Obwohl es dabei auch um taktische Fragen der Tagespolitik ging, konnte Vollmar auf dem Parteitag doch zu Recht sagen, er kenne keinen Fall, bei dem sich im Reichstag geschlossene Fronten der „radikalen" Marxisten und der Revisionisten gegenüber gestanden hätten. Im Kern drehte sich die Auseinandersetzung gar nicht um das Problem, Reformpolitik oder nicht. Als Angelpunkt der Kontroverse erwies sich vielmehr die Vorstellung von der gesetzmäßigen Entwicklung zum Sozialismus über das notwendige Durchgangsstadium einer sozialen Revolution. Für Bernstein verband sich mit der Vorstellung der Revolution das Element der direkten Aktion und der Gewaltanwendung. In diesem, dem normalen Sprachgebrauch nahestehenden Sinne wurde „Revolution" in der Partei jedoch kaum mehr gebraucht. Kautskys Wort, daß „die Sozialdemokratie eine revolutionäre, aber keine revolutionsmachende Partei" sei [24], deutet die Vielschichtigkeit des Begriffes an. Als seine entscheidenden Merkmale kristallisierten sich die Erringung der politischen Macht durch die Arbeiterklasse und die radikale Umgestaltung der Wirtschaftsstrukturen heraus. Der Kampf für soziale Reformen fügte sich so ohne Bruch in die revolutionäre Zielvorstellung ein.

Der in der Partei vorherrschende Vulgärmarxismus sah in den sich seit dem Gründerkrach von 1873 wiederholenden Konjunkturkrisen die Vorzeichen des Zusammenbruchs des Kapitalismus. Nicht zuletzt hieraus resultierte der in der Mitgliederschaft weit verbreitete, von August Bebel geteilte Glaube, daß das Ende des Kapitalismus mit einer letzten schweren Wirtschaftskrise kommen und in den Zusammenbruch der bisherigen Gesellschaftsordnung münden werde. „Schließlich", so meinte Bebel 1884, „stürzt der ganze Plunder durch einen tüchtigen Ruck wie ein Kartenhaus zusammen" [25] und das Zeitalter des Sozialismus bricht an. In seinem Buch „Die Frau und der Sozialismus", dem meistverbreiteten Werk der Sozialdemokratie, hat er es eindrucksvoll ausgemalt: eine Gesellschaft vollkommener Freiheit, Gerechtigkeit und mit allen Segnungen der Gemeinschaftseinrichtungen, in der die Menschen in Eintracht und Harmonie die schöpferischen Kräfte frei entfalten können.

24 Siehe Dokumente 6.

25 Bebel in einem Brief an Hermann Schlüter, 24. 2. 1884, zit. bei Hans-Josef Steinberg, Die deutsche Sozialdemokratie nach dem Fall des Sozialistengesetzes, in: Sozialdemokratie, hrsg. von Hans Mommsen, S. 57.

Seit ihren Anfängen verstand sich die Sozialdemokratie als Bannerträger einer neuen Zeit. Die Revolutionstheorie erfüllte dabei eine Doppelfunktion: 1. die radikale Kampfansage gegen die bestehende Klassen- und Ausbeutergesellschaft und 2. die Hoffnung auf eine sozialistische Zukunftsgesellschaft. Aus den Lehren von Marx und Engels zog sie neue Wurzeln ihrer Kraft und Begeisterungsfähigkeit, die wissenschaftlich untermauerte Gewißheit, mit der Geschichte im Bunde zu stehen und die Überzeugung, daß die große Vision des Sozialismus mit Naturnotwendigkeit kommen werde. Gegen diese doppelte Zuversicht richteten sich die Zweifel der Revisionisten. Bebel warf ihnen darum vor, sie raubten der sozialistischen Arbeiterbewegung den Glauben und die Begeisterung.
Die Überzeugung vom kommenden Zusammenbruch der bürgerlichen, kapitalistischen Gesellschaftsordnung und dem unaufhaltsamen Sieg des Sozialismus, die gerade bei der Annahme des Erfurter Programms durch ein Konjunkturtief Nahrung erhalten hatte, erfuhr bald kräftige Dämpfer. Der seit 1896 einsetzende Wirtschaftsaufschwung zeigte die für sie erstaunliche Lebens- und Anpassungsfähigkeit des Kapitalismus. Die Jahrhundertwende stand im Zeichen steigender Unternehmergewinne und beginnender Stagnation der Reallöhne, eines Stillstandes der staatlichen Sozialpolitik und erneuter staatlicher Repressionsversuche durch die sogenannte Umsturz- und Zuchthausvorlage. Auch der große Wahlerfolg von 1912, bei dem die Sozialdemokratie für die Stichwahlen ein Abkommen mit der linksliberalen Fortschrittspartei eingegangen war, führte sie kaum weiter, sondern mobilisierte vor allem ihre Gegner. Im sogenannten „Kartell der schaffenden Stände“ schmiedeten sich die Interessenverbände aus Industrie, Landwirtschaft und gewerblichem Mittelstand eine mächtige Kampforganisation gegen die Sozialdemokratie.
Das sich so zu Anfang des 20. Jahrhunderts immer deutlicher herauskristallisierende Unvermögen, die wachsende Größe in entsprechenden politischen Einfluß umzumünzen, mobilisierte die Kräfte in der Partei, die nach neuen Wegen Ausschau hielten. Die aufflammende Diskussion über den politischen Massenstreik ist mit ein unmittelbarer Reflex auf die sich verschärfenden inneren Gegensätze des Kaiserreichs und die Sackgassensituation der Sozialdemokratie. Von Engels, Bebel wie den Londoner und Pariser Kongressen der 1891 gegründeten Zweiten Internationale wurde der Massenstreik zunächst als untaugliches Mittel verworfen. Doch entfachten die belgischen Wahlrechtsstreiks, die „Umsturzvorlage“, die russische Revolution von 1905 und zu Recht befürchtete Staatsstreichpläne reaktionärer Kräfte zur Abschaffung des Reichstagswahlrechts immer wieder neue Erörterungen in der Parteipresse und auf den Parteitagen. Sie mündeten in dem Beschluß des Mannheimer Parteitages von 1906, die Massenarbeitseinstellung als geeignetes Abwehrkampfmittel bei einem Anschlag auf

das Reichstagswahlrecht und das Koalitionsrecht anzuerkennen. Das bedeutete nicht nur eine Absage an jede offensive Nutzung, sondern auch einen gravierenden Vorbehalt gegenüber einem defensiven Einsatz.

Die Formulierung des Parteitages nahm Rücksicht auf die Gewerkschaften, die auf ihrem vorhergehenden Kölner Kongreß jede Festlegung auf den Generalstreik energisch zurückgewiesen hatten. Mit dem sogenannten Mannheimer Abkommen setzten sie durch, daß solche, beide Organisationen berührende Aktionen nur gemeinsam entschieden werden durften. Mit dieser Abmachung erhielten sie ihre lange umstrittene Unabhängigkeit von der Partei garantiert, die nunmehr gezwungen war, sich mit der Generalkommission bei wichtigen politischen Entscheidungen abzusprechen. Neben dem vor allem von den Gewerkschaften verfochtenen Konzept, alle vermeidbaren Risiken zu umgehen und konsequent auf die Stärkung und Geschlossenheit der Organisation zu setzen, zeichneten sich in der Massenstreikdebatte die Konturen einer ganz anderen Strategie ab. Unter Führung von Rosa Luxemburg, Franz Mehring und Karl Liebknecht sammelte sich eine „Linke", die in der revolutionären Komponente des Marxismus die Antwort auf die verschärften Klassengegensätze und auf den Weg zu neuen Ufern zu finden glaubte. Unter dem Eindruck der russischen Revolution von 1905/06 wurde für sie der politische Massenstreik zum entscheidenden Kampfmittel zur Mobilisierung der Massen. Aus einer spontanen Erhebung der Arbeiterschaft, etwa zur Verhinderung eines Krieges, würden sich revolutionäre Kämpfe entwickeln, die schließlich in die sozialistische Revolution mündeten. Eine geschlossene Strategie zur Eroberung der politischen Macht haben jedoch auch die Linksradikalen nicht entwickelt. Sie wollten den revolutionären Kampfwillen der Massen wecken und mußten erleben, daß die Arbeiterschaft kaum für solch einen risikoreichen Kurs zu gewinnen war.

In einem Punkt berührte sich ihr Konzept mit den Vorstellungen des führenden Mannes des reformistischen Flügels, Ludwig Frank, und selbst mit Ansichten Bernsteins. Frank, den August Bebel zeitweise als seinen „Kronprinzen" betrachtete und der von rechts her auf eine Aktivierung der Politik drängte, wollte mit Hilfe des Massenstreiks die preußische Wahlrechtsreform erzwingen. Diese Vorstöße ordneten sich in seine Strategie der „totalen Mobilisierung der Kräfte der Partei im Dienste der Demokratisierung Deutschlands" ein, mit der er die Sozialdemokratie auf den Weg einer konsequenten demokratisch-sozialen Reformpartei führen wollte.

Keine der beiden Strömungen, die zur Aktion drängten, setzte sich durch, weder die linke, die mit der revolutionären Theorie in der Praxis wirklich ernst machen, noch die rechte, die den demokratisch-sozialen Reformkurs zur alleinigen Richtschnur des Handelns und der Aussagen nehmen wollte. Den Parolen der radikalen Linken blieb die Resonanz in der Anhängerschaft weitgehend versagt. Die Einbindung in die praktische Gegenwartsarbeit der Gewerkschaften mit ihren Unterstützungskassen und die staatliche Sozialversicherung, die auf lange Sicht doch Wirkung gezeitigt hatte, führten letztlich zu einer partiellen Integration der Arbeiterschaft in den bestehenden Staat. Zu ihr trug auch bei, daß sich die Sozialdemokratie mit viel Mühe und Arbeit eine eigene Welt der vielfältigen Organisationen, der Volkshäuser und der Presse, der Bildungsinstitutionen und der Selbsthilfeeinrichtungen hatte aufbauen können, auf die sie zu recht stolz war. Bei einem nicht unerheblichen Teil der Arbeiterschaft wuchs der Glaube, daß die bestehende Gesellschaftsordnung reformierbar sei und sie mehr zu verlieren hätten als ihre Ketten. Wenn sich trotz dieser Tendenzen der Revisionismus als Theorie nicht durchsetzte, dann zunächst schon einfach deswegen, weil er keinen eingängigen Ersatz für den in der herrschenden Marxismusideologie verankerten visionären Zug liefern konnte. Trotz positiver Ansätze zum Ausbruch aus der Isolierung, wie in Süddeutschland, dem erfolgreichen Wahlbündnis mit der Fortschrittspartei von 1912, einer partiellen Zusammenarbeit in Fragen der Demokratie und Sozialpolitik mit Linksliberalen und Zentrumspartei, entsprach die revisionistische Theorie in der großen Linie nicht der inneren Situation des Kaiserreichs. Die Staatsverfassung des Wilhelminischen Reiches, die politisch-sozialen Machtverhältnisse und die Intransigenz der herrschenden Führungsschichten verhinderten eine konsequente konstruktive Mitwirkung im Sinne der Revisionisten und Reformisten.

Bestimmend für die Partei blieb das breite Spektrum der Parteimitte, die praktische Reformarbeit mit dem Festhalten an einer vulgärmarxistischen Theorie verband. Sie wurde zusehends zu einer reinen Integrationsideologie, die nur noch eine Ventilfunktion für die aus der politischen und sozialen Situation erwachsenden Aggressionen erfüllte. Obwohl die Partei es strikt von sich wies, Revolutionen zu machen, und in ihrer Politik einen eindeutigen Reformkurs verfolgte, prägte der Wortradikalismus mit seinem revolutionären Pathos weiter das Gesicht der Sozialdemokratie. Dabei verstand sie unter sozialer Revolution zusehends einen wirtschaftlich-politischen Umgestaltungsprozeß, der sich ohne ihr direktes Zutun vollziehen würde. Die Folge dieser Gesellschaftsinterpretation war ein Verlust an aktivem Gestaltungswillen und das Warten auf das unvorhersehbare große Ereignis. Für diesen Moment galt es gerüstet zu sein, die einzig feste Bastion, die Organisationen, intakt zu halten und ihre Macht oder vermeintliche Macht nicht durch gewagte Manöver zu gefährden.

Als August Bebel am 13. August 1913 starb, hinterließ er eine Partei, die für die künftigen schweren Aufgaben nur unzulänglich gewappnet war. Als harter Kern der auf Parlamentarisierung, freiheitliche Demokratie und soziale Gerechtigkeit drängenden Kräfte mußte sie sich der Attacken all derer erwehren, die jede Änderung der politisch-gesellschaftlichen Struktur des kaiserlichen Deutschland blockieren wollten. Mit den Wahlerfolgen der SPD verhärtete sich auch die Fronde aus „Junkern und Schlotbaronen", preußisch-deutscher Armee und völkisch orientierten Alldeutschen. Im Imperialismus fanden sie ein, namentlich bei den Reichstagswahlen von 1907 erfolgreich gehandhabtes Instrument, mit dem sie die bürgerlichen Massen unter der Fahne einer neuen Ideologie gegen die „vaterlandslosen Gesellen" zusammenschweißen konnten.

V. Im ersten Weltkrieg

1. *Vaterlandsverteidigung und „Burgfrieden"*

Am 25. Juli 1914, als sich die aufkommenden Wetterwolken der Kriegsgefahr immer drohender zusammenballten, erhob der sozialdemokratische Parteivorstand warnend seine Stimme: „Gefahr ist im Verzuge. Der Weltkrieg droht! Die herrschenden Klassen, die Euch im Frieden knebeln, verachten, ausnutzen, wollen Euch als Kanonenfutter mißbrauchen. Überall muß den Machthabern in den Ohren klingen: Wir wollen keinen Krieg! Nieder mit dem Krieg! Es lebe die internationale Völkerverbrüderung! [1]" Nur wenige Tage später vernahm man einen neuen Ton aus der sozialistischen Presse: „Wenn die verhängnisvolle Stunde schlägt, werden die vaterlandslosen Gesellen ihre Pflicht erfüllen und sich darin von den Patrioten in keiner Weise übertreffen lassen [2]." Am 4. August schließlich stimmte die gesamte Fraktion, auch Karl Liebknecht, im Reichstag für die von der Regierung geforderten Kriegskredite. Als ihr Sprecher erklärte der Parteivorsitzende Hugo Haase: „Wir lassen in der Stunde der Gefahr das eigene Vaterland nicht im Stich [3]."

Wie konnte es zu diesem Stimmungsumschwung und zur Bewilligung der Kriegskredite kommen? Diese Frage ist bis heute heftig umstritten. Die Urteile schwanken von Verrat und Sündenfall bis zu der Aussage, die Haltung der Sozialdemokratie habe nur einer festbegründeten Tradition entsprochen. Die Vertreter dieser Auffassung berufen sich u. a. darauf, daß sich auch Marx und Engels zum Verteidigungskrieg bekannt hätten und August Bebel erklärte, er werde im Falle eines russischen Angriffs „die Flinte auf die Schulter" nehmen [4]. Auch das Erfurter Programm war nicht pazifistisch, sondern forderte die „Erziehung zur allgemeinen Wehrhaftigkeit" und eine „Volks-

1 Aufruf des Parteivorstandes in: Vorwärts, 25. 7. 1914.

2 Siehe Vorwärts vom 31. 7. 1914.

3 Siehe Dokumente 9.

4 Am 7. März 1904 im Reichstag; Sten. Ber. Bd. 198, S. 1588. Noch im Sommer 1913, einige Wochen vor seinem Tode, führte er in der Budgetkommission des Reichstages aus: „Es gibt in Deutschland überhaupt keinen Menschen, der sein Vaterland fremden Angriffen wehrlos preisgeben möchte. Das gilt namentlich auch von der Sozialdemokratie."

wehr an Stelle der stehenden Heere“ [5]. Die Gegner dieser Argumentation führen dagegen ins Feld, daß es hier um keinen Verteidigungskrieg, sondern um ein imperialistisches Völkermorden gegangen sei und die sozialdemokratischen Führer Verrat an den Beschlüssen der Internationale und dem Prinzip des Internationalismus geübt hätten. In den Resolutionen der Sozialistenkongresse von Stuttgart (1907), Kopenhagen (1910) und Basel (1912) zeigt sich, daß die dort ausgesprochene Verpflichtung, „durch die Anwendung der ihnen am wirksamsten erscheinenden Mittel den Ausbruch des Krieges zu verhindern und falls das nicht zu verhindern sei, für dessen rasche Beendigung einzutreten“ [6], äußerst dehnbar war. Da keine konkreten Maßnahmen verabredet wurden, blieb eigentlich alles offen.

In der moralischen Verurteilung des Krieges waren sich die Parteien der 2. Internationale einig und sie suchten nach Wegen, den Ausbruch eines drohenden Konflikts zu verhindern. Vor dem Forum des Reichstages und des Parteitages erhob August Bebel immer wieder seine Stimme gegen das Wettrüsten und die Kriegstreiber. Die begründete Sorge, daß eine nationalistisch-militaristische Fronde in Deutschland den Kriegsbrand entfachen würde, lag ihm wie ein Alptraum auf der Seele. Er bestimmte seine Züricher Gespräche mit Generalkonsul Angst, der Bebels Warnungen an die englische Regierung weiterleitete. Vor dem Forum ihres Kongresses im Baseler Münster 1912 prangerten die führenden Sozialisten Europas, August Bebel und Jean Jaurès, Victor Adler und Keir Hardie, Hermann Greulich und Edouard Vaillant, den Krieg als Geißel der Menschheit an. Ihre an die Adresse der Regierungen gerichtete Warnung, die Gewehrläufe könnten sich im Kriegsfall umdrehen, enthüllte sich im August 1914 als das, was sie war: eine Drohgebärde zur Einschüchterung der Kriegstreiber, doch für den Ernstfall ohne reales Fundament.

Solange es um eine der üblichen Marokko- oder Balkankrisen zu gehen schien, demonstrierten die Bataillone der Arbeitermassen wie im Juli 1914 einhellig gegen den Krieg; doch in dem Moment, als der regionale Konflikt am 31. Juli definitiv in den großen Krieg umschlug, brach die 2. Internationale auseinander. In Rußland und Serbien, wo die Sozialisten, brutal unterdrückt und zahlenmäßig schwach, einen Weg der gewaltsamen Revolution verfolgten, wandten sie sich gegen Kriegskredite. In allen anderen kriegführenden Ländern, in denen die Arbeiterbewegung über eine breite, gut organisierte Massenbasis verfügte und den Weg einer parlamentarisch orientierten, demokratisch-sozialen Reformpartei gegangen war, solidarisierten sich die

5 S. Dokumente 5.

6 Internationaler Sozialistischer Arbeiter- und Gewerkschaftskongreß, Protokoll 1907, S. 41, 66, 162, sowie Julius Braunthal, Geschichte der Internationale, Bd. 2, Hannover 1961, S. 325, 349 ff. und 370 ff.

Sozialisten in der Mehrheit mit ihrer Nation und unterstützten die Regierung. Gerade der Stimmungsumschwung in den Arbeitermassen bei Kriegsausbruch deutet an, wie sehr die Arbeiterschaft in diesen Ländern sich als Teil ihrer Nation fühlte und in den bestehenden Staat hineingewachsen war.
„Welche der verschiedenen Begründungen" — so heißt es zusammenfassend bei Susanne Miller — „für die im August 1914 inaugurierte Kriegspolitik der [deutschen] Partei- und Gewerkschaftsführung man auch untersuchen mag — die Anpassung an die allgemeine Volksstimmung; die Verteidigung gegen den russischen Zarismus, den britischen Imperialismus und die französischen Ansprüche auf Elsaß-Lothringen; die Hoffnung auf Verbesserung des eigenen Status durch innenpolitische Reformen; die Sorge um die Bewahrung der sozialdemokratischen und gewerkschaftlichen ‚Errungenschaften' sowie des materiellen ‚Besitzstandes' ihrer Organisationen — jede einzelne von ihnen und alle zusammengenommen weisen auf die Tatsache hin, daß der deutschen Arbeiterbewegung das Wilhelminische Reich als der Boden ihrer Existenz und ihres Wirkens erschien, den sie sich erhalten wollte [7]." Am klarsten hat diese Haltung vielleicht August Bebel auf dem Parteitag von 1907 mit den Worten gekennzeichnet: „Wenn wir wirklich einmal das Vaterland verteidigen müssen, so verteidigen wir es, weil es unser Vaterland ist, als den Boden, auf dem wir leben, dessen Sprache wir sprechen, dessen Sitten wir besitzen, weil wir dieses unser Vaterland zu einem Land machen wollen, wie es nirgends in der Welt in ähnlicher Vollkommenheit und Schönheit besteht [8]."

Das hier formulierte Bekenntnis zur „Landesverteidigung" brach sich bei Kriegsausbruch mit elementarer Wucht unter den Massen Bahn, die noch wenige Tage zuvor für den Frieden auf die Straße gegangen waren. Es wurde in der Sozialdemokratie auch vom überwiegenden Teil derjenigen bejaht, die eine Bewilligung der Kriegskredite ablehnten und sich im Reichstag nur der Fraktionsdisziplin beugten. Selbst Karl Liebknecht lehnte zunächst den Grundsatz der Vaterlandsverteidigung nicht kompromißlos ab. Worum es den 14 Abgeordneten, darunter auch dem Parteivorsitzenden Hugo Haase, die in der Fraktionssitzung vom 3. August 1914 gegen die Kriegskredite votierten, wirklich ging, war die Einschätzung des Weltenbrandes als eines imperia-

7 Susanne Miller, Die Sozialdemokratie in der Spannung zwischen Oppositionstradition und Regierungsverantwortung in den Anfängen der Weimarer Republik, in: Sozialdemokratie, Hrsg. Hans Mommsen, S. 84.
8 Protokoll über die Verhandlungen des Parteitags der Sozialdemokratischen Partei Deutschlands, abgehalten zu Essen a. d. Ruhr vom 15. bis 21. September 1907, Berlin 1907, S. 255. — Ganz ähnlich am 7. März 1904 im Reichstag; Sten. Ber. Bd. 198, S. 1588; vgl. auch Bd. 199, S. 3263.

listischen Raubkrieges sowie die Haltung zur Regierung und zu den bürgerlichen Parteien. Ihr Widerstand versteifte sich, als sich die politischen und wirtschaftlichen Kräftegruppen in einem sogenannten „Burgfrieden" zur Einhaltung eines innenpolitischen „Waffenstillstandes" für die Dauer des Krieges verpflichteten. Im Zeichen des Burgfriedens verstand sich die Parteimehrheit als eine Art Stütze der Reichsregierung unter dem Kanzler Bethmann Hollweg. In Angriffsstellung ging sie nur dann, wenn sie innenpolitische, die Arbeiterschaft besonders treffende Mißstände anprangern wollte oder scheinbar über die Regierungslinie hinausgehende Kriegsziele und Restaurierungsversuche im Innern attackierte.
Diese Hinwendung zur Regierung wurde nicht zuletzt durch das taktische Geschick und die Persönlichkeit Bethmann Hollwegs erleichtert, der eine offene Anlehnung an die Bestrebungen annexionistischer und konservativ-reaktionärer Kräfte aus Wirtschaft, Militär und Parteien vermied. Statt für ihre Mitarbeit feste, garantierte, innen- und außenpolitische Zugeständnisse auszuhandeln, hoffte die Parteimehrheit auf eine innenpolitische „Neuorientierung", vor allem in Form der preußischen Wahlrechtsreform. Bis in das Jahr 1917 hinein ist es dem Kanzler und den bürgerlichen Parteien der linken Mitte immer wieder gelungen, die Sozialdemokraten durch Versprechungen und äußeres Entgegenkommen an die Regierungspolitik zu ketten.

2. *Parteispaltung und Entstehung der USPD*

Im Gegensatz zur Parteimehrheit plädierte die Gruppe der Kriegskreditverweigerer eindeutig für die Beibehaltung der traditionellen Oppositionsrolle der Partei. Es spricht vieles dafür, daß diese Gegensätze nicht zur Spaltung hätten führen müssen, wenn sich nicht mit jeder neuen Abstimmung über Kriegskredite das Problem in seiner ganzen Schärfe wieder und wieder gestellt hätte. Als erster brach Karl Liebknecht aus der Fraktionsdisziplin aus und stimmte am 2. Dezember 1914 im Reichstag offen gegen die zweite Kriegskreditvorlage. Ihm schloß sich bei der nächsten Vorlage Otto Rühle an, während andere oppositionelle Abgeordnete vor Beginn der Abstimmung den Plenarsaal verließen. Im Dezember 1915 waren es schon 20 Abgeordnete, die unter Abgabe einer Erklärung, in der sie dem Reichskanzler Begünstigung der Annexionstreiber vorwarfen, im Reichstag gegen die Kredite votierten. Der endgültige Bruch kam im März 1916, als die Mehrheit der Fraktion dem Notetat zustimmte, während die Minderheit mit dem Parteivorsitzenden Haase unter Berufung auf den Magdeburger Parteitagsbeschluß von 1910 das Notbudget ablehnte. Da die Opposition ihre Absicht, im Plenum des Reichstages entgegen dem Fraktionsbeschluß zu stimmen, geheim hielt, sah eine Mehrheit darin nicht nur einen „Disziplinbruch“, sondern einen „Treubruch“. Mit 58 zu 33 Stimmen sprach sie den 20 Dissidenten die Rechte der Fraktionszugehörigkeit ab. Unter dem Namen „Sozialdemokratische Arbeitsgemeinschaft“ konstituierten sie sich als selbständige Fraktion.

Die Fraktionsspaltung bedeutete zunächst noch nicht die Parteispaltung. Erst mit der Einberufung einer Reichskonferenz der Opposition im Januar 1917, die der Parteiausschuß als Gründung „einer Sonderorganisation gegen die Partei“ verurteilte, erwies sich die Kluft in der Partei als unüberbrückbar. Am 6./7. April 1917 wurde im Volkshaus in Gotha die „Unabhängige Sozialdemokratische Partei Deutschlands“ (USPD) ins Leben gerufen.

Die Frage, ob diese organisatorische Spaltung hätte vermieden werden können, läßt sich bis heute nicht eindeutig beantworten. Sicher reichen ihre Wurzeln zu den ideologischen, programmatischen und politischen Gegensätzen in der Vorkriegssozialdemokratie zurück. Stets galt für die Partei der Grundsatz, den der Parteiveteran Richard Fischer auf die knappe Formel brachte: „Solange die Partei existiert, haben wir Meinungsverschiedenheiten gehabt und nicht verborgen. [...] Aber solange es eine Partei gibt, war es ihr Grundsatz, nach außen die Einigkeit zu bewahren [9].“ Doch gerade die starre Handhabung der zum Dogma gewordenen Parteitradition der „Einigkeit nach außen“, die Disziplinbruch geradezu als Meuterei wertete, hat die Gegensätze besonders verschärft. Ließen sich vor dem Krieg die Spannungen noch durch mehr oder weniger theoretische Kompromißresolutionen und eine Taktik des Vertagens auffangen, so wurde die Sozialdemokratie im Weltkrieg vor eine Situation gestellt, die ein Ausweichen blockierte und unmittelbare Entscheidungen forderte.

Schon die Tatsache, daß zu Kriegsausbruch Vertreter der radikalen Linken wie Konrad Haenisch und Paul Lensch in das nationale Fahrwasser einschwenkten, während „Revisionisten“ wie Eduard Bernstein und Kurt Eisner zur USPD gingen, deutet darauf hin, daß der Schnitt nicht zwischen revolutionären Marxisten auf der einen, Revisionisten und Reformisten auf der anderen Seite erfolgte. Die Trennungslinie wurde vielmehr durch die Streitpunkte Kriegskredite, Burgfrieden wie insbesondere Stellung zur Regierung und den bürgerlichen Parteien markiert. Während die Parteimehrheit auf einen Kurs der Kooperation einschwenkte, setzte die USPD die Linie der durchgängigen Opposition fort. Sie verstand sich als die wahre Erbin der

9 In der Fraktionssitzung vom 20. 12. 1915, in: Die Reichstagsfraktion der deutschen Sozialdemokratie 1898 bis 1918. Bearbeitet von Erich Matthias und Eberhard Pikart (Quellen zur Geschichte des Parlamentarismus und der politischen Parteien), Düsseldorf 1966, Bd. 2, S. 106 ff., Zitat S. 107.

„alten“ Sozialdemokratie eines Marx, Engels, Lassalle und Bebel, einer von allen anderen gesellschaftlichen Gruppierungen scharf geschiedenen Gegenpartei. Ungehindert durch den Zwang der Kompromisse wollte sie den Kampf gegen den Krieg und gesellschaftliche Mißstände, für Frieden, Demokratie und Sozialismus führen.

Neben Vertretern der linken Parteimitte, pazifistisch eingestellten Revisionisten wie Bernstein und Eisner, fanden in der USPD auch radikale Linke ein Operationsfeld. Während die sogenannte Bremer Linke als „Internationale Kommunisten Deutschlands“ den Weg der Selbständigkeit wählte, schloß sich die am 1. Januar 1916 um Rosa Luxemburg und Karl Liebknecht gebildete „Gruppe Internationale“, nach ihren „Spartakusbriefen“ „Spartakus“-Gruppe genannt, zunächst organisatorisch der USPD an. Der Partei nahe standen die „Revolutionären Obleute“, eine Gruppe qualifizierter, in Berlin aktiver Metallarbeiter, die sich vor allem bei der Organisierung von Streikbewegungen hervortaten.

Im Streik vom Frühjahr 1917, den Marineunruhen im Sommer 1917 und bei dem großen Januarstreik 1918 zeigte sich, wie sehr die Mehrheitssozialdemokraten (MSPD) an Einfluß unter den Arbeitern verloren hatten. Für viele unter den hungernden, verbitterten, kriegsmüden Massen war die USPD zu der Partei der Hoffnung geworden. Eine eindeutige Antwort, warum sie dennoch nur partielle Erfolge erzielte, läßt sich nicht geben. Mit soziologischen Ursachen ist es allein nicht zu erklären. Die Mitglieds- und Anhängerschaft war heterogen. Große Bedeutung hatte es sicherlich, daß die Parteimehrheit weiterhin über den größten Teil des Parteiapparates und der Parteipresse verfügte, die USPD von der Obrigkeit durch Zensur und andere Repressionsmaßnahmen stärker getroffen wurde und schließlich für viele Arbeiter die MSPD trotz allen Ärgers doch noch immer *die* Traditionspartei darstellte, von der man nicht einfach zu einer neuen Partei überlief.

3. *Der Weg der Mehrheitssozialdemokratie in die Regierungsverantwortung*

Mit der Abspaltung der USPD hatte die SPD ihre Monopolstellung als *die* Repräsentation der deutschen Arbeiterbewegung eingebüßt. Umfaßte bisher die Sozialdemokratie den ganzen linken Sektor des Parteienfeldes, so füllte die Mehrheitssozialdemokratie davon nur noch einen Teilbereich aus. Mit dem Auftreten der linken Konkurrenz rückte die Mehrheitspartei im politischen Spektrum zur Mitte. Trotz aller Aktivität des äußersten rechten Flügels, der für eine radikale Neuorientierung plädierte, blieb für ihre Politik die breite Parteimitte ausschlaggebend, repräsentiert vor allem durch Scheidemann und Ebert.

Philipp Scheidemann (26. 7. 1865—29. 11. 1939), gelernter Buchdrucker, begann seine politische Laufbahn als Redakteur an sozialdemokratischen Zeitungen. Im Reichstag, dem er seit 1903 angehörte, trat er als brillanter Redner hervor. Das Parlament blieb — ungeachtet seines 1911 erfolgten Eintritts in den Parteivorstand — die Haupttribüne seines Wirkens, die ihn nach dem Tode Bebels zum bekanntesten Führer der Sozialdemokratie machte. Im Kriege ging auch faktisch die Fraktionsführung, zu deren Mitvorsitzenden er 1913 gewählt wurde, immer stärker auf ihn über, da Haase schon vor seinem Ausscheiden aus der Fraktionsspitze mehr und mehr an Einfluß und Gewicht verloren hatte. In seiner politischen Grundhaltung vertrat Scheidemann den für die Parteiführung typischen Kurs der Mitte. Erst im Kriege rückten er und Ebert durch die Auseinandersetzungen mit der Parteiminderheit an den gemäßigten rechten Flügel der Partei heran.
Friedrich Ebert (4. 2. 1871—28. 2. 1925) schloß sich als junger Sattlergeselle der sozialdemokratischen Arbeiterbewegung an. Nach bitteren Erfahrungen auf der Wanderschaft — Arbeitslosigkeit, Aussperrungen — entfaltete er seit 1891 in Bremen eine rege agitatorische und organisatorische Aktivität. Mit gerade 23 Jahren übte er eine Fülle von Funktionen aus: Redakteur an der Bremer Bürgerzeitung, Vorsitzender des lokalen Sattlerverbandes, des Bremer Gewerkschaftskartells und der dortigen SPD. Seit 1900 war er als Arbeitersekretär in Bremen tätig. Vom Jenaer Parteitag 1905 wurde Ebert als hauptamtlicher Sekretär in den Parteivorstand gewählt, leitete die Arbeiterjugend und war zuständig für die Beziehungen zur Gewerkschaftsführung. Seit 1912 MdR trat Ebert 1913 als Nachfolger August Bebels neben Haase an die Spitze der Partei. An der im Erfurter Programm verankerten theoretischen Grundlage wollte auch Ebert nicht rütteln. Er setzte auf die Erringung der politischen Macht durch den Stimmzettel. Beharrliche Reformarbeit, Wahrung der Parteieinheit und Vorsicht prägten seine politische Taktik.
Ebert wie auch Scheidemann legten großen Wert darauf, die Politik der Sozialdemokratie im Kriege als eine logische Fortsetzung der traditionellen Linie zu motivieren. Die Ablehnung aller Eroberungspläne und das Selbstbestimmungsrecht der Völker blieb der am 4. August 1914 verkündete Grundsatz für den geforderten „Verständigungsfrieden". Als „Scheidemann-Frieden" erhielt diese Formel für Freunde und Feinde personifizierte Gestalt.
Die russische Februarrevolution von 1917 gab den enttäuschten Hoffnungen der kriegsmüden Massen einen mächtigen Auftrieb. In einer großen Streikwelle im April 1917 brach sich die Friedenssehnsucht der Arbeiter und ihr Protest gegen Hunger, „Kriegsverlängerer" und das Ausbleiben innerer Reformen Bahn. Die Wucht dieser Ereignisse spiegelte sich in einem Beschluß der MSPD-Führungsgremien. Mit

„leidenschaftlicher Anteilnahme“ begrüßte die Resolution den „Sieg der russischen Revolution“ und erklärte sich mit der Forderung des Petersburger Arbeiter- und Soldatenrates solidarisch nach einem „Frieden ... ohne Annexion und Kriegsentschädigungen auf der Grundlage einer freien Entwicklung aller Völker [10].“
In der Sache trafen sich damit die Mehrheitssozialdemokraten weitgehend mit den Forderungen der Unabhängigen. Sicher hat auch die Gründung der USPD auf die Entscheidungen der MSPD eingewirkt, mußte sie doch fürchten, daß ihre Anhängerschaft zu der linken Konkurrenzpartei überlief. Der große Durchbruch blieb der USPD versagt, der Druck von links dadurch beschränkt und der Spielraum der Mehrheitssozialisten zur Mitte erhalten. Statt zur Einigungsbasis zwischen den sozialistischen Gruppen wurde die Formel „Keine Annexionen, keine Kontributionen!“ mit der sogenannten Friedensresolution des Reichstages vom 19. Juli 1917 zur Sammlungsplattform für MSPD, Zentrum und Fortschrittspartei. Unter dem Eindruck der zunehmenden Aussichtslosigkeit eines baldigen Sieges der deutschen Waffen wuchs bei den Linksliberalen und dem Zentrum der Wunsch nach einem „Verständigungsfrieden“. Vorangetrieben durch den unermüdlich agierenden Zentrumsabgeordneten Matthias Erzberger schufen sich die drei Parteien in dem „Interfraktionellen Ausschuß“ ein ständiges Kontaktforum. Die bisherigen Fronten im Reichstag wurden damit verschoben. Es war eine neue Mehrheit entstanden, die das Muster für die spätere Weimarer Koalition abgab. Links von ihr stand die USPD, die von vornherein eine Mitwirkung verweigerte, rechts die zum ersten Mal in eine Isolierung gedrängten konservativen Gruppierungen.
Diese neue Parteienkonstellation bedeutete eine wichtige Etappe der Sozialdemokratie auf dem Weg von einer nahezu reinen Oppositionspartei zu einer möglichen Regierungspartei. Dennoch ist zu fragen, ob durch diese Bindung der Spielraum für die Entfaltung und Durchsetzung einer eigenständigen Politik nicht mehr als nötig eingeengt worden ist. Beim großen Januarstreik von 1918, in dem mächtiger als je zuvor der Ruf nach „Frieden, Freiheit und Brot“ erschallte, bewiesen die bürgerlichen Partner der MSPD nur wenig Loyalität, während sie nicht zuletzt für diese Kooperation mit einem tiefen Entfremdungsprozeß zu ihrer Anhängerschaft büßen mußte. Trotzdem glaubten die Sozialdemokraten sich Ende September 1918 nicht mehr dem Ruf zum Eintritt in eine neue Regierung versagen zu können. In diesem Moment, als die militärische Niederlage offen-

10 Abgedruckt in: Protokoll über die Verhandlungen des Parteitages der Sozialdemokratischen Partei Deutschlands, abgehalten zu Würzburg vom 14. bis 20. Oktober 1917, Berlin 1917, S. 36.

kundig wurde, unternahmen die Parteien der späteren Weimarer Koalition den Versuch, durch eine vom Vertrauen der Reichstagsmehrheit getragene Regierung unter dem Prinzen Max von Baden den drohenden Zusammenbruch zu verhindern. Grundsätzlicher Einspruch wurde von niemanden in der Fraktion erhoben, sondern nur taktische Bedenken geltend gemacht. Mit Philipp Scheidemann und dem nach Absprache mit den Gewerkschaften bestimmten 2. Vorsitzenden der Generalkommission, Gustav Bauer, gehörten zum ersten Mal in Deutschland Sozialdemokraten als Staatssekretäre einer Regierung an. Obwohl es diesem Kabinett vordringlich auf das Ende des Mordens durch einen Frieden der Verständigung ankam, brachte es doch zugleich die Verwirklichung eines anderen Kernanliegens der SPD: die Einführung des parlamentarischen Regierungssystems in Deutschland. Doch die demokratischen Neuerungen wurden überschattet durch den alles überlagernden militärischen Zusammenbruch. Dadurch, daß nach außen hin die Regierung und in vorderster Front Erzberger die Verantwortung für den Waffenstillstand übernahmen, konnten die Initiatoren dieses Schrittes, Hindenburg und Ludendorff, sich vor der Öffentlichkeit der Verantwortung entziehen. Sie und die nationalistischen Kräfte jeder Couleur nutzten die Verschleierung der wahren Hintergründe aus, um mit der sofort ins Spiel gebrachten Dolchstoßlegende die demokratischen Kräfte zu diskreditieren und zu kaschieren, daß sie selbst es waren, die das Kaiserreich in die militärische Niederlage geführt hatten.

VI. Von der Revolution zur Weimarer Republik

1. Die deutsche Revolution 1918/19

Als Ende Oktober 1918 die deutsche Admiralität hinter dem Rücken von Regierung und Parlament die Flotte in ein letztes Gefecht führen wollte, da rissen die Matrosen das Feuer unter den Kesseln fort. Nun, wo der Friede vor der Tür stand, sahen sie keinen Sinn darin, ihr Leben für ihre Offiziere in einer Todesfahrt zu opfern. So spontan wie diese Aktion verlief die ganze „Novemberrevolution". Am 4. November beherrschte in Kiel ein Arbeiter- und Soldatenrat die Stadt und drei Tage später hatten die Aufständischen fast die gesamte Flotte in ihren Händen. Wie von einem Sturmwind angefacht sprang der revolutionäre Funke von den Hafenstädten ins Landesinnere über. Von Kiel bis München, von Köln bis Breslau, zuletzt in Berlin begehrten die Soldaten und Arbeiter auf gegen die Obrigkeit und den Militarismus, motiviert von dem Verlangen nach Frieden, Freiheit, Brot und getragen von der Hoffnung, daß nun alles anders und besser werden würde.

Die Monarchen konnten nicht schnell genug ihren Thron räumen. Wie ein morsches Gemäuer brachen die staatlichen Spitzen der herrschenden Gewalten bei dem ersten Anstoß zusammen. In den Arbeiter- und Soldatenräten, die allerorten wie Pilze aus der Erde schossen, schuf sich die Massenbewegung ihre Revolutionsorgane. Sie griffen auf das russische Vorbild zurück und waren in Deutschland in Vorformen schon bei den Marineunruhen von 1917 und vor allem im Januarstreik von 1918 aufgetreten. Doch trotz dieser äußeren Anklänge handelte es sich im November 1918 nicht um die große organisierte Verschwörung, wie eine sich hartnäckig behauptende, durch manche prahlerische Selbstzeugnisse gestützte Legende wahrhaben will. Weder Mehrheitssozialdemokraten, noch die Unabhängigen, und selbst nicht die Revolutionären Obleute und die Spartakusgruppe hatten diese Revolution „gemacht". Ihr Charakteristikum war nicht planmäßige Vorbereitung und lenkende Führung, sondern die Spontaneität der kriegsmüden Massen. Das Symbol des Sozialismus, die rote Fahne, erkoren sie sich vor allem deshalb zu ihrem Banner, weil sich darin Frieden nach außen und Opposition gegen die herrschenden Mächte verkörperte.

Mehrheitssozialdemokraten und auch die Führungskräfte der Unabhängigen gaben letztlich nur dem Druck der Umstände nach. Der sehnlich erwartete, sich aber verzögernde Frieden und die mit ihm zusammenhängende revolutionäre Bewegung bestimmten das Gesetz des Handelns. In der Nacht vom 7. zum 8. November proklamierte, unabhängig von der Matrosenbewegung, Kurt Eisner von der USPD in München die Räterepublik. Zum gleichen Zeitpunkt stellte die MSPD in Berlin ein Ultimatum, in dem sie den Rücktritt Kaiser Wilhelms II. forderte. Ihr Schritt stieß ins Leere. Die revolutionäre Welle war auch in der Reichshauptstadt nicht mehr zu bremsen. Am Morgen des 9. November verließen die Arbeiter in Berlin ihre Betriebe. In machtvollen Demonstrationszügen, die Zuzug von Soldaten und von Gruppen der Bevölkerung erhielten, marschierten sie zum Parlaments- und Regierungsviertel. Unter dem Eindruck der Massenstimmung verkündete Prinz Max von Baden eigenmächtig die Abdankung des Kaisers und übergab Friedrich Ebert, dem Vorsitzenden der Mehrheitssozialdemokraten, das Amt des Reichskanzlers. Dessen Überlegungen, zunächst auf die Abschaffung der Monarchie zu verzichten, um das befürchtete Chaos und den Bürgerkrieg zu vermeiden, erwiesen sich als illusorisch. Die monarchische Staatsform war unter dem Ansturm der Massen gefallen. Am frühen Nachmittag rief Philipp Scheidemann vom Reichstag aus die Republik aus, während Karl Liebknecht vom Balkon des Berliner Schlosses die Sozialistische Republik proklamierte.

Doch nicht ein Gegeneinander, sondern ein Miteinander der sozialistischen Gruppierungen unter der Parole „Kein Bruderkampf“ war die beherrschende Stimmung dieser Tage. Ihr entsprach auch Ebert mit dem Angebot an die Unabhängigen zur Bildung einer gemeinsamen, paritätisch zusammengesetzten Regierung aus MSPD und USPD. Selbst einem Eintritt Karl Liebknechts stellte sich Ebert nicht entgegen, sondern bezeichnete ihn als „angenehm“. Doch Liebknecht lehnte ab, ebenso wie ein Vertreter des radikalen Flügels der USPD, Georg Ledebour.

Am 10. November trat in der Reichskanzlei die Revolutionsregierung zum ersten Male zusammen. Diesem „Rat der Volksbeauftragten“, wie er sich selber nannte, gehörten je drei Vertreter der MSPD (Ebert, Scheidemann und Otto Landsberg) und der USPD an (Haase, Wilhelm Dittmann und Emil Barth, letzterer als Vertrauensmann der Revolutionären Obleute). Der Rat der Volksbeauftragten verdankte sein Mandat der Revolution, was schon äußerlich in der Bestätigung der Revolutionsregierung durch die Versammlung der Berliner Arbeiter- und Soldatenräte im Zirkus Busch dokumentiert wurde. Aber es war nicht minder charakteristisch, daß in der vorhergehenden „Koalitionsvereinbarung“ [1] zwischen den beiden Parteien das Verbleiben

1 U. a. abgedruckt in: Die deutsche Revolution 1918–1919. Dokumente. Hrsg. von Gerhard A. Ritter und Susanne Miller. (Fischer Bücherei 879), Frankfurt am Main und Hamburg 1968, S. 82 f.

der amtierenden bürgerlichen Staatssekretäre auf ihren Posten vorgesehen war.

Mit der Vereinigung des Großteils der Funktionen, die bis dahin von Parlament, Regierung, Kaiser und Bundesrat ausgeübt wurden, verfügte der Rat der Volksbeauftragten über weitreichende Kompetenzen. Doch ebenso groß waren die Probleme, mit denen er sich konfrontiert sah: die Erbschaft des verlorenen Krieges mit den drückenden Waffenstillstandsbedingungen und die Fortsetzung der Blockade durch die ehemaligen Kriegsgegner. Das Reich drohte in Hunger und Chaos zu versinken und auseinanderzufallen. Hier hat die Revolutionsregierung Vortreffliches geleistet. Die Not des Augenblicks wurde gelindert, die schlimmsten Folgen des Krieges beseitigt, die Hungersnot bekämpft, die zurückkehrenden Soldaten weitgehend integriert und mit einem Bündel sozialpolitischer Regelungen über Arbeiterschutz, Krankenversicherung, Arbeitsbeschaffung und Arbeitslosenunterstützung wichtige Reformen eingeleitet. Die Aufhebung der Zensurbestimmungen und der Ausnahmegesetze war für Sozialdemokraten ein Akt der Selbstverständlichkeit, ebenso wie die Freiheit der Meinungsäußerung und die Freiheit und Sicherheit der Person. Mit der Einführung des allgemeinen, gleichen Verhältniswahlrechts für alle Parlamente und dem Wahlrecht der Frauen verwirklichten sie einige ihrer großen traditionellen Ziele, mit der Verkündung des Achtstundentages ein anderes. In den Jahren der Weimarer Republik galt die gesetzliche Festlegung der achtstündigen Höchstarbeitszeit bei der arbeitenden Bevölkerung als *die* große Errungenschaft der Revolution.

Aus einer tief verwurzelten Demokratieauffassung heraus verstand sich die Volksbeauftragtenregierung unter Ebert und Haase nur als ein Provisorium für die revolutionäre Umbruchsperiode. Mit der Ankündigung der Nationalversammlung legte sich das Kabinett sofort auf ein aus allgemeinen Wahlen hervorgehendes Volksparlament als verfassunggebendes Organ fest. Sie entsprach damit nicht nur dem Willen der MSPD-Spitze, sondern sie fand dabei auch Unterstützung bei der USPD-Führung und dem Großteil der Arbeiter- und Soldatenräte. In ihrer Mehrheit verstanden sich die Räte, in denen zunächst die Anhänger von Ebert und Scheidemann dominierten, als eine aus der Revolution geborene Übergangslösung und nicht als die Verfechter eines „Rätesystems“ bzw. einer „Diktatur des Proletariats“. Der in der öffentlichen Diskussion hochgespielte Gegensatz zwischen „Nationalversammlung“ und „Rätesystem“ spiegelte in keiner Weise die realen politischen Kräfteverhältnisse wider. Mit seiner Parole „Alle Macht den Räten“ verfügte der Spartakusbund in der ersten Revolutionsphase nur über eine schmale Basis, wie die Wahlen zum Allgemeinen Kongreß der Arbeiter- und Soldatenräte Deutschlands anschaulich demonstrierten. Unter den 489 Delegierten, die vom 16.

bis 20. Dezember als eine Art Revolutionsparlament in Berlin tagten, fanden sich nur 10 „Vereinigte Revolutionäre". Mit 344 gegen 98 Stimmen lehnte die Vertretung der Arbeiter- und Soldatenräte die von Ernst Däumig propagierte sozialistische Republik auf der Basis eines Räteaufbaus ab. Die große Mehrheit aus Mehrheitssozialisten, dem rechten Flügel der USPD, den Soldatenvertretern und den wenigen bürgerlichen demokratischen Delegierten entschied sich für eine aus allgemeinen, gleichen Wahlen hervorgehende Nationalversammlung. Als Wahltermin bestimmte der Kongreß ganz im Sinne der mehrheitssozialistischen Volksbeauftragten den 19. Januar 1919. Aus diesen Wahlen gingen die MSPD mit 37,9 Prozent, die USPD mit 7,6 Prozent der abgegebenen Stimmen hervor. Sowohl in der Nationalversammlung wie in den eine Woche später in Preußen durchgeführten Wahlen mit 36,4 Prozent für die MSPD und 7,4 Prozent für die USPD kam keine sozialistische Mehrheit zustande.

Zu diesem Zeitpunkt war die Koalition zwischen den beiden Parteien schon zerbrochen. In der Nacht vom 29./30. Dezember räumten die USPD-Volksbeauftragten nach einem Streit über den Einsatz von Militär gegen revoltierende Matrosen ihre Plätze im Kabinett und wurden durch zwei Mehrheitssozialdemokraten, Rudolf Wissell und Gustav Noske, ersetzt. An Stelle der euphorischen Stimmung der Novembertage herrschte nun eine Atmosphäre der Konfrontation innerhalb der sozialistischen Arbeiterbewegung.

In der Übernahme der staatlichen Verantwortung lag eine der Ursachen für die aufkommenden Gegensätze. Das galt sowohl für die Stellung der sozialistischen Parteigruppen MSPD, USPD und Spartakus/KPD zueinander, wie auch für das Verhältnis zwischen Führung und Anhängerschaft innerhalb dieser Gruppierungen. Als Gegenpol zu dem Elend des Krieges wirkte der 9. November für die revolutionären Massen wie der Anbruch einer neuen Zeit. Die Arbeiterklasse schien wieder eins, die Macht im Staat errungen und durch ihre eigenen Vertreter wahrgenommen, alle lang gehegten Verheißungen des Sozialismus sollten nun ihre Erfüllung finden. Jahrzehntelang hatte man von Klassenkampf und der Eroberung der politischen Machtpositionen durch die Arbeiterklasse gesprochen und sich vorgestellt, daß die „Sozialisierung" der Produktionsmittel die unabdingbare Voraussetzung des Sozialismus sei. Nun da an der Spitze des Staates und der Länder ihre Revolutionsregierungen und Revolutionsorgane standen, erwartete man, daß mit den Verheißungen Ernst gemacht werde.

Statt dessen mußte man erleben, daß in der Bürokratie, bei dem Militär und in der Wirtschaft beinahe alles beim alten blieb. Auf den Landrats- und Bürgermeisterstühlen, in den Schaltstellen der Industrie und der Wirtschaft, auf den Offiziersposten und in den Behörden des Reiches und der Länder saßen, abgesehen von einzelnen Vertretern und „Kontrolleuren“ der Arbeiterklasse, immer noch die Repräsentanten des Obrigkeitsstaates und der Militärkaste, der „Landlords“ und der Industriebosse. So gab es ein halbes Jahr nach Ausbruch der Revolution unter den 470 preußischen Landräten erst einen einzigen Sozialdemokraten. In den Weihnachtsunruhen von 1918, als sich herbeigeeilte Berliner mit den meuternden Matrosen gegen das eingesetzte Militär solidarisierten, machte sich die beginnende Unzufriedenheit schon deutlich Luft. Im Ruhrgebiet und Oberschlesien, Berlin, Bremen und Braunschweig, Sachsen und Thüringen flammten Unruhen auf. Neben Streikbewegungen für höhere Löhne und bessere Ernährung zielten andere Massenaktionen auf Sozialisierung der Betriebe, dauernde Beibehaltung der Arbeiterräte, bis hin zum gewaltsamen Sturz des kapitalistischen Systems.

Das demokratische Potential, das in diesen Massenbewegungen lag, blieb weitgehend ungenutzt. Es schlug sich im wesentlichen nur in formalen Gesetzesbestimmungen wie dem Sozialisierungsgesetz vom März 1919 und dem Räteartikel 165 der Weimarer Verfassung nieder, nicht aber in einer wirklichen, dauerhaften Demokratisierung und sozialen Umstrukturierung von Staat und Gesellschaft.

Über die Ursachen ist viel geschrieben worden. In der DDR steckte das Zentralkomitee der SED mit seinen „Thesen“ über „Die Novemberrevolution 1918 in Deutschland“ den Bewertungsrahmen ab „als eine bürgerlich-demokratische Revolution, die in gewissem Umfange mit proletarischen Mitteln und Methoden durchgeführt wurde[2].“ Neben dem anfänglichen Fehlen einer „marxistisch-leninistischen Kampfpartei“ spielt für die kommunistische Geschichtsschreibung der „Verrat“ der SPD-Führer eine entscheidende Rolle. In der Bundesrepublik wurde dagegen lange Zeit die Ansicht vertreten, daß es 1918/19 nur die Wahl zwischen der „sozialen Revolution im Bund mit den auf eine proletarische Diktatur drängenden Kräften oder die parlamentarische Republik im Bund mit konservativen Elementen wie dem Offizierskorps“ gegeben habe[3]. Gerade in den Reihen der Sozialdemokraten fand die Ansicht des konkreten Entweder-Oder viele Anhänger. Die SPD sei, als Not am Mann war, in die Bresche gesprungen und habe Deutschland vor dem Bolschewismus und der Rätediktatur bewahrt. Demgegenüber führte Willy Brandt ins Feld, daß die Behauptung der Bolschewismus-Gefahr „eine unerlaubte Ver-

2 Siehe: Die Novemberrevolution 1918 in Deutschland. Thesen anläßlich des 40. Jahrestages. in: Zeitschrift für Geschichtswissenschaft 6 (1958), Sonderheft, S. 1—27, Zitat S. 21; vgl. dazu im gleichen Heft, S. 28—54, Walter Ulbricht, Begründung der Thesen über die Novemberrevolution 1918.

3 So lautete die Formulierung von Karl Dietrich Erdmann, Die Geschichte der Weimarer Republik als Problem der Wissenschaft, in: Vierteljahrshefte für Zeitgeschichte 3, 1955, S. 6 f.

einfachung" darstelle und die Alternative eher durch die Position Rosa Luxemburgs, „eine demokratisch-sozialistische [...] nicht eine terroristisch-kommunistische" verkörpert wurde [4].
Rosa Luxemburg stand in den Revolutionsmonaten in der vordersten Reihe des Spartakusbundes, einer in sich heterogenen Gruppe. In ihr dominierten die Anhänger einer utopisch-anarchistischen Richtung, die schon am 10. November Liebknecht dazu bewogen, den Eintritt in den Rat der Volksbeauftragten zu verweigern. Gegen den Widerstand Rosa Luxemburgs, Karl Liebknechts und Paul Levis lehnte die große Mehrheit auf dem Gründungsparteitag der KPD (31. Dezember 1918/1. Januar 1919) eine Wahlbeteiligung an der Nationalversammlung ab und erkor sich die Straße als wichtigste Plattform zur Durchsetzung ihrer revolutionären Parolen.
Wie bei Rosa Luxemburg und Karl Liebknecht bestimmte die Furcht, den Kontakt zu den radikalen Massen zu verlieren, auch weitgehend die Taktik der USPD-Führung um Haase und Dittmann. In der USPD verband sich der Gedanke, zunächst die „Errungenschaften" der Revolution auszubauen, mit dem der parlamentarischen Demokratie und der Nationalversammlung. Mit der wachsenden Enttäuschung in der Arbeiterschaft gewann der linke Flügel um Ernst Däumig und Richard Müller immer mehr an Gewicht und drückte auf dem Rätekongreß vom Dezember 1918 gegen den Willen Haases die Nichtbeteiligung der USPD am Zentralrat durch. In dieser Institution, die als eine Art Kontrollorgan der Reichs- und preußischen Regierung fungierte, waren somit nur MSPD- und Soldatendelegierte vertreten. Den USPD-Volksbeauftragten wurde der Boden unter den Füßen entzogen. Die Linke in ihrer Partei drängte zurück in die gewohnte Oppositionsrolle und suchte das Heil in einer Konfrontationspolitik gegen die mehrheitssozialdemokratische Konkurrenzpartei. Am 28./29. Dezember 1918 schieden die USPD-Volksbeauftragten aus der Regierung aus.
Die Mehrheitssozialdemokraten stellten nun mit Ebert, Scheidemann, Landsberg, Rudolf Wissell und Gustav Noske allein die Regierung. Ihre Leitlinie wurde markiert durch eine parlamentarische Demokratie, in der das mündige Volk in freien Wahlen das Vernünftige entschied und die Sozialdemokratie, legitimiert durch die Mehrheit des Volkes, in einem Klima geordneter demokratischer Zustände soziale Reformen durchführen konnte. Das eigenmächtige Vorgehen einzelner Räte und spontane Massenaktionen empfanden viele Mehrheitssozialdemokraten und vor allem die Gewerkschaftsführer als Verrat an den tief verankerten demokratischen Prinzipien der Arbeiterbewegung, als ungeheuren Verstoß gegen das Rechtsstaatsprinzip und als Schaffung

4 Willy Brandt, Fünfzig Jahre danach. Rede auf der Feierstunde der SPD am 10. 11. 1968 in Godesberg; Pressemitteilungen und Informationen der SPD, 10. 11. 1968.

„russischer Zustände", die eine geordnete Versorgung der Bevölkerung unmöglich machten, Ungleichheit in Einkommen und Versorgung mit sich brachten und das ganze Gefüge der Wirtschaft bedrohten. Die mit der Regierungsverantwortung betrauten Volksbeauftragten gerieten so in eine wachsende Konfrontation zu den Räten und suchten verstärkt Halt bei den sie stützenden Mächten des alten Systems. Besonders die Bürokratie galt den sozialdemokratischen Regierungsvertretern bis hin zu linken USPD-Repräsentanten als unentbehrlich für die Bewältigung der schwierigen Probleme der Übergangsperiode und gewann so noch ein verstärktes Gewicht.
In der Militärfrage schließlich fiel die Entscheidung nicht für ein von demokratischem Geist beseeltes Heer, sondern in Richtung auf den „Staat im Staate" der Reichswehr. Die alte kaiserliche Oberste Heeresleitung mit Hindenburg und Groener an der Spitze bewahrte als Träger der bewaffneten Macht eine weitgehende Selbständigkeit. Versuche des Berliner Vollzugsrats der Arbeiter- und Soldatenräte und Eberts, eine demokratische Volkswehr aufzubauen, blieben im Ansatz stecken.
Der sogenannte Spartakusaufstand vom Januar 1919, als bewaffnete Aufständische die fast wehrlose Volksbeauftragtenregierung bedrohten, kennzeichnet die entscheidende Marke für die künftige Wehrstruktur. Die Straßenkämpfe in Berlin besiegelten nicht nur die Spaltung der Arbeiterbewegung, sondern diese gewaltsame Bedrohung der neuen Ordnung von links mobilisierte die Gegenkräfte von rechts und öffnete indirekt den Militärs die ersehnte Chance zum Eingreifen. Nicht auf die sich in die Schanze werfenden mehrheitssozialdemokratischen Freiwilligenverbände setzte die Reichsregierung ihr Vertrauen, sondern auf das von Noske eingesetzte Militär der alten Offiziere und der neuen Freikorpsführer. Ihm kam es vor allem darauf an, militärische Macht zu demonstrieren und ein bleibendes Exempel zu statuieren. Der Charakter und die politische Gesinnung der Truppen, in denen militärische Disziplin alles galt, nach demokratischen Überzeugungen nicht gefragt wurde, war für ihn nicht ausschlaggebend. Diese und ähnliche Kader, in denen gegenrevolutionäre Bestrebungen deutlich genug in Erscheinung traten, bildeten den Kern der in den Nachkriegsjahren eingesetzten Militärmacht und das Fundament der Reichswehr.
Der Einsatz von Militär und Freikorps gegen demonstrierende und kämpfende Arbeiter, Noskes Rolle dabei, das völlige Verkennen der aufkommenden Gefahren von rechts und die bestialischen Morde an Rosa Luxemburg und Karl Liebknecht mobilisierten nicht nur die Radikalen in der Arbeiterschaft gegen die Reichsregierung, sondern sie belasteten sie auch bei einem Großteil ihrer eigenen Anhänger. Der Januaraufstand markiert einen Wendepunkt. Von hier aus nahm das wechselseitige Aufschaukeln der Radikalen von links und rechts seinen

Lauf, während gleichzeitig das von der Sozialdemokratie repräsentierte Element einer demokratischen und sozialen Umgestaltung der Gesellschaft zerrieben und zerrissen wurde. Die von den sozialdemokratischen Volksbeauftragten erstrebte parlamentarisch-demokratische Republik hätte nur dann die gewünschte tragfähige Basis bekommen, wenn die Demokratie nicht vor den Kasernen, Bürogebäuden und Fabriktoren halt gemacht hätte, sondern die Strukturen und Machtverhältnisse in Bürokratie und Wirtschaft tiefgreifend aufgebrochen worden wären.

2. *Ein neuer Staat auf alten Fundamenten*

In der am 19. Januar 1919 gewählten Nationalversammlung waren die Mehrheitssozialdemokraten mit 165 Mandaten vertreten, während die Unabhängigen nur 22 Sitze erringen konnten. 91 Abgeordnete gehörten der Christlichen Volkspartei (Zentrum), 75 der Deutschen Demokratischen Partei (DDP), 19 der Deutschen Volkspartei (DVP), 44 der Deutschnationalen Volkspartei (DNVP) und 7 Splittergruppen an. In den überwiegend neuen Parteinamen spiegelte sich nur teilweise eine neue Programmatik wider. In der nur kurzfristig als Christliche Volkspartei auftretenden Zentrumspartei gewann der Arbeitnehmerflügel ein größeres Gewicht. Die DDP setzte im wesentlichen den Kurs der Linksliberalen fort, doch ergänzt um eine soziale Komponente. In der DVP sammelte sich der rechte Flügel der ehemaligen Nationalliberalen um Stresemann, während sich in der DNVP die alten Konservativen mit ausgesprochen deutschnationalen Kreisen vereinigten. Der Wahlausgang, bei dem die sozialdemokratischen Parteien in der Minderheit blieben, stärkte das Selbstbewußtsein der bürgerlichen Parteien.
Rechnerisch wäre eine Bürgerblockregierung möglich gewesen, in der Praxis kam sie jedoch für die Deutschen Demokraten und das Zentrum nicht in Frage. Als die USPD das Angebot der MSPD zur Beteiligung an einer Koalitionsregierung zurückwies, erneuerte sich die Konstellation des Interfraktionellen Ausschusses. Im Theater von Weimar, dem aus Sicherheitsgründen gewählten Tagungsort der Nationalversammlung, wurde Friedrich Ebert am 11. Februar 1919 mit 277 von 379 abgegebenen Stimmen zum Reichspräsidenten gewählt. Zwei Tage später berief das Parlament Philipp Scheidemann zum Ministerpräsidenten (die Bezeichnung Reichskanzler wurde erst später wieder eingeführt). In der neugebildeten Regierung besetzten die Mehrheitssozialisten 6 Ministerposten, 6 weitere teilten sich DDP und Zentrum, während der Minister des Auswärtigen, Graf Brockdorff-Rantzau, offiziell keiner Partei angehörte. Als Grundlage der Regierungspolitik wurden von den beiden anderen Parteien drei Bedingungen der MSPD akzeptiert: 1. Rückhaltlose Anerkennung

der republikanischen Staatsform, 2. in der Finanzpolitik eine scharfe Heranziehung von Vermögen und Besitz, 3. eine tiefgreifende Sozialpolitik und Sozialisierung der dazu reifen Industrien.

Aus der Fülle der Probleme, mit denen sich Regierung und Parlament konfrontiert sahen, nahmen das Ringen um den Friedensvertrag und die Ausarbeitung einer neuen Reichsverfassung den dominierenden Platz ein. Nicht nur die Parlaments- und Regierungsvertreter der Mehrheitssozialdemokraten, sondern auch Abgeordnete der Unabhängigen Sozialdemokratie arbeiteten intensiv an der Gestaltung der Verfassung mit. Als Mahner rührte die USPD an einige der wunden Stellen, die für die Entwicklung der Weimarer Republik so unheilvolle Folgen zeitigten. So bezeichnete ihre Kritik an der Entwicklung des sich einer demokratischen Kontrolle entziehenden Militärsystems einen heiklen Punkt, der von ihrer sozialdemokratischen Schwesterpartei nicht mit genügender Wachsamkeit beachtet und von Noske sträflich vernachlässigt wurde. Erst recht traf sie mit der Warnung vor der Überschätzung parlamentarischer Möglichkeiten angesichts der nahezu unveränderten ökonomischen Strukturen den kritischen Punkt der neuen Demokratie. Die Durchsetzungskraft der USPD blieb jedoch beschränkt. Nicht nur ihre zahlenmäßige Schwäche im Parlament, sondern mehr noch die wachsenden innerparteilichen Richtungskämpfe erwiesen sich als ein schweres Hemmnis. Neben den Befürwortern einer parlamentarischen Demokratie, die sie nur durch parallele Räteinstitutionen ergänzt sehen wollten, standen die Verfechter des reinen Rätesystems um Ernst Däumig, die schließlich die Mehrheit in der Partei eroberten. Ihr Programm sah in den Arbeiterräten auf politischem, in den Betriebsräten auf wirtschaftlichem Gebiet *die* Organisationsform der werktätigen Bevölkerung. Das Prinzip der jederzeitigen Abberufbarkeit galt als besonders demokratisch, doch mit dem Ausschluß ganzer Bevölkerungsteile von der Vertretung in den Räten enthüllten sich ihre Modelle in Wahrheit als zutiefst undemokratisch.

Eine andere Konzeption vertrat der von der MSPD-Fraktion auf dem Zweiten Rätekongreß im April 1919 eingebrachte und verabschiedete Antrag auf Errichtung einer Kammer der Arbeit. Danach sollten die Räte nicht „*an die Stelle* des Parlaments, sondern *neben* das Parlament“ treten [5]. Der Gedanke, daß neben der politischen

---

5 So die Formulierung von Eberhard Kolb, Rätewirklichkeit und Räte-Ideologie in der deutschen Revolution von 1918/19, wieder abgedruckt in: Vom Kaiserreich zur Weimarer Republik, hrsg. von Eberhard Kolb, Köln 1972, S. 177.
Siehe den Text der verschiedenen Anträge: Zweiter Kongreß der Arbeiter-, Bauern- und Soldatenräte Deutschlands vom 8. bis 14. April 1919 im Herrenhaus zu Berlin. Stenografisches Protokoll, Berlin 1919, S. 267 und 269 f.

Demokratie auch die wirtschaftliche Demokratie verankert und den Arbeiterräten dabei bestimmte Aufgaben zugewiesen werden müßten, hatte seit dem Januar 1919 auch unter den Mehrheitssozialdemokraten an Boden gewonnen.
In den ersten Wochen nach der Revolution hatte sich das Hauptinteresse der politisch Verantwortlichen bis hin zu Männern wie Emil Barth und Kurt Eisner zunächst darauf gerichtet, erst einmal wieder die Produktion anzukurbeln. Grundsätzliche Eingriffe in das privatkapitalistische Wirtschaftssystem, dem man trotz aller sozialpolitischen Betätigung innerlich unsicher und fremd gegenüber stand, wurden unterlassen. Gerade die Gewerkschaften hatten sich durch die Gründung einer paritätischen Zentralarbeitsgemeinschaft mit den Unternehmern dafür entschieden, die Ankurbelung der Wirtschaft und die Bekämpfung von Hunger und Arbeitslosigkeit vordringlich in Angriff zu nehmen. Das Abkommen mit den Arbeitgeberverbänden vom 15. November 1918 brachte ihnen die volle Durchsetzung der Koalitionsfreiheit, die Ausdehnung der Tarifverträge auf alle Gewerbezweige und die Verbriefung einer achtstündigen Höchstarbeitszeit. Die Volksbeauftragten verliehen dieser Regelung Gesetzeskraft. Vor einer sofortigen Inangriffnahme der Sozialisierung schreckten Regierung wie Gewerkschaften angesichts der Trümmer des Weltkrieges zurück. Die nicht unbegründete Sorge, die alliierten Gegner würden bei den Reparationsforderungen die Hand zuerst auf vergesellschaftete Betriebe legen, und die trotz aller programmatischen Bekenntnisse völlig fehlenden konkreten Pläne wirkten sich gleichfalls negativ aus. Die Scheu, eine derartig weitreichende Entscheidung der Nationalversammlung vorwegzunehmen, wie die bitteren Erfahrungen in Sowjetrußland hemmten ebenso die Entschlußkraft der in der Regierungsverantwortung stehenden Sozialisten. In den schweren Ernährungs- und Versorgungskrisen, die das noch stark agrarisch geprägte Rußland Lenins erschütterten, sah gerade ein Mann wie Karl Kautsky, der jetzt in den Reihen der USPD stand, den abschreckenden Beweis, wohin überstürzte Sozialisierungsmaßnahmen führten. Nur keine unvernünftigen Experimente, erst Produktionssteigerung und funktionierende Wirtschaft, dann Sozialisierung, lautete die These der Regierung. „Ohne Sozialisierung keine Produktionssteigerung" hieß dagegen die immer lauter erschallende Gegenthese aus den Betrieben [6].
Die weitgespannten Erwartungen vieler Arbeiter und ihr durch die Revolution gestärktes Selbstbewußtsein stießen sich an dem Weiteramtieren der Bürokratie, dem Vorgehen des Militärs, an materiellen

6 Siehe Hans Schieck, Die Behandlung der Sozialisierungsfrage in den Monaten nach dem Staatsumsturz, in: Vom Kaiserreich zur Weimarer Republik, S. 148.

Unzulänglichkeiten und dem vor allem im Bergbau und der Schwerindustrie lange vorherrschenden starren „Herr-im-Hause-Standpunkt" der Unternehmer. Die Revolution hatte in ihren Augen keine ausreichende Wandlung im Arbeits- und Lebensbereich gebracht. Neben der Sozialisierung erschien ihnen immer mehr die Institution der Räte als ein Mittel zur Umstrukturierung der Betriebe und zur Ersetzung der alten Herrschaftsordnung durch eine demokratische Betriebs- und Wirtschaftsverfassung. In einer Fülle von Streikbewegungen und Massenaktionen, deren Wucht im Frühjahr 1919 alles Bisherige weit übertraf, machte sich die Unzufriedenheit Luft. Die Reichsregierung und die Weimarer Koalitionsparteien, also auch DDP und Zentrum, wurden sich darin einig, daß diese Krise nicht nur mit Verboten, Strafmaßnahmen und Militär bewältigt werden konnte, sondern positive Regelungen nötig waren. Am 1. März 1919 verabschiedete die Nationalversammlung mit den Stimmen des Zentrums, der Deutschen Demokratischen Partei und der Sozialdemokratie ein „Sozialisierungsgesetz". Das Reich erhielt darin die Befugnis, „im Wege der Gesetzgebung gegen angemessene Entschädigung [...]

1. für eine Vergesellschaftung geeignete wirtschaftliche Unternehmungen, insbesondere solche zur Gewinnung von Bodenschätzen und zur Ausnutzung von Naturkräften, in Gemeinwirtschaft zu überführen;
2. im Falle dringender Bedürfnisse die Herstellung und Verteilung wirtschaftlicher Güter gemeinwirtschaftlich zu regeln [7]."

Das Gesetz über die Regelung der Kohlenwirtschaft vom 23. März 1919 und die Gesetze über die Kaliwirtschaft und die Elektrizitätswirtschaft bauten auf diesem Sozialisierungsgesetz auf. Praktische Wirkung besaßen sie kaum.

Nahezu parallel zu der Verabschiedung des Sozialisierungsgesetzes erfolgte die Annahme von Richtlinien über die Arbeiterräte durch die Regierung. Sie sahen neben Betriebs-, Bezirks- und Reichsarbeiterräten auch Wirtschaftsräte vor, in denen Arbeitnehmer und Arbeitgeber bei den gesamtwirtschaftlichen Aufgaben, besonders der Sozialisierung, mitwirken und dem politischen Parlament zur Seite stehen sollten. Als Artikel 165 ist dieser Entwurf fast unverändert in die Weimarer Reichsverfassung eingegangen.

Die Vorarbeiten zu diesem Grundgesetz der neuen Republik waren schon in der Volksbeauftragtenzeit geleistet worden. Maßgeblichen Anteil hatte daran der Staatssekretär des Innern, Hugo Preuß, Mitglied der DDP und engagierter Demokrat. Nach langen Beratungen durch Fachkommissionen, Volksbeauftragte, Ländervertreter, Verfassungsausschuß und Plenum der Nationalversammlung wurde die Verfassung schließlich am 31. Juli 1919 in Weimar verabschiedet. Für sie

7 Reichs-Gesetzblatt 1919, S. 341 f.

stimmten die Mehrheitssozialdemokraten, die Deutsche Demokratische Partei und das Zentrum, dagegen die Deutschnationale Volkspartei, die Deutsche Volkspartei, der Bayerische Bauernbund, Dr. Heim von der Bayerischen Volkspartei und die Unabhängige Sozialdemokratische Partei Deutschlands. Nach der Unterzeichnung durch den Reichspräsidenten Ebert am 11. August trat die Verfassung am 14. August in Kraft.

Staatsform war jetzt die parlamentarische, demokratische Republik und der oberste Souverän das Volk, die Gesamtheit der über 20 Jahre alten Männer und Frauen. Sie wählten den Reichstag als das zentrale Organ der Reichsgewalt, den Reichspräsidenten als Staatsoberhaupt und konnten durch Volksbegehren und Volksentscheid ihren Willen direkt zur Geltung bringen. Neben dem ersten Teil der Verfassung, der den Aufbau und die Aufgaben des Reiches regelte, befaßte sich ein zweiter Teil mit den Grundrechten und Grundpflichten der Deutschen. Er griff auf den Grundrechtskatalog der Paulskirchenverfassung von 1848 zurück und gewährleistete die Gleichheit vor dem Gesetz, die Freiheit der Person, die Meinungs-, Versammlungs- und die Vereinsfreiheit, Glaubens- und Gewissensfreiheit und Freizügigkeit. Dieser Komplex wurde erweitert durch Vorschriften über gleiche staatsbürgerliche Rechte von Mann und Frau, achtjährige Mindestschulzeit, Unentgeltlichkeit des Unterrichts und der Lernmittel und die Verpflichtung aller Staatsbürger, zu den öffentlichen Lasten beizutragen.

Eine dritte Gruppe findet sich in Abschnitt 5 über das „Wirtschaftsleben". Im einleitenden Grundsatzartikel 151 wurde bestimmt: „Die Ordnung des Wirtschaftslebens muß den Grundsätzen der Gerechtigkeit mit dem Ziele der Gewährleistung eines menschenwürdigen Daseins für alle entsprechen [8]." Dieses allgemeine Postulat kann nicht den Kompromißcharakter des Wirtschaftsabschnittes verdecken. Auf der einen Seite enthielt er ein Bekenntnis zur Handels- und Gewerbefreiheit, zur Förderung des selbständigen Mittelstandes, zur Garantie des Erbrechts und des Eigentums, während auf der anderen Seite spezifisch sozialdemokratische Forderungen darin aufgenommen wurden.

Außer Bestimmungen über den Schutz der Arbeitskraft und der Gewährleistung der Koalitionsfreiheit verpflichtete die Verfassung den Staat, ein umfassendes, demokratisch strukturiertes Versicherungssystem zur „Erhaltung der Gesundheit und der Arbeitsfähigkeit, zum Schutz der Mutterschaft und zur Vorsorge gegen die wirtschaftlichen

8 Die Verfassung ist vielfach abgedruckt u. a. in Rudolf Huber, Dokumente zur deutschen Verfassungsgeschichte, Bd. 3, Stuttgart, Berlin, Köln, Mainz 1966, S. 129 ff. Die nachfolgenden Zitate sind ebenfalls aus der Reichsverfassung.

Folgen von Alter, Schwäche und Wechselfällen des Lebens" aufzubauen und für den Unterhalt jedes Staatsbürgers zu sorgen, dem keine angemessene Arbeitsgelegenheit geschaffen und nachgewiesen werden konnte. Neben diesem sozialpolitischen Instrumentarium wurde die Eigentumsgarantie durch die Sozialpflicht eingeschränkt und bestimmt, daß eine „Wertsteigerung des Bodens, die ohne Arbeits- oder Kapitalaufwendung" entsteht, für die Allgemeinheit nutzbar zu machen sei. Darüber hinaus wurde dem Staat das Recht eingeräumt, Enteignungen, freilich gegen angemessene Entschädigung, vorzunehmen und durch Gesetz „für die Vergesellschaftung geeignete private wirtschaftliche Unternehmungen in Gemeineigentum [zu] überführen."

Das von den sozialdemokratischen Fraktionen beider Richtungen verfochtene Prinzip der entschädigungslosen Enteignung hatten sie weder beim Sozialisierungsgesetz, noch hier in der Reichsverfassung verankern können. Ihnen fehlte die Mehrheit im Parlament. Immerhin schuf der Artikel 156 die Möglichkeit, nach Erringung der notwendigen Mandatszahl die so lange propagierte Sozialisierung der Produktionsmittel einzuleiten. Neben diesem Instrument bot sich im Artikel 165 ein ganz anders gearteter Ansatz zur Umstrukturierung des Wirtschaftssystems. Die Räteidee, die in der revolutionären Übergangsperiode so sehr im Vordergrund gestanden hatte, schlug sich hier nieder, allerdings in stark abgeschwächter und eingeschränkter Form. Artikel 165 verkündet als Grundprinzip:

„Die Arbeiter und Angestellten sind dazu berufen, gleichberechtigt in Gemeinschaft mit den Unternehmern an der Regelung der Lohn- und Arbeitsbedingungen sowie an der gesamten wirtschaftlichen Entwicklung der produktiven Kräfte mitzuwirken." Zur „Wahrnehmung ihrer sozialen und wirtschaftlichen Interessen" erhalten Arbeiter und Angestellte gesetzlich garantierte Betriebs- und Bezirksarbeiterräte sowie einen zentralen Reichsarbeiterrat. Auf Bezirks- und Reichsebene treten die Arbeitnehmerkörperschaften mit „den Vertretungen der Unternehmer und sonst beteiligter Volkskreise" zu Bezirkswirtschaftsräten und einem Reichswirtschaftsrat zusammen und wirken bei der „Erfüllung der gesamten wirtschaftlichen Aufgaben und [...] bei der Ausführung der Sozialisierungsgesetze" mit. Mit diesen Leitlinien waren die Umrisse einer Wirtschaftsdemokratie abgesteckt. Voll ausgeführt wurde dieser Verfassungsauftrag nie. Das Betriebsrätegesetz vom 4. Februar 1920 und die Einrichtung eines vorläufigen Reichswirtschaftsrates im Mai des gleichen Jahres waren nur eine sehr unvollkommene und unvollständige Ausfüllung.

Nach dem Buchstaben der Reichsverfassung hatte die Sozialdemokratie Ziele erreicht, die weit über das hinausgingen, was sie vor dem Kriege zu hoffen wagte. Ihr auf die 1848er Revolution zurückgreifendes demokratisches Erbe schlug sich ebenso wie ihr sozialpolitisches Programm in der Weimarer Verfassung nieder. Selbst der Sozialisierungsgedanke fand seinen, wenn auch sehr verwässerten Ausdruck, und die Grundsätze einer Wirtschaftsdemokratie wurden festgelegt.

Geradezu überschwenglich wurde die Verabschiedung der Verfassung von den mehrheitssozialdemokratischen Führungsgremien in Partei und Parlament gefeiert. Die Nationalversammlungsfraktion verstieg sich sogar zu der These: „Die Verfassung ist gestaltet wie es unser Erfurter Programm forderte [9].“ Keine andere Verfassung sei „demokratischer, keine gibt dem Volk größere Rechte“. „Die deutsche Republik ist fortan die demokratischste Demokratie der Welt“ [10] war der vorherrschende Tenor, in dem kritische Stimmen zunächst untergingen. Doch hinter aller Euphorie war ein Unterton der Sorge zu verspüren, daß Verfassungsbuchstabe und Verfassungswirklichkeit zwei verschiedene Dinge seien. Trotz Marx und Lassalle haben die in der Revolution von 1918 zur politischen Verantwortung gelangten Männer zu sehr an der äußeren Fassade einer Demokratie gebaut und an den Fundamenten nur wenig geändert. Die durch die alten Klassenkampf- und Sozialisierungsparolen genährten Erwartungen ihrer sozialen Trägerschichten, vor allem der Industriearbeiter, vermochte die Sozialdemokratie damit kaum zu befriedigen. „Aus den beschwörenden Appellen an die eigene Anhängerschaft, nicht nur als Zuschauer und Kritiker dazustehen, sondern durch tätiges Mitwirken das neue Haus wohnlich einzurichten und mit Leben zu füllen, sprach die sich später so bitter bestätigende Einsicht: Eine Demokratie kann nur dann existieren, wenn sich genügend Demokraten für sie engagieren [11].“

3. *„Versailles“ und die Folgen*

Eine der schwersten Belastungen, die auf die junge Demokratie drückte, war der Versailler Friedensvertrag. Die Sozialdemokratie sah sich dabei vornehmlich von zwei Seiten in die Zange genommen: von ihren innenpolitischen Gegnern auf der Rechten und von den alliier-

---

9 Protokoll über die Verhandlungen des Parteitages der Sozialdemokratischen Partei Deutschlands, abgehalten in Kassel vom 10. bis 16. Oktober 1920, Berlin 1920, S. 89.

10 Vgl. a. a. O. S. 89 ff. und Anlagen S. 93 ff.; ferner Stenographische Berichte der Verfassunggebenden Deutschen Nationalversammlung, Bd. 329, S. 2194 f.

11 Siehe Heinrich Potthoff, Das Weimarer Verfassungswerk und die deutsche Linke, in: Archiv für Sozialgeschichte, Bd. XII, Bonn-Bad Godesberg 1972, S. 483.

ten Regierungen Frankreichs, Englands und Italiens. Die Waffenstillstandsbedingungen, die dem deutschen Unterhändler Matthias Erzberger, einem führenden Zentrumsmann, im Walde von Compiègne vom französischen Marschall Foch diktiert wurden, trafen nicht die alten herrschenden Gewalten, sondern die Kräfte, die für Frieden, Verständigung und Demokratie eingetreten waren. Die Härte lag genau genommen nicht in der verständlichen Verpflichtung zur Auslieferung von Kriegsgerät und Räumung der besetzten Gebiete. Unmittelbar an den Lebensnerv ging dagegen die Übergabe nahezu eines Drittels der Lokomotiven, Eisenbahnwagen, Lastwagen, die Entziehung der Handelsflotte, die Fortführung einer verschärften Blokkade sowie die Abschnürung der linksrheinischen Gebiete vom Reich. Erzberger hat in zähen Verhandlungen einige Erleichterungen durchsetzen können, die ausdrücklich von der Obersten Heeresleitung anerkannt wurden. Dennoch bewahrheiteten sich nur allzu schnell die Befürchtungen, die er, aber auch Sozialdemokraten, besonders Scheidemann, gehegt hatten.

Bereits vor der Novemberrevolution tauchten Begriffe wie „Dolchstoß" und „in den Rücken fallen" auf. Nach der Revolution fanden sie schnell weitere Verbreitung und verdichteten sich immer mehr zu der Behauptung, eine von langer Hand vorbereitete Revolution sei dem kämpfenden Heer in den Rücken gefallen und habe es, wie einst Hagen den Siegfried, in verräterischer Weise von hinten erdolcht. Die Legende fand einen günstigen Nährboden. Die Kriegspropaganda hatte der Bevölkerung lange ein viel zu optimistisches Bild der Lage vorgegaukelt und sie immer wieder in einem verständlichen Wunschdenken bestärkt. So war auch bei den Sozialdemokraten vielfach der Blick für die militärischen Realitäten getrübt. Hinzu kam, daß die Niederlage nicht wie im zweiten Weltkrieg als eine totale Katastrophe und eine militärische Besetzung des Landes unmittelbar erlebt wurde, standen doch die angeblich „siegreichen" deutschen Heere bei Kriegsende noch tief in „Feindesland". So war man schnell bereit, die Schuld anderen in die Schuhe zu schieben und Verrat zu wittern. Als Sündenbock mußten alle die herhalten, die sich, in welcher Form auch immer, für eine Beendigung des Völkermordens eingesetzt hatten. Gerade die alten Herrschaftsschichten des Kaiserreiches und die militärisch Verantwortlichen, die es wie Hindenburg und Ludendorff besser wußten, haben sich schamlos in den Dienst dieser „Dolchstoßlüge" gestellt und sie als Kampfinstrument gegen die „Sozen" und die ganze „Sippschaft der Erzberger und Scheidemann" benutzt.

Als die am 7. Mai 1919 übergebenen Friedensbedingungen eine Welle der „Proteste" auslösten, war die „Dolchstoßlegende" schon weit verbreitet. Bis zu diesem Zeitpunkt hatte man mit milden Friedensbedingungen gerechnet. Gerade in den Reihen der Sozialdemokratie dominierte die Vorstellung, daß die neue Demokratie einen Anspruch auf einen Frieden der Gerechtigkeit habe. Sie erwarteten einen Friedensvertrag auf der Basis des Selbstbestimmungsrechts der Völker, hofften auf einen Völkerbund gleichberechtigter Nationen und die Verankerung international verbindlicher sozialpolitischer Richtlinien. Das Versailler Vertragswerk empfanden sie dagegen als einen Gewaltfrieden und ein Instrument der Knechtung. „Würde dieser Vertrag wirklich unterschrieben" — so begründete Scheidemann am 12. Mai 1919 vor der Nationalversammlung das „Unannehmbar" —, „so wäre es nicht Deutschlands Leiche allein, die auf dem Schlachtfelde von Versailles liegen bliebe. Daneben würden als ebenso edle Leichen liegen das Selbstbestimmungsrecht der Völker, die Unabhängigkeit freier Nationen, der Glaube an all die schönen Ideale, unter deren Banner die Entente zu fechten vorgab, und vor allem der Glaube an die Vertragstreue [12]." Mit hell auflodernder Empörung wischte er jeden Gedanken an Unterzeichnung als „Zustimmung zur erbarmungslosen Zerstückelung, das Einverständnis mit Versklavung und Helotentum" beiseite und schleuderte ihm sein berühmtes Wort entgegen: „Welche Hand müßte nicht verdorren, die sich und uns in diese Fessel legt?"

Scheidemanns Rede war vielen aus dem Herzen gesprochen. Realismus zeichnete sie nicht aus. In diesem Moment, als die Emotionen mit den meisten durchgingen, nahmen von den Parteien des Reichstages allein die Unabhängigen Sozialdemokraten eine nüchterne, angesichts der Umstände einzig mögliche Position ein. Auch sie brandmarkten die vorgelegten Friedensbedingungen als einen Gewaltfrieden schlimmster Art, doch führte, wie sie offen erklärten, kein Weg an der Unterzeichnung vorbei. „Nichtunterzeichnung bedeutet die Zurückhaltung unserer Kriegsgefangenen, die Besetzung unserer Rohstoffgebiete, die Verschärfung der Blockade, Arbeitslosigkeit, Hungersnot, Massensterben, eine entsetzliche Katastrophe, die erst recht den Zwang zur Unterzeichnung herbeiführt [13]."

Auch die Mehrheitssozialdemokraten konnten sich auf die Dauer, je näher das von den Alliierten gestellte Ultimatum rückte, dieser Einsicht nicht verschließen. Während sich Scheidemann und die Deutsche Demokratische Partei weiter sperrten, setzten sich vor allem Erzberger vom Zentrum und David von der MSPD für die Annahme als das kleinere Übel ein. Sie sahen keine realistische Alternative mehr, wie auch ein von Groener verfaßtes und von Hindenburg gebilligtes

---

12 Siehe den Text der Reden in: Stenographische Berichte der Verfassunggebenden Deutschen Nationalversammlung, Bd. 327, S. 1082 ff.

13 Die Entschließung der Parteikonferenz der USPD ist u. a. zitiert bei Friedrich Stampfer, Die vierzehn Jahre der Ersten Deutschen Republik, 3. Aufl., Hamburg 1953, S. 117 f.

Gutachten über die Aussichtslosigkeit eines militärischen Widerstandes darlegte.
Nachdem Scheidemann aus Protest gegen Versailles zurückgetreten und die DDP aus der Regierung ausgeschieden war, übernahm eine neugebildete Koalitionsregierung aus MSPD und Zentrum unter dem sozialdemokratischen Gewerkschaftler Gustav Bauer den unvermeidlichen Schritt. Als sich nach hartem Ringen die Nationalversammlung mit einfacher Mehrheit für die Annahme ausgesprochen hatte, unterzeichneten Hermann Müller (MSPD) und Johannes Bell (Zentrum) in Versailles den Friedensvertrag.
Von vielen Seiten wurde schnell verdrängt, daß dieser Schritt unumgänglich war, wollte man Deutschland nicht in ein noch größeres Unglück stürzen. Die Unterschrift von Versailles wurde für sie zu einem erneuten „Verrat an Deutschland". Ständig sah man sich an die Auswirkungen dieses „Schandvertrages" erinnert. Die Teilung Oberschlesiens im Jahr 1921, die andauernde Besetzung des Rheinlandes und der Ruhreinbruch der Franzosen und Belgier 1923, die Auseinandersetzung um den Kriegsschuldparagraphen des Versailler Vertrages und der ständige Kampf um die Reparationen konfrontierten die Bevölkerung immer aufs neue mit den Folgen der unbewältigten Niederlage. In der „Schmach" des „Versailler Diktats" erblickten viele den Grund für ihre eigene, ganz persönliche Notlage und identifizierten sie mit dem Unglück der Nation. Die Schuld trugen die „Novemberverbrecher", die „Verräter" und das ganze von ihnen eingeführte „System".
Aus diesem Klima heraus erwuchs bei den republikfeindlichen Kräften eine Stimmung des Hasses und der ungezügelten, hemmungslosen Agitation, die nicht selten in Mord endete. Der Statistiker Prof. Emil Gumbel hat für die Jahre bis Ende 1922 die Bilanz in seinem Buch „Vier Jahre politischer Mord" gezogen: Durch Reichsminister Radbruch sei amtlich bestätigt, daß in Deutschland seit dem 9. November 1918 mindestens 376 politische Morde vorgekommen sind, fast alle von rechtsradikaler Seite begangen wurden und die überwältigende Zahl dieser Morde unbestraft geblieben ist [14]. Mördern fielen u. a. zum Opfer Rosa Luxemburg und Karl Liebknecht, Leo Jogiches, Hugo Haase und Kurt Eisner, Gustav Landauer, Karl Gareis, Hans Paasche, Matthias Erzberger und Walther Rathenau, um nur die Bekanntesten zu nennen. Die Justiz war meist schnell bei der Hand, wenn es galt, Linke zu verurteilen, doch gegenüber Verbrechen von rechts erwiesen sich die verbundenen Augen der Justitia als Blindheit im falschen Sinn.

14 Emil J. Gumbel, Vier Jahre politischer Mord. Berlin-Fichtenau 1922, bes. S. 5 f., 78, 119 f. und 145.

Kennzeichnend für den antidemokratischen, republikfeindlichen Geist der Weimarer Justiz ist die Behandlung des Reichspräsidenten Ebert, der sich in einer Vielzahl von Prozessen gegen maßlose Verleumdungen zur Wehr zu setzen suchte. Ein Gericht dieser Republik gab sich dazu her, das Staatsoberhaupt in einem Urteil „Landesverräter" zu nennen, nur weil Ebert im Januar 1918 in ein Streikkomitee eingetreten war und das noch mit der erklärten Absicht, den Streik zu einem geordneten Ende zu bringen. Mit den Mitteln der nationalen Verhetzung, den Schlagworten von „Dolchstoß", „Verrat", „Novemberverbrecher", „Schmachdiktat" wurden die demokratischen Kräfte, die diese Republik aufgebaut hatten und trugen, beschimpft und bekämpft. Die Sozialdemokratie, zugleich von links her heftig attackiert, wurde so in eine Defensivposition gedrängt. Manche Unsicherheit und Halbherzigkeit ihrer Politik in der Weimarer Zeit dürfte hier ihre Wurzel haben. Die Partei fühlte sich in dem Zwang, zu beweisen, daß sie nicht die Partei des revolutionären Umsturzes und des Verrates war, sondern die nationalen Belange vertrat und für Ruhe und Ordnung sorgte. Die Neigung, lieber in Opposition zu gehen und die Regierung indirekt zu stützen, statt selbst an der Spitze der Regierung offen die Verantwortung zu übernehmen, erfuhr so eine zusätzliche Motivation. Diese Defensivstrategie zielte darauf ab, bürgerliche Parteien dahin zu bringen, die Verantwortung für Versailles offen mitzutragen. Heute wird man sich fragen müssen, ob nicht ein anderer Weg möglich gewesen wäre: ein konsequenter Kurs einer nüchternen, sich allein an den Tatsachen orientierenden Außenpolitik, verbunden mit intensiver Aufklärungsarbeit im Innern und tatkräftiger Zusammenarbeit aller demokratischen Kräfte.

VII. Die Demokratie von Weimar

1. *Arbeiterparteien und Gewerkschaften in den Anfangsjahren der Republik*

Im Gegensatz zur Vorkriegszeit, als es trotz divergierender Strömungen und der Doppelorganisation Partei und Gewerkschaften die einheitliche Sozialdemokratie gab, ist für die Zeit nach der Revolution von 1918 eher das Nebeneinander und Gegeneinander kennzeichnend [1]. Allein drei Parteien beanspruchten zu Beginn der Weimarer Republik die Tradition der sozialistischen Arbeiterbewegung für sich. In der KPD, die zunächst eine Splitterpartei blieb, dominierten die Anhänger eines utopisch-revolutionären Kurses der direkten Aktion. Rosa Luxemburgs Konzeption war schon auf dem Gründungsparteitag unterlegen. Sie lehnte — auch wenn manche kommunistische Geschichtsinterpreten das nicht wahrhaben wollen — Lenins Form der Diktatur des Proletariats als eine Diktatur der Partei und der Unfreiheit entschieden ab. Die „Abschaffung der wichtigsten demokratischen Garantien ... der Pressefreiheit, des Vereins- und Versammlungsrechts“ empfand sie als einen Schlag ins Gesicht des Sozialismus und hielt den Bolschewiken entgegen: „Freiheit nur für die Anhänger der Regierung, nur für die Mitglieder einer Partei — mögen sie noch so zahlreich sein — ist keine Freiheit. Freiheit ist immer nur Freiheit des anders Denkenden. Nicht wegen des Fanatismus der ‚Gerechtigkeit‘, sondern weil all das Belehrende, Heilsame und Reinigende der politischen Freiheit an diesem Wesen hängt und seine Wirkung versagt, wenn die ‚Freiheit‘ zum Privilegium wird [2].“

---

1 Für die Sozialdemokratie in der Weimarer Republik siehe neben dem angeführten Buch von Stampfer, Vierzehn Jahre, vor allem Arthur Rosenberg, Geschichte der deutschen Republik, Karlsbad 1935; für die ersten Jahre dazu Alfred Kastning, Die deutsche Sozialdemokratie zwischen Koalition und Opposition 1919—1923, Paderborn 1970. Einen guten Überblick über die Gesamtentwicklung der Republik, bei der auch die sozialen und wirtschaftlichen Fragen eingehender behandelt werden, bietet das Buch: Reich und Republik. Deutschland 1917—1933, von Karlheinz Dederke in Verbindung mit dem Institut für Zeitgeschichte München. Klett Studienbücher, Stuttgart 1969.

2 Zitiert nach Rosa Luxemburg, Die russische Revolution. Eine kritische Würdigung, Berlin 1922, S. 73.

Nach der Ermordung Rosa Luxemburgs und Karl Liebknechts verrannte sich die Partei mit ihrer Taktik des „Alles oder nichts" erst recht in eine Sackgasse. Infolge ihrer Putschversuche durch behördliche Verbote in die Illegalität gedrängt, setzte in ihren Reihen allmählich ein Umorientierungsprozeß ein, der auf dem 2. Parteitag vom 20.—23. Oktober 1919 zur Spaltung führte. Der ultralinke, antiparlamentarische Flügel verließ mit etwa der Hälfte der Mitglieder die KPD und gründete im Frühjahr 1920 die „Kommunistische Arbeiterpartei Deutschlands" (KAPD). Sie spielte zwar in den blutigen Kämpfen der folgenden Jahre noch eine gewisse Rolle, verlor dann aber immer mehr an Bedeutung. In der Rest-KPD hatte sich dagegen unter der Führung Paul Levis der Grundsatz der Beteiligung an den Parlamenten durchgesetzt. Bei der Reichstagswahl vom Juni 1920, bei der die KPD erstmals kandidierte, errang sie 2,0 Prozent der Stimmen. Zu einer Massenpartei wurde die KPD erst, als sich im November 1920 der linke Flügel der USPD mit der alten KPD zur „Vereinigten Kommunistischen Partei Deutschlands" zusammenschloß.

In der USPD hatte sich im Laufe des Jahres 1919 immer deutlicher herauskristallisiert, daß die Partei im Grunde unvereinbare Strömungen in sich barg. Am stärksten traten die Gegensätze bei der Einschätzung des Parlamentarismus zutage. Zwei gleichstarke Flügel standen sich auf dem Parteitag im März 1919 gegenüber. Während der eine sich zum parlamentarischen System bekannte, galt dem anderen das Parlament höchstens als eine Bühne „zur revolutionären Aufrüttelung der Massen" [3]. Die erstrebenswerte Verfassungsform sahen die Männer und Frauen um Ernst Däumig, Curt Geyer und Klara Zetkin in dem Rätesystem, und sie waren gewillt, die Diktatur des Proletariats auch ohne eine Mehrheit im Parlament zu erkämpfen. Bei der Münchener Räterepublik und einer Reihe von bewaffneten Aufständen taten sich gerade Vertreter des radikalen Flügels der USPD hervor. Zusammengehalten wurde die Partei vornehmlich durch die gemeinsame Gegnerschaft gegen die regierende MSPD. Mit der Rückkehr der Mehrheitssozialisten in die Opposition fiel dieses Bindeglied fort. Als die Gemäßigten nach der Ermordung des Parteivorsitzenden Hugo Haase durch einen Geistesgestörten im Oktober 1919 ihren führenden Kopf verloren, setzte die Linke schließlich auf dem Leipziger Parteitag (30. November bis 6. Dezember 1919) ein Programm durch, das sich zur Diktatur des Proletariats in der Form der Räteherrschaft bekannte. Konsequent brach die Parteitagsmehrheit nun auch mit der Sozialdemokratischen 2. Internationale und beauftragte

3 So der von Däumig formulierte Antrag des linken Flügels; siehe Protokoll über die Verhandlungen des außerordentlichen Parteitages [der USPD] vom 2. bis 6. März 1919 in Berlin, Berlin o. J. [1919], S. 250.

den Parteivorstand, den Anschluß an die Moskauer 3. Internationale in Gang zu setzen.

Trotz aller innerparteilichen Gegensätze und — im Vergleich zur MSPD — organisatorischer Schwächen war die USPD auf dem besten Wege, zur großen Partei der enttäuschten Massen zu werden. Große Gruppen der mehrheitssozialdemokratischen Anhängerschaft wurden ihrer alten Partei abtrünnig, weil sie glaubten, daß die von ihr getragene Regierung zu wenig für ihre materiell-sozialen Belange und die sozialistischen Ziele tue, zumal die verheißene Sozialisierung ausgeblieben war und die Herren der Industrie fast überall nahezu unbehelligt noch auf ihren Stühlen saßen. Der Einsatz von Militär gegen revoltierende Arbeiter, die Unterdrückung von Streikbewegungen, permanente Versorgungskrisen, rasch kletternde Preise und Arbeitslosigkeit taten ein übriges, um die durch den Krieg vielfach entwurzelten Arbeiter in die Reihen der USPD zu führen.

So dominierten beispielsweise im Schuhmacherverband und Textilarbeiterverband die USPD-Vertreter. In der größten Einzelgewerkschaft, dem Metallarbeiterverband, eroberte die USPD auf dem Verbandstag im Oktober 1919 ebenfalls den Vorstand und stellte mit dem erfahrenen und tüchtigen ehemaligen Parteisekretär Robert Dißmann, der sich während des Krieges der USPD angeschlossen hatte, den neuen Vorsitzenden. Neben den Erfolgen in den Gewerkschaften zeigten der zunehmende Mitgliederstrom und schließlich die Reichstagswahlen im Juni 1920, daß die USPD erfolgreich mit der MSPD konkurrierte. Während ihr Stimmenanteil von 7,6 Prozent im Januar 1919 auf jetzt 18,0 Prozent stieg, sank er bei der MSPD im gleichen Zeitraum von 37,9 Prozent auf 21,6 Prozent. Rechnet man zu den 18 Prozent der USPD noch die 2 Prozent der KPD dazu, so standen sich nach außen zwei nahezu gleichstarke konträre Lager gegenüber. Nimmt man jedoch die Einstellung zur parlamentarischen Demokratie als Kriterium, dann verliefen die Scheidelinien anders.

Der Konflikt in der USPD führte im Oktober 1920 auf ihrem Parteitag in Halle zum Bruch. Er entzündete sich an den 21 Bedingungen, die Moskau für den Anschluß an die Kommunistische Internationale gestellt hatte. Nach erbitterten Diskussionen, vor allem zwischen Rudolf Hilferding auf der einen, Gregor Sinowjew, dem Vorsitzenden der Komintern, auf der anderen Seite, stimmte die Mehrheit für den Anschluß an die 3. Internationale und den Zusammenschluß mit der KPD. Der Weg der neugegründeten „Vereinigten Kommunistischen Partei“ wurde in den folgenden Jahren durch Richtungskämpfe, Kurswechsel und „Säuberungen“ gekennzeichnet. Die deutschen Kommunisten gerieten dabei in immer stärkere Abhängigkeit von Moskau, als dessen Befehlsempfänger sie zusehends fungierten.

Die auf dem Parteitag in Halle überstimmte Minderheit in der USPD, zu der fast drei Viertel der Reichstagsfraktion zählten, versuchte zu-

nächst, die Partei weiter fortzuführen. Im September 1922 schloß sich die Rumpfpartei dann, abgesehen von einer unbedeutenden Splittergruppe, wieder mit der MSPD zur „Vereinigten Sozialdemokratischen Partei Deutschlands" zusammen.
Während für die USPD bis zu ihrem Auseinanderbrechen die Oppositionsrolle festgeschrieben stand und jede Beteiligung an einer Koalitionsregierung schroff abgelehnt wurde, vollzog sich die Entwicklung der MSPD nach der Revolution im Spannungsfeld zwischen Regierungsverantwortung und Opposition. Die Probleme, mit denen sie sich in der Volksbeauftragtenzeit konfrontiert sah, traten auch in der folgenden Zeit immer wieder in Erscheinung. Bis zum Sommer 1920 war sie die führende Regierungspartei. Das Kabinett Scheidemann (MSPD, Deutsche Demokratische Partei und Zentrum) wurde nach seinem Rücktritt im Juni 1919 durch eine Regierung aus MSPD und Zentrum (Reichskanzler Bauer) ersetzt, dem im Oktober auch wieder Minister der DDP beitraten. Nach dem Kapp-Putsch vom März 1920 trat das Kabinett Bauer zurück. Ihm folgte die Regierung Hermann Müller, die sich erneut auf die „Weimarer Koalition" stützte. Neben dem Amt des Reichskanzlers, das ihr als der mit Abstand stärksten Partei zufiel, besetzte die MSPD in den drei Kabinetten durchgängig zwei Ministerien: Wirtschaft und Arbeit. Das Innenministerium und das Ministerium der Finanzen waren dagegen ständig in bürgerlichen Händen. Die restlichen Ministerien wechselten zwischen den Parteien. Im Auswärtigen Amt löste im Juni 1919 Hermann Müller (MSPD) den bisherigen Amtsinhaber, den Berufsdiplomaten Graf von Brockdorff-Rantzau ab. Nach Hermann Müllers Ernennung zum Reichskanzler folgte ihm sein Parteifreund Adolf Köster als Außenminister. Im Reichswehrministerium mußte Gustav Noske, der immer mehr zu einer schweren Belastung für die Partei geworden war, seinen Stuhl nach dem Kapp-Putsch räumen. Die Sozialdemokraten gaben damit das wichtige Militärressort aus den Händen, das nun Otto Geßler von der DDP zufiel.
Nach der Revolution war bald deutlich geworden, daß sich die Kräfte von rechts schnell wieder von ihrem Schock erholten. Je stärker sich die Umrisse einer zum Kampf bereiten antidemokratischen Fronde abzeichneten, um so heftiger gärte es auch in der sozialdemokratischen Mitglieds- und Anhängerschaft. Nach den großen Streiks und Unruhen von 1919, denen die Regierung mit einer Mischung aus Härte und Entgegenkommen begegnete, ebbte die Rätebewegung ab. Untergründig blieb ein starkes Moment der Unruhe in der Arbeiterschaft bestehen. Hier lebte ein Bewußtsein weiter, daß ihnen als den Trägern der „Revolution" und der neuen Demokratie der Staat mehr schuldig war als nur formale bürgerliche Freiheiten. Außer den Sozialisierungsgesetzen, die kaum praktische Konsequenzen hatten, schönen Verfassungsbestimmungen über Wirtschaftsdemokratie und dem Acht-

stundentag konnten sie nichts erkennen, was einen wirklichen Fortschritt zum Sozialismus gebracht hätte. Nach langen Beratungen und Diskussionen, die sich über das Jahr 1919 hinzogen, wurde schließlich am 4. Februar 1920 ein Betriebsverfassungsgesetz (Betriebsrätegesetz) verabschiedet. Es brachte den Arbeitern im Betrieb eine gesetzlich garantierte Vertretung sowie ein — von den Unternehmer- und Arbeitgeberverbänden bekämpftes — Mitbestimmungsrecht, u. a. bei Entlassungen und Einstellungen, Festlegung der Arbeitszeit und Arbeitsordnungen, Urlaubsregelungen und Einführung neuer Löhnungsmethoden. Doch rief das Gesetz nicht nur den Unwillen der radikalen Arbeiter hervor, die bei der zweiten Lesung vor dem Reichstagsgebäude unter Leitung der USPD eine Protestdemonstration veranstalteten, die in einer blutigen Auseinandersetzung mit der Polizei endete. Auch breite Gruppen der gemäßigten Arbeiterschaft wurden enttäuscht. Sie fühlten sich um die Früchte der Revolution betrogen und konnten nicht verstehen, daß die Sozialdemokraten in der Regierung nicht mehr für sie durchgesetzt hatten. Der Ärger über die „Kompromißregierung", die ja nicht „ihre" Regierung war, sondern eine Koalition, übertrug sich in ein Unbehagen an dem Kurs der Parteiführung. So herrschte, wie der Parteivorsitzende der MSPD, Otto Wels, schon Ende 1919 feststellte, „eine tiefgreifende Erregung, eine außerordentliche Unzufriedenheit mit der Partei und der Parteileitung" [4].

Wer nur auf die absoluten Zahlen der Mitglieder schaut, die von einer Million im April 1914 über den Tiefstand von 250 000 im April 1918 wieder auf eine Million im Jahr 1919 angewachsen waren und 1920 bis 1922 über 1,18 Millionen lagen, wird im ersten Moment nicht an eine Parteikrise denken wollen. Vergleicht man aber die Mitgliederentwicklung mit dem schnellen Wachstum der USPD und vor allem mit dem rapiden Aufschwung der Gewerkschaften, so muß man von einer Stagnation sprechen. Daß die MSPD nur so wenig von dem im Zeichen der neuen Zeit sich entwickelnden Trend zu den Organisationen profitierte, belegt den gravierenden Schwund ihrer Attraktionskraft.

Ganz anders verlief die Entwicklung bei den Freien Gewerkschaften, die sich auf ihrem Kongreß im Juni/Juli 1919 einen strafferen Überbau gaben und sich nun „Allgemeiner Deutscher Gewerkschaftsbund" (ADGB) nannten. An die Stelle der „Generalkommission" trat der Bundesvorstand, ihm zur Seite stand der Bundesausschuß, das Organ der Verbandsvorsitzenden. Der Vorkriegsstand von 2,5 Millionen Mitgliedern (Arbeitergewerkschaften und die mit ihnen verbundenen sozialistischen Angestelltenverbände), der kriegsbedingt Ende 1916

4 Protokoll der Sitzung des Parteiausschusses, Berlin den 13. Dezember 1919, Berlin o. J., S. 1.

auf den Tiefpunkt von weniger als 1 Million gesunken war, wurde noch vor Ende des Jahres 1918 wieder überschritten. Im rasenden Tempo kletterten die Werte bis Ende 1919 auf über 7,33 Millionen und erreichten im Juni 1920 mit 8 144 981 Mitgliedern ihren Höchststand.

Die für die Gewerkschaftsführung so charakteristische nüchtern-praktische Haltung prägte zwar nach wie vor die gewerkschaftliche Taktik, doch anders als bis zur Kriegszeit setzte nun auch eine weitgehende Theoriediskussion und eine Politisierung ein, die von der Basis bis zu den Führungsgremien hinaufreichte. Dieser Prozeß hatte eine Reihe von Ursachen: der Massenzustrom neuer ungeschulter Mitglieder, das breite politische Spektrum der Mitgliedschaft von den Revolutionären Obleuten über typische Sozialdemokraten bis hin zu vorwiegend national ausgerichteten Gewerkschaftern, die Einbindung der Mehrheitssozialdemokratie in eine Regierungskoalition mit bürgerlichen Parteien, das instinktlose militärische Vorgehen gegen Streikbewegungen und vor allem die Existenz mehrerer sozialistischer Parteien. Diese Faktoren führten dazu, daß die Gewerkschaften sich zusehends von ihrer engen Bindung an die MSPD lösten und ein starkes, eigenständiges politisches Gewicht entwickelten. Ein ganz neuer Ton war zu hören, als Carl Legien, der Vorsitzende der Generalkommission und klassische Repräsentant der traditionellen Gewerkschaftspolitik, nun Scheidemann vorhielt, die Mehrheitssozialdemokratie werde zum „Annex“ dieser „Kompromißregierung“ und die Parteiführung müsse dafür sorgen, „daß wir eine selbständige Partei bleiben“ [5]. Nicht minder aufschlußreich sind die Worte Theodor Leiparts, des späteren Nachfolgers Legiens, er könnte verstehen, wenn in dem Gewerkschaftshaus des ADGB nur das Zentralblatt der Unabhängigen, „Die Freiheit“, ausliege und nicht mehr der „Vorwärts“, das Zentralorgan der MSPD [6].

In den Gewerkschaften verbreitete sich bis hinauf zu ihren obersten Führungsgremien, Bundesausschuß und Bundesvorstand, das Gefühl, daß die von der Mehrheitssozialdemokratie geführte Koalitionsregierung nicht in der Lage sei, Durchgreifendes für die Arbeiterinteressen zu tun. Über die traditionellen Bereiche der Lohnbewegungen und Sozialpolitik hinaus müßten die Gewerkschaften deshalb in wirtschafts- und allgemeinpolitische Bereiche eingreifen. Dieser Wille, die politische Entscheidung nicht mehr allein der parlamentarischen Vertretung der Arbeiterschaft zu überlassen, sondern als eigenständige

5 Protokoll der Parteikonferenz in Weimar am 22. und 23. März 1919, Berlin 1919, S. 19.

6 Siehe Konferenz der Vertreter der Verbandsvorstände [der Freien Gewerkschaften]. Sitzung vom 25. April 1919, Berlin o. J. [1919], S. 6 und 26.

politische Kraft den Ausbau einer sozialen Demokratie selber in die Hand zu nehmen, erlebte seine Bewährungsprobe beim Kapp-Putsch im März 1920.

2. *Der Kapp-Putsch und seine Auswirkungen*

In den Kreisen der nationalistischen Rechten war bis zum Jahre 1920 immer stärker die Zuversicht gewachsen, das „republikanische Zwischenspiel" sei an sein Ende gekommen. Besonders in den Freikorps sammelte sich der Kern eines neuen, kämpferischen, antidemokratischen Nationalismus, für den die verfassungsmäßige Regierung einfach die „Schandregierung" bedeutete. Gestützt auf zwei solcher Freikorps, die sich der Auflösung durch die Regierung widersetzten, putschten am 13. März 1920 der Reichswehrgeneral Lüttwitz, der frühere ostpreußische Generallandschaftsdirektor Kapp, der Freikorpsführer Korvettenkapitän Ehrhardt und andere Offiziere gegen die demokratische Republik. Mit wehenden schwarz-weiß-roten Fahnen und Hakenkreuzen an den Stahlhelmen, Symbol dessen, was Deutschland noch bevorstand, besetzten die putschenden Truppen Berlin. Die Reichswehr, deren Aufgabe es gewesen wäre, die Regierung zu schützen, weigerte sich, gegen die Putschisten zu kämpfen. Der Chef der Heeresleitung, General Walther Reinhardt, stand zwar treu zur Verfassung, doch er blieb allein. General von Seeckt und seine Offiziere ließen die Regierung im Stich, nun wo es galt, sie zum ersten Mal gegen rechts und nicht wie bisher gegen links zu schützen.
Die Reichsregierung mit Kanzler Bauer an der Spitze floh aus Berlin. In dieser bisher schwersten Krise der Republik sprangen die Gewerkschaften unter Führung Carl Legiens in die Bresche. Der Allgemeine Deutsche Gewerkschaftsbund rief zusammen mit den sozialistischen Angestelltengewerkschaften, der Mehrheitssozialdemokratischen Partei und den Unabhängigen die Arbeiter, Angestellten und Beamten zum Generalstreik gegen die Putschisten auf. Unter dem Druck ihrer Mitgliedschaft schlossen sich ihm bald die Christlichen Gewerkschaften an. Auch die Führung der KPD, die sich zunächst auf Weisung der Kommunistischen Internationale aus Moskau dem Kampf für die Rettung der demokratischen Republik verweigert hatte, sah sich schließlich zum Mitmachen gezwungen. Der entschlossene Einsatz der organisierten Arbeitnehmer — auch die Beamten in den Ministerien verweigerten der illegalen Putschregierung die Mitarbeit — zwang Kapp und seine Komplizen zum Rückzug.
Carl Legien, dieser nüchterne, tatkräftige Gewerkschaftsmann, der sich während des Generalstreiks als glänzender Organisator erwiesen hatte, wollte es mit der Kapitulation der Verfassungsbrecher nicht

bewenden lassen. Die in den Freien Gewerkschaften organisierten Arbeitnehmer erwarteten vielmehr eine grundlegende Änderung des politischen Kurses. In einem 8-Punkte-Programm stellte der ADGB Bedingungen für den Abbruch des ersten politischen Generalstreiks in der deutschen Geschichte:

1. Schnelle Entwaffnung und Bestrafung aller am Putsch Beteiligten.
2. Sofortiger Rücktritt des Reichswehrministers Noske (MSPD) und der preußischen Minister Wolfgang Heine (MSPD) und Rudolf Oeser (DDP).
3. Säuberung der Verwaltung in Staat und Betrieb von allen reaktionären Personen.
4. Schnellste Demokratisierung der Verwaltung.
5. Sofortiger Ausbau der Sozialgesetzgebung und wirkliche Gleichberechtigung der Arbeiter, Angestellten und Beamten.
6. Sofortige Sozialisierung des Bergbaus und der Energiegewinnung.
7. Enteignung der Grundbesitzer, welche die Lebensmittelablieferung sabotieren.
8. Auflösung aller konterrevolutionärer Formationen und Übernahme des Sicherungsdienstes durch die organisierte Arbeiterschaft [7].

Bei der von den Freien Gewerkschaften ergänzend geforderten „Umgestaltung der Regierungen im Reich und in den Ländern" wollten sie mitbestimmen und Einfluß auf „die Neuregelung der wirtschafts- und sozialpolitischen Gesetzgebung" nehmen. Die Gewerkschaften hatten die demokratische Republik gerettet. Einen grundlegenden Wandel in der Politik konnten sie nicht erzwingen. Ihr Versuch, die Weimarer Demokratie durch entschiedene Reformen auf ein gesichertes Fundament zu stellen, scheiterte. Das nach einigem Gerangel zusammengebrachte Kabinett Hermann Müller (SPD) basierte wieder auf der alten Koalition. Zwar nahm es mit verschiedenen Wenn und Aber, vor allem der DDP, das von den Gewerkschaften geforderte Programm an, ausgeführt wurde es jedoch nur zum kleinen Teil. Das innenpolitische Kernproblem des Kabinetts Müller wurde vielmehr die Niederschlagung von Aufständen, die im Gefolge des Generalstreiks in Berlin, Mitteldeutschland und vor allem im Ruhrgebiet aufflammten. Dort entstand eine „Rote Ruhrarmee", die nach schweren, oft brutalen Bürgerkriegskämpfen zeitweise fast das gesamte Industriegebiet beherrschte. Mit Zusagen der Regierung

7 Siehe Korrespondenzblatt des Allgemeinen Deutschen Gewerkschaftsbundes, 30. Jg., 27. März 1920, S. 152 f.

gelang es dem Staatskommissar Severing, einen Waffenstillstand zu vermitteln und die gemäßigten Kämpfer zu einem großen Teil aus der Roten Armee zu lösen. Den Widerstand des militanten Kerns brach die Reichswehr mit Bajonett, Gewehr und Kanonen. Dabei wurden auch Militärverbände gegen die Arbeiterformationen eingesetzt, die während der Kapp-Zeit den Putschisten nahegestanden hatten. Ihr „weißer Terror" übertraf den „roten Terror" an Brutalität und Intensität. Bei vielen Arbeitern, die mit der Fortsetzung des Streiks und dem Aufbau eigener Formationen die Republik nur gegen die Verfassungsbrecher hatten verteidigen wollen und nun erlebten, daß solche Kappisten im Auftrag der Regierung Müller gegen sie selber oder ihre Kameraden vorgingen, wuchs die Verbitterung ins Grenzenlose. Republiktreue Streikende wurden unter den Bedingungen des Ausnahmezustandes vor allem von Militärgerichten oft hart bestraft, nur weil sie sich verdächtig gemacht hatten oder denunziert worden waren, während das Strafgericht der Republik über die Feinde von rechts ausblieb.

Die Reichstagswahlen vom Juni 1920 standen noch unter dem Eindruck des Kapp-Putsches und der nachfolgenden Arbeiteraufstände. Zwischen den beiden Parteigruppierungen der sozialistischen Arbeiterbewegung fand im Vergleich zu den Nationalversammlungswahlen ein Erdrutsch statt. Rechnet man zu den Anteilen der MSPD von 21,6 Prozent und der USPD von 18 Prozent selbst noch die 2 Prozent der KPD hinzu, so zeigt sich, daß innerhalb der Arbeiterparteien nicht nur eine Verschiebung nach links stattgefunden hatte, sondern insgesamt eine Einbuße von fast 4 Prozent erfolgte. Mindestens ebenso gravierend waren die Verschiebungen unter den bürgerlichen Parteien. Von den bisherigen Koalitionspartnern der MSPD verlor das Zentrum, vor allem durch die Abspaltung der Bayerischen Volkspartei, 6,1 Punkte (13,6 Prozent gegen 19,7 Prozent im Januar 1919), während die DDP von 18,5 Prozent auf 8,2 Prozent absackte. Die großen Gewinner waren die nationalliberale DVP (von 4,4 auf 13,9) und die rechtsaußen angesiedelte DNVP (von 10,3 auf 15,0). Der Kapp-Putsch hatte sich entgegen den Erwartungen von Otto Wels, dem Parteivorsitzenden der MSPD, nicht gegen die Rechte ausgewirkt. Vielmehr trieben die bürgerkriegsähnlichen Zustände des Frühjahrs 1920 wohl erst recht viele Wähler in die Arme der „System"-Kritiker von rechts.

Hermann Müllers Versuch, doch noch eine Regierung unter Führung der MSPD zu bilden, mißlang. Dem neuen Kabinett unter dem Zentrumsmann Konstantin Fehrenbach gehörten keine Sozialdemokraten mehr an. Es war die erste rein bürgerliche Regierung (DVP, DDP und Zentrum) der Weimarer Republik. In den kommenden acht Jahren bis zur Bildung des zweiten Kabinetts Müller 1928 war nun das Zentrum und nicht mehr die Sozialdemokratie die tragende

Regierungspartei. Nur als Juniorpartner gehörte die SPD in diesen acht Jahren vier kurzlebigen Kabinetten für insgesamt neun Monate an.

3. *Der Weg der Sozialdemokratie von 1920—1928*

Der Verlust der Regierungsverantwortung wurde von der Mehrheitssozialdemokratie überwiegend ohne Bedauern und Besorgnis registriert. Im Gegenteil, es herrschte geradezu Erleichterung. „Niemand von uns" — so faßte Müller diese auf dem Parteitag vom Oktober 1920 herrschende Stimmung zusammen — „hat Sehnsucht, wieder in die Regierung einzutreten [8]." Hier drückte sich eine Haltung aus, die der „Vorwärts" 1925 in die einprägsamen Worte kleidete, die SPD habe sich nie zur Regierung gedrängt und sich nur an ihr beteiligt, „wenn die äußerste Not des Volkes dieses Opfer von ihr verlangte" [9]. Gerade nach den Erfahrungen ihrer anderthalbjährigen Regierungstätigkeit bis zum Juni 1920, als ihr die Anhänger in Scharen davonliefen, wollte sie sich die Regierungsverantwortung nur im Notfall aufbürden.
Ungeachtet dieser Vorbehalte sah sich die Reichstagsfraktion veranlaßt, häufig von ihr nicht getragene Regierungen doch zu unterstützen, weil sich anders keine Mehrheit im Parlament fand und neue Krisen drohten. Die Partei erwartete von dieser Taktik der „Tolerierung" wohl, daß die „Bürgerlichen" unumgängliche, durch die innere und äußere Notsituation bedingte Maßnahmen vor den Augen der Öffentlichkeit selbst verantworten mußten und die Sozialdemokratie so aus der Schußlinie ihrer Gegner von rechts und links geriet. Diese merkwürdige Zwitterstellung zwischen halber Regierungspartei und halber Opposition hat aus der Sicht des Jahres 1928 Julius Leber, der seinen Widerstand gegen Hitler 1944 mit seinem Leben bezahlte, einer scharfen Kritik unterzogen: „Man muß entweder regieren oder man muß in ausgesprochener Opposition stehen. Zum einen nicht die Verantwortungsfreudigkeit, zum andern nicht den Mut zu haben, also eine Politik des Durchlavierens festen Entschlüssen vorzuziehen, das ist der größte Fehler, den eine politische Partei begehen kann [10]."

---

8 Siehe Protokoll über die Verhandlungen des Parteitages der Sozialdemokratischen Partei Deutschlands, abgehalten in Kassel vom 10. bis 16. Oktober 1920, Berlin 1920, S. 270. Ganz ähnlich auch die Sicht aus dem Jahre 1924, Protokoll des Parteitages in Berlin 1924, Berlin 1924, S. 83 und 130.

9 „Vorwärts" vom 6. Dezember 1925.

10 Julius Leber, Ein Mann geht seinen Weg. Schriften, Reden und Briefe, hrsg. von seinen Freunden, Berlin 1952, S. 177.

Immer, wenn unpopuläre Entscheidungen von großer Tragweite unumgänglich wurden, sprang die SPD doch in die Bresche. Staatspolitischen Notwendigkeiten hat sie sich, im Unterschied zu vielen ihrer Gegner von rechts und links, nicht versagt. Als Koalitionspartner stützte sie den Versuch der Regierung Joseph Wirth (1921/22), durch eine sogenannte „Erfüllungspolitik" schließlich eine Revision des Versailler Vertrages zu erreichen. Während die Sozialdemokratie dem linken Zentrumsmann Wirth viele Sympathien entgegenbrachte, überwog gegenüber seinem Nachfolger, dem rechtsstehenden, parteilosen Wirtschaftsmann Wilhelm Cuno, die Reserve. Aber selbst dessen Kabinett, in dem die SPD gar nicht vertreten war, fand ihre Hilfe bei dem Versuch, den Einfall der französischen und belgischen Truppen im Januar 1923 ins Ruhrgebiet mit dem passiven Widerstand zu beantworten. Als diese Politik den letzten Anstoß zur inflationären Geldentwertung gab und die Mark ins Bodenlose sackte, standen die Sozialdemokraten wieder als Nothelfer bereit. Das Kabinett Gustav Stresemann, dem sie als Juniorpartner angehörten, übernahm die undankbare Aufgabe, den aussichtslos gewordenen Ruhrkampf zu beenden und anschließend die Währung zu sanieren.

Das Jahr 1923 war eines der großen Krisenjahre der Republik. Der vor allem von Arbeitern, Angestellten und Beamten getragene Widerstand an der Ruhr, bei dem am 31. März 13 Krupp-Arbeiter den Kugeln französischer Truppen zum Opfer fielen, konnte auf längere Sicht nicht durchgehalten werden. Die Notenpresse diente zur Finanzierung der horrend wachsenden Ausgaben. Bis Mitte April gelang es noch, den Dollarkurs auf ca. 20 000 Mark zu fixieren, dann gab es kein Halten mehr. Im August kletterte der Kurs bis auf 4,6 Millionen, im Oktober auf über 25 Milliarden und am 15. November, dem Tag der Währungsreform, schließlich auf 4,2 Billionen. Die unvorstellbare Not förderte nicht nur separatistische Bewegungen im Rheinland und der Pfalz. Im Lager der Rechten spielte man mit dem Gedanken der Diktatur. Ein „starker Mann" müsse die Zügel in die Hand nehmen [11]. Die Kommunisten rüsteten, vor allem in Sachsen und Thüringen, wo sie seit kurzem mit in der Regierung saßen, zum bewaffneten Kampf. In Bayern lehnte sich die Regierung Kahr unter Bruch der Reichsverfassung gegen das Reich auf. Am 8. und 9. November 1923 sah schließlich in München auch Adolf Hitler seine Stunde gekommen und unternahm mit Unterstützung Ludendorffs einen Putschversuch, der innerhalb von 24 Stunden scheiterte.

11 So äußerte sich u. a. Graf Westarp, der Fraktionsvorsitzende der DNVP, gegenüber dem Reichskanzler Stresemann. Vgl. dazu Dederke, Reich und Republik, S. 70. Ähnliche Gedanken vertrat auch der führende Großindustrielle Hugo Stinnes. Siehe G.W.F. Hallgarten, Hitler, Reichswehr und Industrie. Zur Geschichte der Jahre 1918—1933, Frankfurt a. M. 1962, S. 66.

Unter tatkräftiger Mithilfe der Sozialdemokratie hat die Republik unter der Regierung Stresemann diese Krise überwunden, und doch hat die Partei diese Regierung wieder verlassen. In Sachsen und Thüringen, wo reine SPD-Regierungen mit einer starken Linkstendenz im Amte waren, wurden angesichts der drohenden Revolution von rechts „Proletarische Hundertschaften" aufgestellt und schließlich Kommunisten in die Kabinette aufgenommen. Die SPD mußte nun erleben, daß die Regierung zwar in Sachsen und Thüringen Reichswehrtruppen einmarschieren ließ, um die Auflösung der Regierungen unter Erich Zeigner und August Fröhlich zu erzwingen, gegen die bayrische Regierung Kahr aber so gut wie nichts unternahm. Hier lag das äußere Motiv für den Rückzug aus der Reichsregierung und den anschließenden Sturz Stresemanns. Ebert hat damals dieses emotional verständliche, staatspolitisch aber unkluge Vorgehen mit den Worten gegeißelt: „Was Euch veranlaßt, den Kanzler zu stürzen, ist in sechs Wochen vergessen, aber die Folgen Eurer Dummheit werdet Ihr noch zehn Jahre lang spüren [12]."

Auf diese Entscheidung hatten sowohl der Druck gemeinsamer Aktionen sozialdemokratischer und kommunistischer Arbeiter eingewirkt, wie auch die Rücksicht auf den linken Flügel der Partei. Im September 1922 war die Rest-USPD in den Schoß der alten Mutterpartei zurückgekehrt. Die Wiedervereinigung brachte zwar einen Mitgliederzuwachs, der 1923 die nie wieder erreichte Höhe von 1 261 072 erklomm, doch Werbekraft nach außen ging kaum von ihr aus. Links von der SPD hatte sich die KPD fest etabliert. Ihr Stimmenanteil verlief von 2,0 (1920) über 12,6 (Mai 1924), 9,0 (Dezember 1924), 10,6 (1928) auf 13,1 Prozent (1930). Die aggressive Politik der KPD gegen die Republik und die Sozialdemokratie trug dazu bei, daß von seiten der sozialdemokratischen Führung oft sozialrevolutionäre Strömungen in der Arbeitnehmerschaft mit „kommunistisch" gleichgesetzt wurden. Dadurch wurde eine Rückgewinnung der radikalisierten Arbeiter zu einem schier aussichtslosen Unterfangen.

Den schweren Rückschlag, den die regierende SPD bei den Wahlen von 1920 erlitt, hat sie auch in der Rolle der Opposition nie mehr auffangen können. Im Mai 1924 erreichte die wiedervereinigte Partei 20,5 Prozent der Stimmen. Bei dem Urnengang vom Dezember des gleichen Jahres errang sie mit 26 Prozent einen achtbaren Erfolg und kam 1928 mit 29,8 wieder an die 30-Prozent-Grenze heran, fiel aber schon zwei Jahre später auf 24,5 Prozent zurück. Aus den Wahlergebnissen wird deutlich, daß die SPD die Verluste an die KPD kaum ausgleichen konnte. Von den Arbeitern, die nach der Berufs-

12 So überliefert bei Gustav Stresemann, Vermächtnis, Bd. 1, Berlin 1932, S. 245; vgl. auch Waldemar Besson, Friedrich Ebert, Verdienst und Grenze, Göttingen 1963, S. 89.

zählung von 1925 45,1 Prozent der hauptberuflich Erwerbstätigen ausmachten, gewann sie stets nur einen, wenn auch den mit Abstand größten Teil der Wähler. Die katholischen Arbeiter blieben im wesentlichen dem Zentrum treu, evangelisch gebundene Arbeiter zogen, soweit sie in christlichen Gewerkschaften organisiert waren, wohl eher „nationale" Parteien vor. Auch bei den Landarbeitern, die noch immer stark unter dem politisch-wirtschaftlichen Einfluß der Großagrarier standen, konnte die SPD nur schwer Fuß fassen.

In anderen sozialen Schichten, die sich wie die Büroangestellten und unteren Beamten, die Rentner und Kleinbauern, Teile der Handwerker und der kleinen Einzelhändler in ähnlicher finanzieller Lage wie die Arbeiter befanden, gelangen auch in der Weimarer Republik nur Teileinbrüche. Zwar ging der Arbeiteranteil in der Partei von ca. 90 Prozent vor dem Kriege über 73 Prozent 1926 auf 60 Prozent im Jahre 1930 zurück, während gleichzeitig der Anteil der übrigen Gruppen stieg: 1930 zählten 10 Prozent zu den Angestellten, 3 Prozent zu den Beamten und 17 Prozent zu den Hausfrauen. Dabei ist aber zu berücksichtigen, daß der Arbeitersektor in der Bevölkerung zu stagnieren begann, während der Anteil der Beamten und Angestellten wuchs und 1926 schon insgesamt 16,5 Prozent der Erwerbstätigen umfaßte. Zum unteren Block der Gesellschaftspyramide mußten auch Teile des Mittelstandes gerechnet werden, die durch die Inflation in eine wirtschaftliche Notlage geraten und proletarisiert worden waren. Insgesamt zählten nach sozialstatistischen Berechnungen im Jahre 1926 über 50 Prozent der Bevölkerung zu der wirtschaftlichen Unterschicht [13]. Weiteren 12 Prozent aus dem Kleinbürgertum ging es nicht viel besser. Angesichts dieser Ziffern stellt sich die Frage, warum es der SPD nicht gelang, dieses Stimmenpotential besser auszuschöpfen und zu *der* Partei der Unterprivilegierten zu werden.

Die Belastungen, die für die Partei aus der Niederlage, Revolution und „Versailles" erwuchsen, sind ein Grund. Negativ schlug für den demokratischen Sozialismus auch zu Buche, daß sich in der sozialen Machtverteilung der Republik die Waagschale schnell wieder zur Unternehmerseite neigte. Es ist charakteristisch, daß der Achtstundentag von den Arbeitgebern bald in Frage gestellt wurde. Nach ihrer Argumentation konnte Deutschland sonst die ihm durch den verlorenen Krieg und die Reparationen aufgeladene Bürde nicht tragen. Die Arbeitnehmer waren sich durchaus bewußt, daß sie ihren Teil zur Bewältigung der Kriegsfolgelasten beizutragen hatten, doch vermißten sie eine entsprechende Bereitschaft der Unternehmerseite. Besonders in der Inflationszeit mußten sie erleben, daß ihr Realeinkommen

---

13 Siehe dazu Theodor Geiger, Die soziale Schichtung des deutschen Volkes. Soziographischer Versuch auf statistischer Grundlage. Nachdruck der Ausgabe von 1932, Darmstadt 1967, bes. S. 73.

fortlaufend sank, weil die Preise den Löhnen davonliefen, während sich auf der anderen Seite Unternehmer und Händler ihre Ware in harter Goldwährung bezahlen ließen.

Dem Machtverlust ihrer Gewerkschaftsorganisationen (Mitgliederschwund und leere Kassen) stand ein enormer Machtzuwachs der Sachwertbesitzer gegenüber. Vor allem die Großindustriellen zogen aus den niedrigen Herstellungskosten und hohen Exportprofiten, kapitalisierten Steuern und Schulden, die sich über Nacht in Nichts auflösten, riesenhafte Gewinne. Hugo Stinnes' bekanntes Industrieimperium überragte zwar alles an Größe, doch stand es keineswegs allein. Diesem ersten großen Konzentrationsprozeß in der Industrie folgte nach der Stabilisierung der Mark ein zweiter. Nachdem die Reparationsfragen durch das Dawes-Abkommen von 1924 geregelt worden waren, strömte ausländisches Kapital, angelockt von dem hohen Zinsniveau, nach Deutschland und löste einen raschen Konjunkturaufschwung aus. Das geliehene Geld bildete die finanzielle Grundlage für den nun in Gang kommenden stürmischen Rationalisierungsprozeß. Von ihm profitierten vornehmlich die Großunternehmer mit ihrer Massenfertigung. Beispielhaft für die wirtschaftliche Machtkonzentration waren der 1926 erfolgte Zusammenschluß in der chemischen Industrie zu den IG Farben (ca. $^{9}/_{10}$ des chemischen Sektors) und die im gleichen Jahr entstandenen Vereinigten Stahlwerke mit einem Anteil von etwa $^{2}/_{5}$ an der Kohle-, Eisen- und Stahlerzeugung.

Auch die Arbeitnehmer zogen Gewinn aus diesem Wirtschaftsaufschwung. So stieg der Reallohn der Arbeiter zwischen 1924 und 1927 um 37 Prozent. Doch sieht diese Zahl nicht ganz so rosig aus, wenn man berücksichtigt, daß bis zur Inflation ihr tatsächliches Lohneinkommen weit hinter das Vorkriegsniveau zurückgefallen war. Nur in einem einzigen Jahr, 1929, wurde der Nettorealwochenlohn von 1913 um spärliche 2 Prozent übertroffen. Dazu wirkte sich negativ aus, daß in all den Jahren der Weimarer Zeit immer eine gewisse Arbeitslosigkeit herrschte. Von 1 Million Mitte 1919 sank die Zahl in den folgenden Jahren zunächst auf einen Stand zwischen 120 000 bis 400 000. Doch im Winter 1923/24 gab es schon 1,25 Millionen Erwerbslose. Nach einem schnellen Rückgang wurde Anfang 1926 mit 2 Millionen ein neuer Höchststand erreicht. Über 1,25 Millionen Mitte 1926, 350 000 im Jahre 1927, 600 000 im folgenden Jahr verlief die Kurve dann bis Mitte 1929 auf 1,25 Millionen, ehe mit der großen Wirtschaftskrise die Ziffern zu bis dahin nie dagewesenen Höhen emporschnellten.

Unmittelbar nach dem Krieg lagen die Ursachen dieser Arbeitslosigkeit in der schwierigen Umstellung auf die Friedenswirtschaft. Nach 1923 war für die hohen Zahlen dagegen vornehmlich die ohne Rücksicht auf die sozialen Folgen durchgeführte Rationalisierung verantwortlich. Neben der durch die neuen Produktions- und Arbeitsmetho-

den (z. B. Fließband) bedingten zunehmenden Einseitigkeit und Eintönigkeit der Arbeit sahen die Arbeiter auch noch ihre Arbeitsplätze gefährdet. Ständig blieb der lohnabhängige Berufstätige von wirtschaftlicher Unsicherheit bedroht. Die zunehmende Durchlöcherung des Achtstundentages trotz Arbeitslosigkeit — Oktober 1926 arbeiteten 53 Prozent mehr als 48 Stunden — und der 1923 erfolgte Stopp in der staatlichen Sozialpolitik kennzeichnen die Unterlegenheit der Arbeitnehmerorganisationen gegenüber der sogenannten „Wirtschaft" und zeigen, wie die mit ihr verbundenen Parteien rechts von der Mitte mehr und mehr das Geschehen bestimmten.
Der Handlungsspielraum der Sozialdemokratie hatte sich aus verschiedenen Gründen nach dem Jahre 1920 stark verengt. Es bleibt die Frage, wieweit auch Theorie und Praxis der eigenen Partei dafür verantwortlich waren, daß das politische Gewicht und Durchsetzungsvermögen der SPD so beschränkt blieb.
Sucht man zunächst nach theoretischen Aussagen, so fällt auf, daß eine Theorieauseinandersetzung — abgesehen von Flügelgruppen innerhalb und außerhalb der Partei — so gut wie nie stattgefunden hat. Zwar kam es 1921, als sich die MSPD in Görlitz ein neues Programm gab, zu lebhaften innerparteilichen Diskussionen; aber sie drehten sich vornehmlich um praktische, konkrete Tagesfragen. Mit dem Görlitzer Programm stellte sich die SPD als „die Partei des arbeitenden Volkes in Stadt und Land" vor, als eine „Kampfgemeinschaft für Demokratie und Sozialismus". Trotz dieser Definition als Volkspartei behielt der Begriff des Klassenkampfes seinen programmatischen Stellenwert. Er wurde hier als eine durch die kapitalistische Wirtschaftsordnung bedingte „geschichtliche Notwendigkeit" und als „sittliche Forderung" interpretiert. In der „Überführung der großen konzentrierten Wirtschaftsbetriebe in die Gemeinwirtschaft" und der „fortschreitenden Umformung der gesamten kapitalistischen Wirtschaft zur sozialistischen" [14] sah das Programm ein „notwendiges Mittel", um „die Menschheit zu höheren Formen wirtschaftlicher und sittlicher Gemeinschaft emporzuführen". Mit einem uneingeschränkten Bekenntnis zur demokratischen Republik bekundete die Sozialdemokratie zugleich ihre Entschlossenheit, „zum Schutz der errungenen Freiheit das Letzte einzusetzen" und jeden Angriff auf die Demokratie „als ein Attentat auf die Lebensrechte des Volkes" zurückzuweisen.
Nur ein Jahr nach der Annahme des Görlitzer Programms wurde nach der Wiedervereinigung mit der USPD eine Kommission zur Ausarbeitung eines neuen Programmentwurfs eingesetzt. Dieses vom Heidelberger Parteitag 1925 verabschiedete Programm, an dem u. a. auch Karl Kautsky wieder mitgewirkt hatte, griff in seinem grund-

14 Siehe Dokumente 16.

sätzlichen Teil weitgehend auf das Erfurter Programm zurück. Es wurde ergänzt durch einige, im wesentlichen auf Rudolf Hilferding zurückgehende Passagen über den wachsenden Einfluß des Finanzkapitals auf die Staatsmacht und das von ihm ausgehende imperialistische Machtstreben [15]. Lange bevor andere Parteien Europa auf ihre Fahne schrieben, setzte sich die deutsche Sozialdemokratie in einem offiziellen Parteiprogramm schon ein „für die aus wirtschaftlichen Ursachen zwingend gewordene Schaffung der europäischen Wirtschaftseinheit, für die Bildung der Vereinigten Staaten von Europa".

Der schon vor dem Krieg auf den Parteitagen von 1894 und 1895 vergeblich unternommene Versuch, ein spezielles Agrarprogramm auszuarbeiten, wurde auf dem Kieler Parteitag von 1927 wieder aufgenommen. Das nach einigen Abänderungen einstimmig verabschiedete Programm versprach, sich für bäuerliche Siedlung, Bodenreform und überhaupt für die kleinen Landwirtschaftsbetriebe einzusetzen. Dieser Ansatz, durch ein auf die Bedürfnisse einer sozialen Gruppe zurechtgeschnittenes Programm neue Wählerschichten zu erschließen, prallte weitgehend an den in Jahrzehnten verfestigten Vorbehalten der Bauern gegenüber der Sozialdemokratie ab.

Noch schwerwiegender als das Fehlen eines Agrarprogramms wirkte sich für die Partei aus, daß sie mit ihrem politischen Konzept bei dem Kleinbürgertum und den Angestellten, abgesehen von geringen Teilen, auf eine Mauer des Mißtrauens stieß. Im Ringen um diese Schichten hielt die SPD ihnen „falsches Bewußtsein" vor und sprach sie als Proletarier bzw. werdende Proletarier an. Sie wollten aber in ihrer Mehrzahl nicht Klassengenossen der Arbeiter sein. Die einen — selbst proletarischer Herkunft — versuchten gerne alles abzustreifen, was sie an ihren früheren Status erinnerte. Die andere, größere Gruppe, rekrutierte sich vornehmlich aus Angehörigen des alten Mittelstandes. Durch die Veränderungen im Wirtschaftsgefüge und die Folgen der Inflation erfuhren sie einen sozialen Abstieg. In ihnen lebte trotz oder gerade wegen ihrer gedrückten wirtschaftlichen Situation immer noch das Bewußtsein weiter, etwas Besseres zu sein. Sie neigten dazu, den Verlust ihrer eigenen Sicherheit auf das nationale Unglück zurückzuführen. Die Schuld an dieser Schmach gaben sie schnell den Sozialdemokraten. Ihr Ideal war nicht eine klassenlose Gesellschaft, sondern als Ausweg aus ihrer traurigen Lage galt ihnen ein anerkannter Rang in der „Volksgemeinschaft" und der Aufstieg des Reiches zu neuer Größe und Weltgeltung.

Solche emotional aufgeheizten Zukunftsvisionen boten ihnen die Rechte, völkische Gruppen und schließlich der Nationalsozialismus, nicht

---

15 Siehe Dokumente 17.

aber die SPD. Auch die Sozialdemokraten empfanden den Wiederaufstieg Deutschlands als eine vordringliche Aufgabe, für die sie sich mit Rat und Tat einsetzten. Doch ihre Politik blieb nüchtern, ohne zündenden Funken und mitreißenden Schwung. Die Frauen verdankten ihr Wahlrecht der Volksbeauftragtenregierung. Ihre Stimmen kamen dagegen vor allem dem katholischen Zentrum und der Deutschnationalen Volkspartei zugute, während ihr Anteil bei den sozialistischen Parteien unter dem Durchschnitt lag. Auf die Jugend übte die Sozialdemokratie eine vergleichsweise geringe Anziehung aus: 1930 waren z. B. nur 8 Prozent der Mitglieder unter 25 Jahre alt. Die sozialdemokratische Reichstagsfraktion wies am Ende der Republik das höchste Durchschnittsalter aller im Reichstag vertretenen Parteien auf. Dem Parteivorstand gehörte, wer einmal gewählt worden war, praktisch auf Lebenszeit an. Nur ein einziges Mal ist in den Jahren der Weimarer Republik ein Mitglied des Parteivorstandes abgewählt worden, bezeichnenderweise ein Vertreter des linken Flügels. Zuverlässige, tüchtige Männer, doch ohne persönliche Ausstrahlungskraft, bestimmten das Gesicht der Partei. In mühseliger, zäher Kleinarbeit führten sie den Kampf um soziale Verbesserungen und kleine Reformen. Bei dem von der KPD und der SPD 1926 veranlaßten Volksentscheid zur Fürstenenteignung gelang zwar eine Mobilisierung von indifferenten Wählern weit über den eigenen Anhängersektor hinaus. Das Ganze blieb jedoch eine momentane Demonstration ohne jeden praktischen Erfolg.

In Tausenden von Städten und Gemeinden wirkten Sozialdemokraten aktiv gestaltend mit und entwickelten eine beispielhafte moderne Kommunalpolitik, obwohl es weitaus weniger „rote Rathäuser" gab, als gemeinhin angenommen wird. Daneben übten sie in einer Reihe von Ländern größeren Einfluß aus und stellten 1929 gut 1/3 aller Landtagsabgeordneten. Während die Partei in der „Ordnungszelle" Bayern, wo nach der Räterepublik konservativ-reaktionäre Kräfte den Ton angaben, bis 1932 fast auf eine Splittergruppe zurücksank (etwas über 10 %), bestimmte sie vor allem in den Landesregierungen von Hamburg, Baden, Hessen und Preußen maßgebend mit. Abgesehen von einigen kurzen Unterbrechungen hat die Sozialdemokratie in Preußen seit 1919 dauernd das Ruder des Staatsschiffes geführt. Nach Paul Hirsch übernahm 1920 Otto Braun, eine der eindrucksvollsten politischen Persönlichkeiten der Weimarer Republik, das Amt des Ministerpräsidenten. Mit den von ihm geführten Koalitionsregierungen aus SPD, Zentrum und DDP (zeitweise auch der DVP) versuchte er, in Preußen das Modell eines „republikanischen Volksstaates" zu verwirklichen. Gut funktionierende und korrekt verwaltete demokratische Institutionen und ein energisches Vorgehen der SPD-Innenminister Carl Severing und Albert Grzesinski gegen staats- und demokratiefeindliche Aktivitäten von rechts und links machte das

„Rote Preußen" zum bevorzugten Haßobjekt bei den Feinden der Republik.
Selbst an dem „preußischen Bollwerk" der Republik wird eine kennzeichnende Schwäche der SPD in der Weimarer Zeit besonders deutlich. Die Sozialdemokraten fühlten sich, wie der erfahrene Kämpe Wilhelm Keil auf dem Parteitag von 1925 formulierte, „als die eigentlichen Träger der demokratischen Republik", als „Anwalt der Armen, der Schaffenden und Enterbten". Und in der Tat, die Sozialdemokratie war *die* Hüterin der Verfassung und der Demokratie. Doch ihr Konzept von Demokratie blieb zu sehr auf das formale Funktionieren der demokratischen Institutionen und auf die bloße Verteidigung beschränkt. Immer wieder wurde als Begründung für ihr Bekenntnis zur demokratischen Republik angeführt, daß sie damit einen „Stützpunkt" auf dem Wege „zum sozialistischen Volksstaat" gewonnen habe [16]. Diese typisch defensive Motivation kleidete der hessische Ministerpräsident Karl Ulrich auf dem Kieler Parteitag von 1927 in die Worte: „Wir müssen den Massen sagen, daß wir entschlossen sind, die demokratische Republik mit Nägeln und Zähnen zu verteidigen, weil wir in ihr einen erfolgverheißenderen Kampfboden für unsere sozialpolitischen Forderungen und sozialistischen Ziele sehen als in der Monarchie [17]." Doch die Alternative zur Weimarer Republik war nicht eine monarchische Restauration der Wilhelminischen Ära. Die wirkliche Gefahr drohte vom modernen „Führerstaat" der kämpferisch-nationalistischen und faschistischen Kräfte, demgegenüber bloße Verteidigung nicht ausreichte. Hilferdings Anstoß, die Demokratie sei historisch die Sache des Proletariats „gewesen" und sei es auch jetzt noch, blieb ohne zündende Kraft. Nur aus den Flügeln von rechts und links ertönten Rufe, sich nicht nur auf Bewahrung der Demokratie zu beschränken, sondern sie aktiv weiterzutragen und sie in allen Bereichen des staatlichen und gesellschaftlichen Lebens wirksam durchzusetzen.
Eine solche Politik erforderte Schwerpunktsetzungen und Konsequenz: eine Unterordnung aller anderen Anliegen und Überlegungen unter das *eine* vordringliche Ziel. Der Mann, der am entschiedensten eine solche Position eingenommen hatte und entsprechende Autorität besaß, ist der Sozialdemokratie durch einen frühen Tod genommen worden. Am 28. Februar 1925 starb Friedrich Ebert an den Folgen einer verschleppten Blinddarmentzündung. In den sechs Jahren seiner Amtszeit als Staatsoberhaupt hatte er sich als Hüter der Verfassung und engagierter, mustergültiger Demokrat bewährt. Dem Einsatz für eine

---

16 So u. a. Paul Löbe; Protokoll über die Verhandlungen des Parteitages der Sozialdemokratischen Partei Deutschlands, abgehalten in Kiel vom 22. bis 27. Mai 1927, Berlin 1927, S. 196.
17 A. a. O., S. 210.

freiheitliche, soziale Demokratie hat er alles andere untergeordnet und ihm seine Kräfte und Gesundheit geopfert. Mit seiner starren Kampfrichtung gegen links, dem großen Vertrauen auf die Fachleute und seinem Versäumnis, Vertreter der beharrenden Kräfte durch entschiedene Demokraten zu ersetzen, trug allerdings auch er Mitverantwortung für den beschränkten Einfluß der Sozialdemokratie. An Eberts Stelle rückte nun der legendenumwobene Nationalheros Hindenburg.

Beim ersten Wahlgang zur Reichspräsidentenwahl am 28. März 1925 erreichte der von DNVP und DVP aufgestellte Oberbürgermeister von Duisburg, Karl Jarres, mit 10,7 Millionen Stimmen vor Otto Braun (SPD) mit 7,8 Millionen und Wilhelm Marx (Zentrum) mit 3,9 Millionen die höchste Stimmenzahl. Da keiner der Anwärter die erforderliche absolute Mehrheit aufbrachte, fand am 26. April ein zweiter Wahlgang statt. Das Zentrum, die DDP und die SPD hatten dafür gemeinsam Marx nominiert, während die Rechtsparteien nun Hindenburg präsentierten. Die Entscheidung war knapp: Hindenburg siegte mit 14 655 000 Stimmen vor Marx mit 13 751 000, während der von der KPD erneut ins Rennen geschickte Ernst Thälmann 1 931 000 Stimmen erhielt und so Wähler an sich band, die sonst wohl eher für Marx gestimmt hätten. Die schwerer wiegende Verantwortung für diesen Wahlausgang aber trifft die Bayrische Volkspartei, eine Art Vorgängerin der heutigen CSU. Sie forderte ihre Wähler auf, nicht für den rheinischen Zentrumsmann und Kandidaten ihrer Schwesterpartei, Marx, zu stimmen, sondern für den greisen Feldmarschall. Das höchste Amt der Republik war damit in die Hände eines Mannes gelegt, der seine militärischen Wertvorstellungen auf den Staat übertrug und der parlamentarischen Demokratie innerlich ablehnend gegenüberstand.

4. Das zweite Kabinett Hermann Müller

Im Jahre 1928 erhielt die Sozialdemokratie noch einmal die Chance, die Reichspolitik von der Regierungsbank aus zu bestimmen. Am 28. Mai 1928 war ein neuer Reichstag gewählt worden. Die SPD vergrößerte gegenüber den Wahlen von 1924 ihren Stimmenanteil von 26,0 auf 29,8 Prozent und errang 153 (gegenüber vorher 131) Mandate im Reichstag. Da gleichzeitig auch die KPD ihren Anteil von 9 auf 10,6 erhöhte, konnte der Gewinn nicht von links kommen, sondern resultierte wohl eher aus der Wählerschaft der DDP, die sich in der bürgerlichen Regierungskoalition verschlissen hatte. Nach langen schwierigen Verhandlungen bildete Hermann Müller ein Kabinett aus SPD, Zentrum, DDP und der DVP. Die Deutsche Volkspartei war nur mit halbem Herzen dabei. Erst der energische Einsatz Gustav Stresemanns hatte sie dazu bewogen, sich an der Regierung der „Großen Koalition“ zu beteiligen.

Trotz der inneren Spannungen gelang es, in der Außenpolitik einen gemeinsamen Kurs zu verfolgen. Die Verständigungspolitik des langjährigen Außenministers Stresemann hatte schon in den Jahren, als die SPD in Opposition stand, an ihr eine sichere Stütze, während er in seiner eigenen Partei auf hartnäckigen Widerstand stieß. Nach der am 27. August 1928 erfolgten Unterzeichnung des „Kellogg-Paktes" zur Ächtung des Krieges wandte sich die Regierung dem Reparationsproblem zu. Nach schwierigen Verhandlungen wurde auf einer Konferenz in Den Haag am 21. August 1929 der sogenannte Young-Plan angenommen. Er brachte Deutschland nicht nur eine Verringerung der Reparationslast und eine Befreiung von den bisherigen alliierten Kontrollen, sondern auch eine baldige Räumung der besetzten Gebiete. Fünf Jahre vor dem in Versailles bestimmten Termin 1935 sollten die alliierten Truppen den deutschen Boden schon 1930 verlassen.
Dieser große außenpolitische Erfolg fand bei den Nationalisten dennoch keine Gegenliebe, genausowenig wie Hermann Müllers Plädoyer im Völkerbund — dem Deutschland seit 1926 angehörte — für eine Abrüstung auch der anderen Staaten. Den sogenannten nationalen Kreisen lag weniger an allgemeiner Abrüstung, sondern mehr an deutscher Aufrüstung. Aus diesem Geist heraus hatte die vorhergehende bürgerliche Regierung den Bau des „Panzerkreuzers A" beschlossen. Die SPD, die in ihrem Wahlkampf mit der Parole „Kinderspeisung statt Panzerkreuzer" dagegen zu Felde gezogen war, sah sich nun auf einmal mit der Tatsache konfrontiert, daß die von ihr getragene Regierung Mittel für das Schiff bereitstellen wollte. Partei und Reichstagsfraktion standen gegen ihre eigenen Genossen im Kabinett auf. Die SPD-Minister beugten sich der herrschenden Stimmung und der Fraktionsdisziplin und stimmten im Reichstag gegen den Panzerkreuzer A. Kaum war diese Klippe mühsam umschifft, da erschütterte die Wirtschaftskatastrophe die Republik bis in ihre Grundfesten.
Schon vor dem Ausbruch der großen Weltwirtschaftskrise mit dem Kurssturz an der New Yorker Effektenbörse am 24. und 29. Oktober 1929 stand die deutsche Wirtschaft im Zeichen einer nachlassenden Konjunktur und steigender Arbeitslosigkeit. Die jahreszeitlich mitbedingte Höhe von 2,85 Millionen im Januar 1929 sank zwar im Sommer stark ab, doch kletterte sie im folgenden Winter schon auf 3,2 Millionen. Die wachsenden Ausgaben für die Erwerbslosen sollten nach einem im Kabinett ausgehandelten Kompromiß durch eine Erhöhung der Beiträge für Arbeitgeber und Arbeitnehmer von 3 Prozent auf 3½ Prozent aufgefangen werden. Das wachsende Defizit in der Arbeitslosenversicherung brachte die Frage im Frühjahr 1930 erneut auf die Tagesordnung. Die DVP propagierte, ähnlich wie die Unternehmerverbände, einen Ausgleich durch verringerte Leistungen an die Erwerbslosen. Für die SPD war dagegen die Sicherung der unverschuldet in Not geratenen Arbeitnehmer maßgebend und so forderte

sie eine Erhöhung der Beiträge auf $3^3/_4$, dann auf 4 Prozent. Ein von der DVP angenommener Kompromißvorschlag des Zentrums fand in der SPD-Fraktion keine Mehrheit. Der Arbeitsminister Rudolf Wissell (SPD) und die Gewerkschaften sahen in der Arbeitslosenversicherung den Schutzwall für das ganze Lohntarifsystem und waren nicht bereit, einen Fußbreit nachzugeben. Gestützt wurden sie noch von dem linken Parteiflügel, der schon auf dem letzten Parteitag für die Aufkündigung der Koalition plädiert hatte. Unter diesem Druck verwarf eine Mehrheit in der Fraktion am 27. März den Kompromiß. Deutsche Volkspartei und Zentrum nahmen diese Entscheidung der SPD nicht ungern zum Anlaß, um die Koalition zu sprengen. Noch am gleichen Tag trat das Kabinett Müller, die letzte verfassungsmäßig gebildete Regierung, zurück. Die Agonie der Weimarer Demokratie begann.

VIII. Die Zerstörung der Demokratie

1. Faktoren der Staats- und Gesellschaftskrise

Die Zerstörung der Demokratie und die Eroberung der politischen Macht durch die Nationalsozialisten haben viele Ursachen [1]: innen- und außenpolitische, wirtschaftliche und soziale, rationale und emotionale, objektive und subjektive. Kaum einer der damals politische Verantwortung Tragenden wird sich völlig von jeder Schuld freisprechen können, auch die Vertreter der Sozialdemokratie nicht. Doch Ausmaß und Art der Schuld wie des Versagens umfassen eine so weite Spannbreite, daß es sich verbietet, nach einem gemeinsamen Nenner zu suchen. Sie reicht von den aktiven Kämpfern für das nationalsozialistische Regime über Männer wie den deutschnationalen Hugenberg, die Hitler als Trommler bewußt förderten, über finanzielle Hilfeleister aus Kreisen der Industrie, Richter, Wissenschaftler, Lehrer, die Hitler direkt oder indirekt unterstützten, bis hin zur Kommunistischen Partei, die ihre Hauptstoßrichtung gegen die Sozialdemokratie wandte und glaubte, den Nationalsozialismus beerben zu können. Antidemokratische Strömungen im Bürgertum und den sogenannten Parteien der Mitte bereiteten den Boden, auf dem der Nationalsozialismus wachsen konnte.
Wirft man einen Blick auf die Reichstagswahlergebnisse für den Gesamtzeitraum von 1919 bis 1933, so zeigt sich, daß die staatstragenden, sich für die Weimarer Republik einsetzenden Parteien — abgesehen von dem Sonderfall der Nationalversammlung — eigentlich nie mehr als die Hälfte der Wähler auf sich vereinigen konnten. Bei den Reichstagswahlen am 14. September 1930, 31. Juli 1932, 6. November 1932 und den letzten, nach der nationalsozialistischen Machtergreifung durchgeführten und stark behinderten Wahlen vom 5. März 1933 schrumpfte diese demokratische Substanz noch mehr zusammen.

1 Siehe zum folgenden vor allem: Das Ende der Parteien 1933, hrsg. von Erich Matthias und Rudolf Morsey (Veröffentlichungen der Kommission für Geschichte des Parlamentarismus und der politischen Parteien), Düsseldorf 1960; Karl Dietrich Bracher, Die Auflösung der Weimarer Republik. Eine Studie zum Problem des Machtverfalls, 4. Aufl. Villingen/Schwarzwald 1964.

Die SPD fiel von 29,8 im Jahre 1928 auf 24,5 (1930), 21,6 und 20,4 (Juli/Nov. 1932); 1933, unter den Bedingungen der Hitler-Herrschaft, konnte sie schließlich noch 18,3 Prozent der Wähler auf sich vereinigen. Die DDP, die seit 1930 unter dem Zeichen Deutsche Staatspartei auftrat, war bis auf einen kleinen Rest (1,0 Prozent November 1932) nahezu völlig verschwunden. Dagegen konnte das Zentrum seinen katholischen Wählerstamm auch bei den Wahlen zwischen 1930 und 1933 fast vollständig wahren (11,8; 12,5; 11,9; 11,2; zum Vergleich 1924: 13,6; 1928: 12,1). Geändert hatte sich dagegen sein politischer Kurs. Die auf dem Kölner Parteitag von 1928 neugewählte Führungsspitze steuerte die Partei in ein betont konservativ-nationales Fahrwasser. Sie vollzog damit eine Entwicklung, die ihre bayrische Schwesterpartei schon viel früher genommen hatte. Die Deutsche Volkspartei, die sich nur nach hartem Ringen an der Regierung Hermann Müller beteiligt hatte und bis zum Tode Stresemanns (1929) vor allem von dessen Ansehen profitierte, sank in den Wahlen nach 1930 auf den Stand einer unbedeutenden Splittergruppe zurück (Juli 1932 1,2 Prozent, November 1932 1,9 Prozent).

Rechts von der DVP stand die Deutschnationale Volkspartei. Die in ihr zunächst stark repräsentierten konservativen und monarchischen Kräfte wurden nach der Wahl Alfred Hugenbergs zum Parteivorsitzenden (1928) vollends zurückgedrängt. Nach dem Ausscheiden eines gemäßigten Flügels unter dem Grafen Westarp im Jahre 1930 wurde die Partei zur „Hugenberg-Bewegung" umgeformt. Der Aufbau nach dem Führerprinzip, die Aufstellung von Kampfstaffeln und die bewußte Unterminierung der demokratischen Staatsordnung bestimmten von nun an den Kurs der Partei. Ihre Wahlergebnisse zeigten seit 1924 eine fallende Tendenz. Von 14,2 Prozent noch im Jahre 1928 verlief die Kurve über 7 Prozent (1930), 5,9 Prozent (Juli 1932), 8,5 Prozent (November 1932) auf 8 Prozent im Jahre 1933.

In der nationalsozialistischen Bewegung Adolf Hitlers war der DNVP eine Konkurrenz erwachsen, die sie an Skrupellosigkeit und Propagandageschick noch übertrumpfte. Bei den Reichstagswahlen vom Mai 1924 waren zum ersten Male völkische Gruppen, unter denen der Nationalsozialismus schnell die erste Geige spielte, mit 6,5 Prozent der Stimmen in den Reichstag eingezogen. In den Jahren der wirtschaftlichen und vergleichsweise auch politischen Stabilisierung sank ihr Anteil von 3 Prozent im Dezember 1924 auf 2,6 Prozent bei den Wahlen von 1928. Im September 1930 schnellten die Wählerstimmen dann auf 18,3 Prozent hoch, stiegen im Juli 1932 auf 37,3 Prozent und erreichten über den Abfall von 33,1 Prozent im November 1932 bei den mit den Mitteln der Einschüchterung und des Terrors durchgeführten Wahlen vom 5. März 1933 43,9 Prozent.

Vergleicht man die Kurve der Nationalsozialisten mit derjenigen der KPD, so fällt eine gewisse Parallele ins Auge. Nach einem Rückgang

in der Stabilisierungsphase wuchs der Stimmenanteil der Kommunisten im Jahre 1930 auf 13,1 Prozent, Juli 1932 auf 14,3 Prozent und im November 1932 auf 16,8 Prozent. Bei den letzten Wahlen im März fiel der Anteil der Partei, die am stärksten dem nationalsozialistischen Terror ausgesetzt war, auf 12,3 Prozent zurück.
Beide Flügelgruppierungen, welche den bestehenden Staat radikal in Frage stellten und mit allen Mitteln bekämpften, profitierten von der Wirtschaftskatastrophe, die die Republik in unvorstellbares Elend stürzte. Im Januar 1930 betrug die Zahl der Arbeitslosen schon über 3,2 Millionen. Über 2,7 Millionen im Juli 1930 kletterten die Ziffern auf 4,887 Millionen im Januar 1931, 6,042 Januar 1932 und 6,014 Januar 1933. Die höchsten Zahlen wurden mit 6,128 Millionen im Februar 1932 gemeldet. Der tatsächliche Stand dürfte noch um ca. 600 000 höher gelegen haben. Neben den Millionen Arbeitslosen standen die Millionen Kurzarbeiter. Von den Gewerkschaftsmitgliedern waren 1932 im Jahresdurchschnitt 43,7 Prozent ohne Arbeit und weitere 22,6 Prozent wurden von Kurzarbeit betroffen.
Nach stundenlangem Schlangestehen erhielten die unverschuldet in Not geratenen Menschen schließlich gegen einen Stempel auf dem Arbeitslosenausweis ihre Unterstützung ausgezahlt. Bis Juni 1932 war sie noch so bemessen, daß sie halbwegs für das Existenzminimum ausreichte. Dann aber kürzte das Kabinett des Barons von Papen, das ohne Parlament und nur gestützt auf den Feldmarschall im Reichspräsidentensessel regierte, die Summe auf einen Satz, der zum Leben nicht mehr ausreichte. So erhielt beispielsweise eine Familie mit zwei Erwachsenen und einem Kind monatlich 51 RM Unterstützung, von denen allein 32,50 RM für Miete, Heizung und Beleuchtung ausgegeben werden mußten. Für Nahrungsmittel blieben ganze 18,50 RM. Das hieß bei den damaligen Preisen eine Ration pro Kopf der Familie von einem halben Brot, einem Pfund Kartoffeln, 100 g Kohl und 50 g Margarine. Dreimal im Monat konnte man sich noch einen billigen Hering kaufen und für das Kind sogar einen Extra-Hering sowie täglich einen halben Liter Milch.
Vergleichsweise ging es dieser Familie noch besser als vielen anderen; denn die Arbeitslosenunterstützung inklusive einer sogenannten „Krisenfürsorge“ wurde längstens bis zu einem Jahr gewährt. Im Februar 1932 erhielten 12,6 Prozent der Erwerbslosen überhaupt keine Unterstützung. 29,9 Prozent = 1,833 Millionen, denen kein Arbeitslosengeld mehr gezahlt oder die wie viele Arme und Alte, Jugendliche und ehemalige Freiberufliche nie Mitglied der Sozialversicherung geworden waren, blieben auf die örtliche Wohlfahrtsunterstützung angewiesen. Sie reichte an vielen Orten nicht einmal dazu aus, um sich etwas zum Essen zu kaufen, geschweige denn eine Wohnung zu bezahlen. Im Freien, in Wartesälen und Obdachlosenasylen vegetierten die Menschen dahin und warteten auf ein Wunder,

das der Not ein Ende machen werde. Die Hoffnung auf die Regierung hatten sie längst begraben.
Nach dem Auseinanderbrechen der Großen Koalition unter Hermann Müller sahen verschiedene Kräfte aus Politik, Wirtschaft und Reichswehr die Stunde für ein „Rechtskabinett" mit Sondervollmachten gekommen. Unter Ausschaltung des Parlaments sollte es entweder durch ein Ermächtigungsgesetz oder gedeckt durch den Reichspräsidenten die Zügel straff in die Hand nehmen. Während ein Teil der Unternehmer, vorwiegend aus der Fertigwarenindustrie, sich mit einem partnerschaftlichen System von Kapital und Arbeit abfand, erblickten andere in dem „Gewerkschaftsstaat" ein Hindernis für die volle Ausnutzung ihrer wirtschaftlichen Macht. Vor allem die Schwerindustrie unterstützte deshalb vorwiegend Verbände und Parteien, die eine Bändigung der Arbeiterschaft durch eine autoritäre Regierungsform verhießen.
Mitte Januar 1930, also noch während der Regierung Hermann Müller, war sich auch Hindenburg über ein Kabinett von eigenen Gnaden klar geworden. Seine Merkmale: 1. antiparlamentarisch, ohne die üblichen Koalitionsverhandlungen, 2. „antimarxistisch", um den sozialdemokratischen Einfluß auszuschalten. Außerdem sollte die Regierung Braun in Preußen durch ein Kabinett nach dem gleichen Hindenburg-Schema ersetzt werden.
Am 30. März konnten der Feldmarschall und seine Mitstreiter ihr Ziel des „Hindenburg-Kabinetts" mit der Ernennung des Zentrumsabgeordneten Heinrich Brüning als erreicht betrachten. Der Reichspräsident ermächtigte den neuen Kanzler, einen nicht willfährigen Reichstag aufzulösen, und gab ihm das Mandat, gestützt auf den ominösen Paragraphen 48 der Verfassung, mit Notverordnungen zu regieren. Schon bei der ersten großen Kraftprobe, als der Reichstag mit knapper Mehrheit Brünings Notverordnungen ablehnte, wurde der Reichstag einfach aufgelöst, eine Maßnahme, die eindeutig im Widerspruch zum Geist der Verfassung stand.
Die Gewinner dieser Wahlen vom 14. September 1930, die im Zeichen der Wirtschaftskrise, der rigorosen Sparpolitik Brünings und der Welle der nationalistischen Agitation standen, waren die radikalen Gegner der demokratischen Republik. Weit mehr als die Kommunisten profitierten die Nationalsozialisten: sie schnellten von 12 auf 107 Mandate. Brünings Regierung „über den Parteien" und gestützt auf den Reichspräsidenten fiel in dem Moment, als ihm der Feldmarschall am 29. Mai 1932 nach Einflüsterungen des Reichswehrgenerals Schleicher und Pressionen ostelbischer Großagrarier sein Vertrauen entzog.

Das neue Kabinett unter dem ultrakonservativen ehemaligen Zentrumsmann Papen trat in die offene Konfrontation gegen das Parlament; „es war Regierung gegen die Parteien und nicht mehr vermeintliche Regierung ‚über den Parteien'" [2]. Mit der Aufhebung der vom Kabinett Brüning erlassenen SA-Verbote öffnete Papen dem Terror der „Braunen Armee" erneut die Straße. Er hauste schlimmer als je zuvor. Diktaturpläne und der Staatsstreich vom 20. Juli 1932, mit dem die preußische Regierung unter Otto Braun (SPD) ihres Amtes enthoben wurde, kennzeichnen den Kurs des Barons von Papen. Am 1. Dezember wurde er — vor allem auf Druck der Reichswehr — gestürzt. Für zwei Monate ließ Hindenburg nun, so seine eigenen Worte, „in Gottes Namen [den Reichswehrgeneral] Herrn von Schleicher sein Glück versuchen" [3]. Der General hatte kein Glück. Am 30. Januar 1933 gab der Ex-Feldmarschall wieder einer Regierung, dieses Mal unter Adolf Hitler, eine Parole mit auf den Weg: „Und nun, meine Herren, vorwärts mit Gott [4]!" Es ging vorwärts — in die nationalsozialistische Diktatur.

In der Zeit der Präsidialkabinette stiegen die Nationalsozialisten nicht nur zur stärksten Partei auf, sondern sie wurden auch für weiteste Teile des bürgerlichen Parteilagers regierungsfähig. Als erster hatte der Vorsitzende der DNVP, Alfred Hugenberg, der Hitlerbewegung seine Hand gereicht. In einem „Reichsausschuß gegen den Young-Plan" fanden sich Hugenberg und Franz Seldte, der Bundesführer des „Stahlhelm", einer nationalistischen Wehrorganisation ehemaliger „Frontsoldaten", mit Hitler zusammen und entfesselten eine beispiellose Hetze gegen die Republik und ihre Repräsentanten. Ein vom „Reichsausschuß" initiierter Volksentscheid, der den für die Unterzeichnung des Young-Planes Verantwortlichen Zuchthaus androhte, brachte mit 13,8 Prozent der abgegebenen Stimmen nicht den durchschlagenden Erfolg.

Nutznießer dieser Kooperation wurden Hitler und seine Bewegung, die sich mit allen Mitteln der Demagogie nun erst in das Bewußtsein breiter Bevölkerungsgruppen eingruben. Im Zeichen der aufkommenden Wirtschaftskrise begann der Zustrom der Massen. Im Gegensatz zu ihrem Parteinamen „Nationalsozialistische Arbeiterpartei" blieb der Anteil der Arbeiter unter ihren Mitgliedern und Wählern stets relativ gering. Besonders die sozialdemokratisch und die christlich organisierte Arbeiterschaft erwies sich als immun. In der NSDAP sammelte sich vielmehr in erster Linie das breite Spektrum des „Mittelstandes und des Kleinbürgertums", Menschen, die durch den Krieg

2 So Karl Dietrich Bracher, Deutschland zwischen Demokratie und Diktatur. Beiträge zur neueren Politik und Geschichte, Bern und München 1964, S. 45.

3 So überliefert bei Franz von Papen, Der Wahrheit eine Gasse, München 1952, S. 240.

4 Zitiert nach Theodor Duesterberg, Der Stahlhelm und Hitler, Wolfenbüttel-Hannover 1949, S. 41.

und die Wirtschaftskrisen aus ihrer Bahn geworfen waren, sich vom Kapitalismus und Sozialismus gleichermaßen bedroht fühlten. Besonders zahlreich waren kleine Geschäftsleute, mittlere und untere Angestellte, Volksschullehrer und die akademische Jugend vertreten. Im Zeichen der großen Arbeitslosigkeit zog der Nationalsozialismus dann immer mehr auch die sogenannten „Unpolitischen" und besonders viele junge Menschen in seinen Bann. Nach dem Schulabschluß bzw. nach dem Ende ihrer Ausbildung suchten sie vergeblich nach Arbeit und wandten sich in ihrer Verzweiflung denen zu, die Arbeit und Brot, Macht und Größe versprachen. Gerade innerlich unsichere Menschen, ohne feste soziale oder religiöse Bindung, fühlten sich in der NSDAP zu Hause. Die „Bewegung" kompensierte die eigenen Minderwertigkeitskomplexe und öffnete den Aggressionen ein Ventil. Konkurrenzneid und Vorurteil, Wut und Haß, Gewalttätigkeit und Zerstörungslust konnten sich hier offen entladen, wenn sie nur den Feinden galten: den Juden und dem Bolschewismus, der Sozialdemokratie und dem ganzen „System".

Statt einer gemeinsamen Kampffront gegen den Nationalsozialismus öffneten sich gerade immer mehr Teile dieses „Systems" dem Faschismus. Daß der Nationalsozialismus in der Reichswehr, diesem „Staat im Staate", Fuß fassen konnte und vor allem die jungen Leutnantsjahrgänge mit dessen wehrfreudigen, kämpferischen Ideen sympathisierten, verwundert nicht. Auch in der Reichswehrführung bahnte sich eine gewisse Hinwendung zur NSDAP an. Mit Wissen des Reichskanzlers Brüning sondierte General von Schleicher bei Hitler und Röhm die Möglichkeiten einer „starken nationalen Rechtsregierung" [5]. Gegen die üblen Terrorausschreitungen unternahm die Regierung zunächst so gut wie nichts, da Brüning die Nationalsozialisten bei den 1932 fälligen Reichspräsidentenwahlen für Hindenburg gewinnen wollte.

Es kam anders. Hitler — daneben noch Ernst Thälmann für die KPD und Theodor Duesterberg vom Stahlhelm — kandidierten am 13. März 1932 gegen Hindenburg. Im zweiten Wahlgang am 10. April 1932 siegte dann der Feldmarschall mit 53 Prozent der abgegebenen Stimmen (= 19,3 Millionen) vor Hitler mit 36,8 Prozent (= 13,4 Millionen) und Thälmann, auf den 10,2 Prozent (= 3,7 Millionen) entfielen. Neben der Deutschen Volkspartei und der Bayrischen Volkspartei, die ihn schon 1925 unterstützt hatten, stellten sich in Verkehrung der Fronten nun auch das Zentrum, die Deutsche Demokratische Partei und die SPD hinter ihn. Während das Zentrum Hindenburg als „Fels nationaler Sicherheit", als „Retter" und „Füh-

5 Vgl. dazu die Niederschrift von Generalmajor Curt Liebmann vom 25. 10. 1930, in: Vierteljahrshefte für Zeitgeschichte, 2. Jg. 1954, S. 406 ff.

rer der deutschen Nation" feierte [6], stand die Entscheidung der SPD unter der Losung: „Gegen Hitler". So gesehen bedeutete selbst der Sieg Hindenburgs einen Sieg der Republik.
Noch einmal wurde der Ansturm der Nationalsozialisten auf den Staat abgefangen. Ja, im April 1932 schien es sogar, als würde sich die Regierung zu energischen Abwehrmaßnahmen aufraffen. Auf Druck der Länderregierungen, die dem Straßenterror und den Mordtaten der nationalsozialistischen Schlägerkolonnen nicht mehr länger untätig zusehen wollten, wurden SA und SS verboten. Nach dem Rücktritt Brünings hatte der frischgebackene Reichskanzler Baron von Papen nichts Eiligeres zu tun, als den Reichstag aufzulösen und das SA- und SS-Verbot außer Kraft zu setzen. Papen zahlte damit den Preis für die von General Schleicher ausgehandelte Tolerierung durch die Nazis.
Bei den folgenden Reichstagswahlen vom 31. Juli wuchs die NSDAP mit 37,4 Prozent zur mit Abstand stärksten Partei. Hitler wurde zu seinem Ärger dennoch nicht Reichskanzler. Trotz der bestialischen Mordtat von Potempa (10. August 1932), bei der sich Hitler ostentativ hinter die SA-Mordgesellen stellte, führte zwar das Zentrum mit ihm und Göring längere Koalitionsverhandlungen, im Endeffekt freilich ohne Erfolg. Papen blieb, obwohl ihm das Parlament mit 512 gegen 42 Stimmen das Mißtrauen aussprach. Statt zurückzutreten, löste er, gestützt auf eine Blankovollmacht des Reichspräsidenten, den Reichstag auf.
Bei der anschließenden Neuwahl verloren die Nationalsozialisten 4,3 Punkte, während gleichzeitig die KPD von 14,6 auf 16,9 Prozent stieg. Die Parteiführung der Kommunisten sah sich dadurch in ihren Erwartungen bestärkt, daß die Wähler der NSDAP schließlich zu ihr überlaufen würden. In dem politischen Kampf der KPD wurden alle anderen politischen Strömungen in den einen Topf des „Monopolkapitalismus" geworfen. Ihre Attacken richteten sich zwar auch gegen den „Nationalfaschismus" (NSDAP), doch die Hauptstoßrichtung zielte auf den „Sozialfaschismus" (SPD). Selbst nach den Reichstagswahlen 1932, als die Sozialdemokratie nur mehr etwas über 20 Prozent der Stimmen auf sich gezogen hatte, griff die KPD noch die SPD als „soziale Hauptstütze der Bourgeoisie" an. Aus ihrer Wahlanalyse schloß sie, daß „die Bedeutung der SPD für die faschistische Politik des Finanzkapitals" sich vielmehr verstärkt habe [7]. Der zweite Vorsitzende der KPD, Heinz Neumann, der unter der Parole

6 Siehe dazu u. a. Schultheß' Europäischer Geschichtskalender 1932, S. 59; Das Zentrum. Mitteilungsblatt der Deutschen Zentrumspartei (Berlin) 3, 1932, S. 89 f.

7 Vgl. hierzu vor allem Siegfried Bahne, Die Kommunistische Partei Deutschlands, in: Das Ende der Parteien, S. 674 ff.

„Schlagt die Faschisten, wo ihr sie trefft!" den Kampf stärker gegen die Nazis lenken wollte, wurde im Herbst 1932 seiner Funktionen enthoben und sein Tun als „sektiererisch" verurteilt. Unbeirrt hielt die führende Gruppe um Ernst Thälmann an der von Moskau befohlenen Taktik fest und scheute sich nicht, beim Berliner Verkehrsarbeiterstreik Anfang November 1932 mit der NSDAP zusammenzuarbeiten. Seite an Seite patroullierten Nationalsozialisten und Kommunisten und dokumentierten damit sinnfällig ihre gemeinsame Feindschaft gegen diese Republik und die Sozialdemokratie im besonderen.

Links und rechts, so weit man schaute, standen die Truppen bereit, um der ausgehöhlten Demokratie den Todesstoß zu versetzen. Offener Faschismus, Kommunismus Stalinscher Prägung, autoritäre Herrschaftsbestrebungen und nationalistische Machtträume bedrohten die Republik. Wo sich nicht offene Feindschaft regte, da dominierten Anpassung an die Strömung der Zeit oder Resignation. Nach dem Ende der Regierung Müller und dem Übergang zu den Präsidialkabinetten Brüning, Papen, Schleicher „trat allein die Sozialdemokratie als konsequenter Verteidiger der demokratischen Verfassung und des parlamentarischen Systems hervor" [8].

2. *Der Abwehrkampf der Sozialdemokratie*

Nach Brünings Berufung zum Reichskanzler und seiner Regierung „über den Parteien" zog sich die sozialdemokratische Reichstagsfraktion zunächst auf eine Opposition nach Art des Vorkriegsmusters zurück. Im Juli 1930 kam es zur offenen Konfrontation, als Brüning seine Vorlagen zur Deckung des Haushalts als Notverordnungen in Kraft setzte, obwohl die SPD unter gewissen Bedingungen zur Zustimmung bereit war. Die Fraktion sah darin zu Recht den Versuch einer Ausschaltung des Reichstages. Mit ihren Stimmen wurden die Notverordnungen aufgehoben und der Reichstag daraufhin vom Reichskanzler aufgelöst.

Nach den großen Gewinnen der antidemokratischen Parteigruppierungen bei den Reichstagswahlen vom September 1930 war die Situation im Reichstag völlig verfahren. Von den 577 Mandaten des Reichstages verfügten die offenen Staatsfeinde (NSDAP, DNVP, KPD) über 225 (= 39,1 Prozent). Trotz der Abneigung gegen Brüning, der den Wahlkampf in scharfer Frontstellung gegen die SPD geführt hatte, setzte sich in der Partei der Gedanke durch, „daß uns bei der

---

8 So als eines von vielen wissenschaftlichen Urteilen: Hans Mommsen, Sozialdemokratie in der Defensive. Immobilismus der SPD und der Aufstieg des Nationalsozialismus, in Sozialdemokratie, hrsg. von Hans Mommsen, S. 107.

gegebenen politischen Lage gar nichts anderes übrig bleibe, als die Regierung Brüning zu stützen, wenn wir verhindern wollten, daß die Nationalsozialisten die Führung an sich rissen" [9]. Die Bewahrung der demokratischen Grundordnung, die Sicherung der Verfassung und der Schutz des schon stark durchlöcherten parlamentarischen Systems hatten in diesem Moment für die sozialdemokratische Reichstagsfraktion den Vorrang. Die Politik der Tolerierung des Brüning-Kabinetts und seiner Notverordnungen galt als das „kleinere Übel". Rein theoretisch blieb zwar die Möglichkeit einer parlamentarischen Mehrheitsbildung aus dem breiten Spektrum der Parteien bestehen, die zwischen der KPD und der DNVP/NSDAP angesiedelt waren. In der Praxis fielen jedoch die 72 Sitze der Splitterparteien — vornehmlich wirtschaftliche Interessensgruppen — wie auch die 30 Mandate der DVP für eine Zusammenarbeit mit der Sozialdemokratie aus. Aus Furcht, Brüning werde sich sonst an die NSDAP anlehnen oder ein offenes Rechtskabinett aller reaktionären und faschistischen Kräfte bzw. die Diktatur an seine Stelle treten, geriet die Sozialdemokratie immer stärker in eine Situation der Bewegungslosigkeit. Sie mußte unpopuläre, von ihren Anhängern leidenschaftlich abgelehnte Not- und Sparmaßnahmen decken und es hinnehmen, daß einseitig den Interessen der Landwirtschaft dienende Gesetze erlassen wurden.
Welcher Kurs wäre sonst möglich gewesen? Sicher nicht der, den einige wenige in ihren Reihen propagierten, „man müsse die Rechte zur Regierung kommen lassen, damit sie sich einschließlich der Nationalsozialisten abwirtschafte" [10]. Otto Brauns Plädoyer für eine „große Koalition der Vernünftigen" und eine enge Verknüpfung der Reichsregierung mit der preußischen Staatsregierung scheiterte allein schon daran, daß Brüning gegenüber der Sozialdemokratie nicht über seinen Schatten springen konnte. Aber auch in der SPD war angesichts der kommunistischen Konkurrenz und des Druckes ihres linken Flügels kaum Bereitschaft für eine solche Lösung vorhanden. Auf dem Leipziger Parteitag von 1931 wurde deutlich sichtbar, daß die Mehrheit weiter auf die Taktik der Tolerierung setzte. Selbst ein Mann wie der junge Wilhelm Hoegner, der seine Genossen vor einer Unterschätzung des Faschismus warnte, motivierte mit entschiedenen Worten letztlich doch wieder diesen Kurs. „Der Faschismus ist wahrlich kein Feind, mit dem wir gemütlich die Klinge kreuzen können. Er ist ein Feind, der uns unmittelbar an die Gurgel will und alles, was uns heilig ist, morden will: Völkerfriede, demokratische Gleichheit, Befreiungskampf der Arbeiterklasse. Deshalb müssen wir den Notwendigkeiten

9 So Wilhelm Keil schon Ende September 1930, zitiert nach Erich Matthias, Die Sozialdemokratische Partei Deutschlands, in: Das Ende der Parteien, S. 106.

10 Vgl. dazu Otto Braun, Von Weimar zu Hitler, New York 1940, S. 308.

dieses Kampfes gegen unseren stärksten Feind alles unterordnen, auch die Taktik und gerade die Taktik der sozialdemokratischen Reichstagsfraktion [11]."

Trotz inneren Widerstrebens rang sich die SPD so auch dazu durch, bei den Reichspräsidentenwahlen Hindenburg zu stützen. Denn: „Hitler statt Hindenburg, das bedeutet Chaos und Panik in Deutschland und ganz Europa, äußerste Verschärfung der Wirtschaftskrise und der Arbeitslosennot, höchste Gefahr blutiger Auseinandersetzungen im eigenen Volk und mit dem Ausland. Hitler statt Hindenburg, das bedeutet: Sieg des reaktionären Teils der Bourgeoisie über die fortgeschrittenen Teile des Bürgertums und über die Arbeiterklasse, Vernichtung aller staatsbürgerlichen Freiheiten, der Presse, der politischen, gewerkschaftlichen und Kulturorganisationen, verschärfte Ausbeutung und Lohnsklaverei. Gegen Hitler! Das ist die Losung des 13. März." (Wahlaufruf der SPD vom 27. Februar 1932) [12]

Im Sinne dieses Aufrufs bedeutete die Wiederwahl Hindenburgs einen nicht zu unterschätzenden Erfolg. Die Ersetzung Brünings durch Papen und der Ausgang der preußischen Landtagswahlen vom April 1932, bei der die Koalitionsparteien der Regierung Braun in die Minderheit gerieten, machten aufkommende Hoffnungen auf Überwindung der Krise wieder zunichte. Allein mit parlamentarischen und rein formaldemokratischen Mitteln und Methoden ließ sich der Ansturm der antidemokratischen Kräfte nicht mehr abwehren. Innerhalb und in Nachbarschaft zur SPD regten sich seit längerem Strömungen, die nach dem Einsatz außerparlamentarischer Mittel gegen die „Reaktion" und den Faschismus riefen.

Ähnlich wie schon bei der Massenstreikdebatte zu Beginn des Jahrhunderts kamen auch jetzt die Rufe nach mehr Aktivität hauptsächlich von den Flügeln, von links sowohl wie von rechts. Der 1917 von dem Göttinger Philosophen und Mathematiker Leonard Nelson gegründete Internationale Jugendbund hatte nach seinem 1925 erfolgten Ausschluß aus der Sozialistischen Arbeiterjugend (SAJ) und der Partei den „Internationalen Sozialistischen Kampfbund" gegründet. Der „ISK", der in der Theorie einen sich an Kant orientierenden nichtmarxistischen Kurs vertrat, lehnte die „Anpassungspolitik" der SPD-Parteiführung ab und trat für einen gemeinsamen Einsatz von SPD und KPD im Kampf gegen den Rechtsradikalismus ein [13].

---

11 Sozialdemokratischer Parteitag in Leipzig 1931 vom 31. Mai bis 5. Juni 1931 im Volkshaus, Protokoll, Berlin 1931, S. 134.

12 Zitiert nach: Die Weimarer Republik, hrsg. von Walter Tormin, Hannover 1962, S. 214.

13 Zum ISK siehe Werner Link, Die Geschichte des Internationalen Jugend-Bundes (IJB) und des Internationalen Sozialistischen Kampfbundes (ISK). (Marburger Abhandlungen zur Politischen Wissenschaft, Bd. 1), Meisenheim 1964.

Kämpferischen Aktivismus zur Erhaltung der demokratischen Republik entfaltete die im Oktober 1931 unter dem Vorsitz der Reichstagsabgeordneten Max Seydewitz, Kurt Rosenfeld und Heinrich Ströbel gegründete Sozialistische Arbeiterpartei Deutschlands (SAPD) [14]. Der Wahlmißerfolg dieser Partei, der sich auch der Lübecker Gymnasiast Willy Brandt anschloß, dürfte vorwiegend damit zusammenhängen, daß traditionelle Entscheidungsmuster und Organisationstreue die Wahlentscheidung stärker bestimmten als Kritik und Unzufriedenheit mit der Parteiführung [15].
Auf dem rechten Flügel bemühte sich u. a. der Hofgeismarer Arbeitskreis der Jungsozialisten um eine theoretische und praktische Neuorientierung der SPD-Politik. Seine Vorstellungen zielten auf eine bewußte nationale Ausrichtung mit der Idee von der Volksgemeinschaft. Daneben bekämpften jüngere Reformisten den Immobilismus der Parteiführung. Sie forderten einen konsequenten, militanten Einsatz für die Demokratie. Ihre führenden Männer, wie Carlo Mierendorff, Julius Leber, Theodor Haubach und Kurt Schumacher, haben unter der nationalsozialistischen Diktatur Freiheit und Leben im Kampf für ein anderes Deutschland eingesetzt.
In der Entstehung neuer Organisationen wie dem ISK, Absplitterungen wie der SAP, dem Drängen nach Aktivität, besonders der Parteijugend, zeigte sich das Unbehagen gegen die Starrheit und Überalterung des Parteiapparates. Die Kritik der „Jungsozialistischen Blätter" und der „Neuen Blätter für den Sozialismus" wurde vom Parteivorstand, wie Theodor Haubach bemerkte, mit ziemlicher Rücksichtslosigkeit bekämpft [16]. Der Bannstrahl der Disziplinierungsmaßnahmen traf sowohl Rechts- wie Linksopposition, der man allzu schnell Nähe zum Kommunismus unterstellte. Die Allianz, zu der sich die kritischen Flügelgruppen gegen das Parteizentrum teilweise zusammenfanden, zeigt, daß es bei diesen Auseinandersetzungen weniger um Richtungskämpfe zwischen pragmatischen Reformern und revolutionären Marxisten ging. Die Front verlief vielmehr eher zwischen denen, die Aktion forderten, sei es von rechts oder sei es von links, und denen, die bei der Vorstellung der geschichtlichen Zwangsläufigkeit und den traditionellen Taktiken beharrten. Ihre politische Vorstellungswelt war geprägt durch die Erfahrungen des kaiserlichen Deutschlands und das Denken in Kategorien der Organisationsmacht. Disziplin und die Einheit der Bewegung bedeuteten ihnen Werte, die sie nicht leichten Herzens aufs Spiel setzen wollten. Vorsichtiges Lavieren, Tolerierung des kleineren Übels und Warten auf die nächsten Wahlen prägten den Maßstab ihres politischen Handelns.

---

14 Für die SAP vgl. Hanno Drechsler, Die sozialistische Arbeiterpartei Deutschlands (SAPD). (Bd. 2 der gleichen Reihe), Meisenheim 1965.
15 Vgl. Hans Mommsen in dem auf S. 116, Anm. 8 zitierten Aufsatz.
16 Vgl. die vorige Anm.

Auch das Emporschnellen der nationalsozialistischen Stimmenzahlen am 14. September 1930 rief, wie Julius Leber bitter kritisierte [17], keine einschneidende Umorientierung hervor. Anders reagierte die Basis der sozialdemokratischen Anhängerschaft. Hier löste dieses Alarmsignal eine Welle kämpferischer Impulse aus: nicht Resignation, sondern Stärkung des Abwehrwillens. Besonders die Jüngeren wollten sich nicht mit altvertrauten Methoden zufrieden geben, sondern drängten darauf, den Nazi-Bürgerkriegstruppen die militante Verteidigungsbereitschaft der Demokratie entgegenzusetzen.
Zum Rückgrat dieser Bestrebungen wurde der 1924 von SPD, Zentrum und Deutscher Demokratischer Partei gegründete republikanische Frontkämpferbund: das Reichsbanner Schwarz-Rot-Gold [18]. Bereits 6 Tage nach der Reichstagswahl faßte das Reichsbanner, das sich in der Praxis immer stärker zu einer sozialdemokratischen Schutztruppe der Republik entwickelt hatte, den Entschluß, eine schlagkräftige Elitetruppe, die Schufo (Schutzformationen) aufzubauen. Auch in den Gewerkschaften begann man mit der Aufstellung ähnlicher Einheiten, den sogenannten Hammerschaften. Ende 1931 schlossen sich die demokratischen Kampfverbände der SPD, der Gewerkschaften und der Arbeitersportorganisationen zur Eisernen Front zusammen. Auf die „namenlosen Massen der alten Bebelpartei", so berichtete uns Julius Leber, habe diese Initiative gewirkt, „wie ein altes, halbvergessenes Sturmsignal auf eine kampf- und sieggewohnte Truppe" [19]. Mit Massenveranstaltungen demonstrierte die Eiserne Front den Einsatzwillen der sozialdemokratischen Anhängerschaft. Neben Vorbereitungen für die Selbstverteidigung und den Schutz der Partei- und Gewerkschaftshäuser wurden an einzelnen Orten, so vor allem in Magdeburg, umfassendere Abwehrmaßnahmen für den Fall einer Bürgerkriegssituation in Angriff genommen. Die aufrüttelnde Wirkung dieses Abwehrwillens spiegelt sich bis hinein in den Aufruf der Reichstagsfraktion, die Arbeiterorganisationen sollten sich bereit halten, den parlamentarischen Kampf für die Demokratie und die Sicherung der sozialen Belange „mit allen geeigneten Mitteln zu unterstützen" [20]. Soweit man hier überhaupt den tatsächlichen Einsatz außerparlamentarischer Mittel erwog, dachte man an die Partei- und Gewerkschaftsorganisationen. Gegenüber der Eisernen Front, wie

---

17 Julius Leber, Ein Mann geht seinen Weg, S. 238.
18 Über das Reichsbanner siehe Karl Rohe, Das Reichsbanner Schwarz Rot Gold. Ein Beitrag zur Geschichte und Struktur der politischen Kampfverbände zur Zeit der Weimarer Republik (Beiträge zur Geschichte des Parlamentarismus und der politischen Parteien, Bd. 34), Düsseldorf 1966.
19 Julius Leber, Ein Mann geht seinen Weg, S. 240.
20 Zitiert nach: Der Kochel-Brief. Mai/Juni 1955, S. 43; vgl. Matthias, Die Sozialdemokratische Partei, in: Das Ende der Parteien, S. 121.

früher schon gegenüber dem Reichsbanner, blieb dagegen ein nie ganz überwundenes Mißtrauen haften. Es resultierte nicht zuletzt aus einem gewissen Konkurrenzdenken, aber auch aus Vorbehalten gegen den Charakter einer außerparlamentarischen Kampforganisation und gegen individuelle Gewaltanwendung generell.
Zu dieser inneren Schwäche vorsichtiger Reserve trat noch eine weitere hinzu. Wie selbstverständlich rechneten auch die Organisatoren von Vorkehrungsmaßnahmen für den Ernstfall auf die Hilfe einer funktionierenden, demokratischen Polizei.
Ihre Hoffnungen ruhten besonders auf dem republikanischen „Bollwerk" Preußen, in dem mit dem Innenminister Severing und dem Berliner Polizeipräsidenten Albert Grzesinski Sozialdemokraten an den Schalthebeln für die Polizei saßen. Doch diese „Festung" wurde ihnen an einem einzigen Tag aus den Händen gerissen. Nach den preußischen Wahlen vom 24. April 1932, mit denen die Koalitionsparteien in die Minderheit gerieten, amtierte das Kabinett nur noch, wie auch in anderen Ländern des Reiches, als geschäftsführende Regierung weiter. Resigniert trat Otto Braun, der sonst unter den Politikern der Weimarer Epoche gerade durch Tat- und Entschlußkraft herausragte, am 6. Juni einen Krankheitsurlaub an mit der „festen Absicht, nicht wieder in das Amt zurückzukehren" [21]. Nach der Wahlniederlage fühlte er keinen festen Boden mehr unter seinen Füßen und brach zusammen.
Am 20. Juli 1932 wagte Papen den entscheidenden Schlag. Auf hinterlistige Weise lockte er die Vertreter des preußischen Kabinetts in die Reichskanzlei und erklärte, gestützt auf eine Blankovollmacht Hindenburgs, Braun und Severing für abgesetzt. Die Last der Verantwortung lag in diesem Moment vor allem auf den Schultern des Innenministers Carl Severing. Der rechtsbrüchigen Ämterenthebung und der Übernahme der Regierungsgewalt durch einen Reichskommissar von Papen, der fast niemanden im Parlament hinter sich hatte, begegnete Severing mit den stolzen Worten, er werde nur der Gewalt weichen [22]. Trotz aller Vorwarnungen vollzog sich die anschließend von Papen veranlaßte Erklärung des Ausnahmezustandes für Berlin und Umgebung und die Unterstellung der preußischen Polizei unter den Kreiswehrbefehlshaber der Reichswehr völlig reibungslos. Nach der Verhaftung des Berliner Polizeipräsidenten Grzesinski und des Kommandeurs der Polizei räumte Severing abends sein Amtszimmer. Völlig anders als der rücksichtslose Gewaltpolitiker Papen verhielt sich die SPD.

---

21 Otto Braun, Von Weimar zu Hitler, S. 396.
22 Hierzu und zum folgenden besonders Hans J. L. Adolph, Otto Wels und die Politik der deutschen Sozialdemokratie 1894—1939 (Veröffentlichungen der Historischen Kommission zu Berlin, Bd. 33), Berlin 1971, S. 240 ff.

Vier Tage zuvor hatte sich der Parteivorstand schon mit dem befürchteten Zugriff auf Preußen befaßt und sich schließlich mit der Antwort aus der Reichskanzlei beruhigt, daß „vorläufig noch" nichts geplant sei. Vorwarnungen hatte es genug gegeben. Gleichwohl traf die Nachricht vom „Preußenschlag" die am 20. Juli versammelte Sitzungsrunde, zu der sich Otto Wels vom Parteivorstand, Franz Künstler von der Berliner Parteiorganisation, Theodor Leipart, der ADGB-Vorsitzende, und der Chef des Reichsbanners, Karl Höltermann, zusammengefunden hatten, wie ein lähmender Schock. „Der Eindruck der Nachricht", so schildert uns Otto Wels den Moment, „war deprimierend. Kein Wort der Empörung, keine sichtbare Erregung war zu merken. Ich hatte den Eindruck, daß man allgemein ratlos war, was zu tun sei [23]." Die Chancen eines politischen Generalstreiks wurden von den Sitzungsteilnehmern negativ beurteilt. Nationalsozialisten und Kommunisten ständen ihnen als Gegner gegenüber, ebenso die Staatsmacht mit der Reichswehr an der Spitze. Mit dem Generalstreik provoziere man nur eine sofortige Militärdiktatur und gefährde die in jenen Tagen anstehenden Reichstagswahlen. Mit der Parole von Wels „Sichert die Reichstagswahl" ging man auseinander.
Die Weichenstellung dieses Tages für das Ende der Demokratie in Deutschland hat sicher dazu beigetragen, daß im nachhinein die damals entscheidende politische Verantwortung tragenden Sozialdemokraten nach Entschuldigungsgründen suchten. Jeder erwartete wohl in dieser Ausnahmesituation, daß der andere den entscheidenden Schritt wagen würde. Doch weder Otto Wels und der Parteivorstand, noch Otto Braun und Carl Severing von der preußischen Staatsregierung, Leipart und der ADGB, Karl Höltermann von der Eisernen Front fanden sich dazu bereit. Die Voraussetzungen für einen politischen Generalstreik waren angesichts des Heeres von Arbeitslosen sicherlich schlecht. Auch die Wirkung einer Machtdemonstration der Eisernen Front blieb ungewiß und konnte leicht in einer Bürgerkriegssituation und im Mißerfolg enden. Aber dennoch, so wissen wir aus einer Fülle von Zeugnissen, warteten die Einheiten der Eisernen Front in vielen Orten auf den Marschbefehl, hofften Arbeiter in den Betrieben auf das Signal zum Generalstreik. Vergeblich — der Fanfarenstoß zur Rettung der Republik ertönte nicht. Niemand an der Spitze traute sich, die Verantwortung zu übernehmen, „mutig auf Kosten der Genossen" zu sein, wie Severing es formulierte [24]. Die scheinbare Aussichtslosigkeit des aktiven Widerstandes und die Angst vor einem möglichen Blutvergießen lähmte die Entschlußkraft sowohl der Gewerkschafts- wie der Parteiführer. Geprägt durch eine lange huma-

23 Handschriftliche Aufzeichnungen von Wels „Um den 20. Juli 1932. Einige Erinnerungen", zitiert nach Adolph, Otto Wels, S. 243.
24 Siehe Carl Severing, Mein Lebensweg. Bd. 2, Köln 1950, S. 347 ff.

nitäre und demokratische Tradition, erzogen in dem Bewußtsein, nüchterne Realpolitik zu betreiben und Experimente zu meiden, fest verankert in der Überzeugung, daß es vor allem darauf ankomme, die eigenen Organisationen möglichst intakt zu halten, ging man zum Staatsgerichtshof und appellierte in altgewohnter Weise an die Macht des Stimmzettels bei den bevorstehenden Reichstagswahlen am 31. Juli 1932.

Die Wahlen brachten den Nationalsozialisten, abgesehen von den schon nicht mehr freien Wahlen vom März 1933, ihren größten Erfolg. Durch die Reibungslosigkeit des Papenschen Staatstreiches ermuntert, setzten die antidemokratischen Kräfte von rechts mehr denn je darauf, daß Überrumpelung und kaltblütige Gewalt zum Ziele führten. Charakteristisch dafür ist die Tagebucheintragung Joseph Goebbels' vom 20. Juli 1932: „Alles rollt programmgemäß ab ... Man muß den Roten nur die Zähne zeigen, dann kuschen sie." Einen Tag später heißt es bei ihm: „Die Roten haben ihre große Stunde verpaßt. Die kommt nie wieder [25]." Der Nationalsozialismus sah die Stunde kommen, den entscheidenden Sturm auf die Republik zu wagen.

Der Selbstbehauptungswille der Demokratie hatte dagegen durch das Fehlen jeder nachhaltigen Abwehraktion am 20. Juli den tödlichen Stoß erhalten. Nichts hätte lähmender wirken können, selbst nicht ein Fehlschlag, als diese kampflose Kapitulation der Führung von Sozialdemokratie und Gewerkschaften. Doch eins ist dabei zu bedenken, will man zu einem gerechten Urteil kommen. Die in der Weimarer Verfassung niedergelegten Grundsätze waren im Jahre 1932 eigentlich nur noch in der Sozialdemokratie zu Hause, der zuverlässigsten und konsequentesten Kraft der parlamentarischen Demokratie in Deutschland: stark jedoch nur im Vergleich mit den anderen, sich mühsam am Leben erhaltenden demokratischen Strömungen. Mit einem Wählerstimmenanteil von 1932 gerade über 20 Prozent blieb die Sozialdemokratie mehr als je zuvor auf sich allein gestellt. Die letzten Verteidiger der Verfassung und der demokratischen Grundordnung in Deutschland fanden keinen Ausweg aus dem Dilemma. Sie trösteten sich mit dem Gedanken, die SPD „habe schon Schwereres durchgemacht" und im Laufe ihrer bisherigen Entwicklung „manche Gefahren siegreich überstanden ... manchen Gegner überwunden" [26]. Von allen Seiten her in die Zange genommen, kämpfte die

25 Siehe Joseph Goebbels, Vom Kaiserhof zur Reichskanzlei, München 1934, S. 131 ff.

26 So u. a. Rudolf Breitscheid in seinem Referat vor dem Leipziger Parteitag 1931: „Die Überwindung des Faschismus"; Sozialdemokratischer Parteitag in Leipzig 1931 vom 31. Mai bis 5. Juni 1931 im Volkshaus, Protokoll, Berlin 1931, S. 119 ff.

Sozialdemokratie in doppelter Frontstellung: mit sozialistischen Parolen gegen die soziale Ungerechtigkeit des kapitalistischen Systems und mit demokratisch-rationalen Losungen gegen die irrationale Agitation des Faschismus. Gerade ihr tief verwurzelter Glaube an die Grundsätze der Vernunft und Humanität, der Demokratie und Rechtsstaatlichkeit hinderte sie daran, das Wesen der nationalsozialistischen Bewegung wirklich zu begreifen. Trotz leidenschaftlicher Verurteilung des Nationalsozialismus erkannten nur einige in ihren Reihen den totalitären Charakter des deutschen Faschismus, der nicht daran dachte, sich an Grundsätze des Rechts und der Freiheit zu halten, sondern sie mit Füßen trat und Gewalt und Terror, Knüppel und Mord skrupellos gegen seine Gegner einsetzte. Die wenigen Monate, die der Sozialdemokratie nach dem Preußenschlag noch blieben, gaben ihr keine reelle Chance mehr, den Zugriff der Hitlerbewegung auf die Macht im Staate im letzten Moment doch noch abzuwehren. Mit der „Machtübernahme" am 30. Januar 1933 brach die Finsternis der Diktatur über Deutschland herein.

IX. Im Kampf für ein besseres Deutschland

1. *Wider die totalitäre Gleichschaltung*

Am Nachmittag und Abend des 30. Januar 1933, als die Marschkolonnen der SA siegestrunken durch die Straßen dröhnten, kam es in zahlreichen Großstädten zu spontanen Massendemonstrationen der sozialistischen Arbeiterschaft gegen Hitler. Am folgenden Tage trafen sich Bundesausschuß des ADGB, Parteiausschuß, Parteivorstand und Reichstagsfraktion der SPD, sowie Vertreter der Eisernen Front in Berlin. Als Ergebnis nahmen die Funktionäre mit, daß nun endlich die Weichen für das Handeln gestellt seien. Fieberhaft wurden trotz der Straßenkontrollen durch die SA-Hilfspolizei Vorbereitungen für eine Massenaktion getroffen und man wartete nur auf das verheißene Signal für die zentrale Aktion. Manche Gruppen kamen nächtelang nicht aus den Kleidern, weil sie jede Minute mit dem Startzeichen zur Erhebung rechneten. Doch immer stärker drückte nun der von den Nationalsozialisten mit den Machtmitteln des Staates ausgeübte Terror auf den Widerstandswillen. Nach dem Reichstagsbrand wurden mit der Verordnung Hindenburgs vom 28. Februar „Zum Schutz von Volk und Staat“ wichtige Grundrechte außer Kraft gesetzt. Die nationalsozialistische Gewaltherrschaft konnte sich immer hemmungsloser entfalten. Die Kommunistische Partei wurde verboten, die Presse der Sozialdemokratie im Wahlkampf unterdrückt, viele ihrer Funktionäre mißhandelt und verhaftet. Trotz aller Erschwernisse wahrte die sozialdemokratische Wählerschaft bei den Reichstagswahlen vom 5. März 1933 der Partei fast geschlossen die Treue. 7,181 Millionen Wähler, nur 66 400 weniger als im November 1932, hatten den Mut, auch jetzt zu ihrer Partei zu stehen. 4,8 Millionen bekannten sich noch zur KPD; doch die 81 Reichstagsmandate wurden ihr mit einem Gesetz vom 13. März 1933 einfach aberkannt und ihre führenden Funktionäre zum großen Teil verhaftet.

Am 23. März 1933 holte sich Hitler von dem in der Kroll-Oper versammelten Rumpfreichstag die entscheidende Grundlage für den Aufbau seines totalitären Herrschaftssystems. Außer der NSDAP und der DNVP gaben ihm auch Deutsche Volkspartei, Deutsche Demokratische Partei, Zentrum, Bayrische Volkspartei und die Splittergruppen ihre Zustimmung. Niemand aus ihren Reihen stimmte dagegen, keiner enthielt sich der Stimme. Selbst ein Antrag der SPD-Fraktion auf Freilassung der inhaftierten Abgeordneten verfiel mit den Stimmen des Zentrums der Ablehnung. Aus den Fraktionen der sogenannten „bürgerlichen Mitte“ wurde die Reichstagsfraktion der Sozialdemokratie schon vorher bestürmt, entweder der Sitzung fernzubleiben oder sich bei der Abstimmung über das „Ermächtigungsgesetz“ der Stimme zu enthalten. Die SPD blieb fest, obwohl von ihren 120 Abgeordneten schon die ersten im Gefängnis saßen und andere sich dem drohenden Zugriff nur durch Flucht entziehen konnten. Wilhelm Sollmann, ein früherer Reichsminister, lag schwer mißhandelt im Krankenhaus. Julius Leber und Carl Severing [1] wurden noch auf dem Weg zum Tagungsgebäude verhaftet. Durch eine Gasse von SA-Trupps bahnten sich die sozialdemokratischen Abgeordneten den Weg zu ihren Plätzen im Sitzungssaal, wo sie sofort von bewaffneter SS umstellt wurden. 94 Abgeordnete der SPD konnten an der Reichstagssitzung teilnehmen, 94 sagten bei der namentlichen Abstimmung zum Ermächtigungsgesetz ihr mutiges, unvergeßliches „Nein“.

In ihrem Namen ergriff der Parteivorsitzende Otto Wels das Wort. Keine Warnung hatte ihn davon abbringen können, die gefährliche Aufgabe selbst zu übernehmen. Für einen kurzen Moment herrschte Totenstille im Haus — während von draußen die Chöre der SA hereindröhnten —, als Otto Wels das Rednerpult betrat. Der nationalsozialistischen Gewalt- und Terrorgesinnung setzte er für die SPD das Credo entgegen: „Freiheit und Leben kann man uns nehmen, die Ehre nicht.“ Im Anblick der SS, unter der Drohung mit Mord, schloß Wels seine Rede mit dem Bekenntnis: „Die Verfassung von Weimar ist keine sozialistische Verfassung. Aber wir stehen zu den Grundsätzen des Rechtsstaates, der Gleichberechtigung, des sozialen Rechts, die in ihr festgelegt sind. Wir deutschen Sozialdemokraten bekennen uns in dieser geschichtlichen Stunde feierlich zu den Grundsätzen der Menschlichkeit und der Gerechtigkeit, der Freiheit und des Sozialismus. Kein Ermächtigungsgesetz gibt Ihnen die Macht, Ideen, die ewig und unzerstörbar sind, zu vernichten. Das Sozialistengesetz hat die Sozialdemokratie nicht vernichtet. Auch aus neuen Verfolgungen kann die deutsche Sozialdemokratie neue Kraft schöpfen. Wir grüßen die Verfolgten und Bedrängten. Wir grüßen unsere Freunde im Reich. Ihre Standhaftigkeit und Treue verdienen Bewunderung. Ihr Bekennermut, ihre ungebrochene Zuversicht verbürgen eine hellere Zukunft [2].“

Die Rede von Otto Wels zählt zu den großen geschichtlichen Dokumenten der Freiheit und der Menschlichkeit, des Bekennermuts und

---

1 Severing gelang es, noch vor Schluß der Reichstagssitzung wieder frei zu kommen, so daß er an der Abstimmung teilnehmen konnte.

2 Stenographische Berichte über die Verhandlungen des Deutschen Reichstages, Bd. 457, S. 33 f.

des Widerstandswillens. Trotzdem darf nicht übersehen werden, daß aus ihr noch eine Fehleinschätzung des Hitlerfaschismus spricht. Der vielverwandte und hier von Wels wieder gebrauchte Vergleich des NS-Regimes mit dem „Sozialistengesetz" zeigt, daß man sich in der Sozialdemokratie die Ungeheuerlichkeiten einer totalitären Herrschaft kaum ausmalen konnte. Immer hofften noch viele in ihren Reihen, daß der gesetzwidrige Zustand nur vorübergehend sei und der Nationalsozialismus eine kurzlebige Episode bleiben werde. Daraus resultierte vor allem in den Gewerkschaften, aber selbst in der Partei der Versuch, mit allen Mitteln so gut es ging die Organisationen intakt zu halten. Durch eine Distanzierung von der SPD und ein Neutralitätsbekenntnis gegenüber dem Staate und seinem Regime wollte der ADGB unter Führung Leiparts die gewerkschaftliche Selbständigkeit retten. Dieser Anpassungskurs, dem sich vor allem Siegfried Aufhäuser vom AFA (Allgemeiner Freier Angestelltenbund) heftig widersetzt hatte, wurde von der Parteiführung verworfen. Den Gewerkschaften hat diese Taktik nichts genutzt. Nachdem schon in den Wochen vor dem 1. Mai mehrere Gewerkschaftsbüros überfallen wurden, besetzten am 2. Mai 1933 SA und SS schlagartig alle Gewerkschaftshäuser. Dutzende von Funktionären wurden verhaftet, mißhandelt oder wie in Duisburg ermordet.

Der Parteivorstand der SPD rechnete unter dem Eindruck dieses Schlages mit einem ähnlich plötzlichen Überfall auf die Partei. Nachdem schon Otto Braun und Albert Grzesinski, Philipp Scheidemann und Wilhelm Dittmann, Artur Crispien, Rudolf Breitscheid und Rudolf Hilferding emigrieren mußten, schickte der Parteivorstand nun drei seiner Mitglieder, Otto Wels, Siegmund Crummenerl und Friedrich Stampfer ins noch unter französischer Verwaltung stehende Saarbrücken. Hans Vogel, Erich Ollenhauer und Paul Hertz mußten ihnen wenige Tage später folgen. Als am 17. Mai 1933 eine Rumpfgruppe der Fraktion unter den Morddrohungen des NS-Reichsinnenministers Frick und gegen den Widerstand einer Minorität, zu der auch Kurt Schumacher gehörte, einer „Friedensresolution" der Hitlerregierung zustimmte, kam es zum Konflikt mit der Vorstandsmehrheit im Exil. Während unter den Zurückgebliebenen immer noch einige hofften, durch eine legale Oppositionshaltung den Terror mildern zu können, sah der Emigrationsvorstand, der nun Prag zu seinem Sitz wählte, den Zeitpunkt für den offenen Widerstand gekommen. Die drohende Kluft wurde schnell wieder überbrückt.

Am 22. Juni 1933 verbot der Innenminister Frick die Tätigkeit der SPD mit der Begründung, sie habe sich nicht eindeutig vom „hochverräterischen" Exilvorstand distanziert. Mit dem Ende jeglicher Form legaler Parteiarbeit verschwand auch die Wurzel des Streites zwischen Prag und Berlin. Für den Kampf gegen den Hitler-Faschismus gab es nur noch den Weg der Illegalität oder der Emigration.

2. *Der Widerstand aus der Arbeiterbewegung*

In den Reihen der Sozialdemokratischen Partei hatte man schon vor der Machtübernahme Hitlers an verschiedenen Orten damit begonnen, sich für den Fall eines offiziellen Parteiverbots auf die illegale Arbeit einzurichten. Die Anregung dazu war u. a. auch von Otto Wels ausgegangen. Entscheidend für die Heranbildung sozialdemokratischer Widerstandsgruppen wurde jedoch die örtliche Initiative. Nach der Beschlagnahme der Parteieinrichtungen am 10. Mai 1933 entfaltete sich eine rasch wachsende Aktivität illegal arbeitender Gruppen [3]. Während unter den in Berlin verbliebenen Parteivorstandsmitgliedern immer noch die Hoffnung dominierte, den Kampf im Rahmen der Legalität führen zu können, versuchte man in den linksoppositionellen Parteibezirken ganze Parteigliederungen auf die illegale Arbeit umzustellen. Daneben waren es vor allem Gruppen der Sozialistischen Arbeiterjugend, des Reichsbanners und der Sozialdemokratischen Studentenbewegung, die auch unter den Bedingungen der nationalsozialistischen Unterdrückungspolitik geschlossen zusammen bleiben wollten. Notdürftig getarnt und unerfahren besaßen sie doch etwas bessere Chancen für ihr Wirken als ältere, den Behörden und Nazis bekannte Sozialdemokraten. Sie galten der Staatspolizei von vornherein als verdächtig. So wurde z. B. der stellvertr. Vorwärts-Chefredakteur Franz Klühs schnell ein Opfer des Nazi-Staates. Erfolgreicher operierte eine Organisation in Hannover, die sich seit 1932 gründlich auf die Bedingungen der Illegalität vorbereitet hatte. Unter der Leitung von Werner Blumenberg betrieb diese Gruppe, die sich seit August 1933 Sozialistische Front nannte, eine intensive Aufklärungsarbeit. 1936 fiel trotz aller Vorsicht doch der größte Teil der Gestapo in die Hände. In einem Schauprozeß wurden 1937 über 200 Männer und Frauen zu hohen Zuchthaus- und Gefängnisstrafen verurteilt.

Ähnlich gut gewappnet wie die Hannoversche Gruppe waren große Teile der sozialistischen Splittergruppen, die 1933 am Rande oder außerhalb der Sozialdemokratischen Partei gestanden hatten. Sowohl

---

3 Vgl. dazu insgesamt vor allem: Der lautlose Aufstand. Bericht über die Widerstandsbewegung des deutschen Volkes 1933—1945. Hrsg. von Günther Weisenborn, 2. Aufl. Hamburg 1954. Dazu Hans-Joachim Reichardt, Möglichkeiten und Grenzen des Widerstandes der Arbeiterbewegung, in: Der deutsche Widerstand gegen Hitler, hrsg. von Walter Schmitthenner und Hans Buchheim, Köln und Berlin 1966, S. 169—213. An lokalen Studien seien hier als Beispiele genannt: Hans-Josef Steinberg, Widerstand und Verfolgung in Essen 1933—1945 (Schriftenreihe des Forschungsinstituts der Friedrich-Ebert-Stiftung), Hannover 1969; Kurt Klotzbach, Gegen den Nationalsozialismus. Widerstand und Verfolgung in Dortmund 1930—1945. Eine historisch-politische Studie (in der gleichen Reihe), Hannover 1969.

ihre Organisationsstruktur, die oft auf dem Prinzip der Zellen aufbaute, wie ihr theoretisches Fundament verliehen ihnen gute Voraussetzungen für ihren Kampf. Früher und schärfer hatte man unter ihnen meist das wahre Wesen des Faschismus erkannt und sich darauf eingestellt, daß das Hitler-Regime von längerer Dauer sein würde. Wie erfolgreich sich beispielsweise der ISK trotz großer Opfer an Freiheit und Leben halten und bewähren konnte, zeigt der „Lagebericht 1937" der Gestapo über „eine beträchtliche Aktivität". „Typisch für die Flugschriften des ISK ist ein Symbol am Schluß derselben, welches ein am Galgen hängendes Hakenkreuz darstellt [4]."
Neben der vor allem in Sachsen verankerten SAP trat immer stärker die unter dem Namen „Neu-Beginnen" bekanntgewordene Gruppe hervor. Zunächst ein Geheimbund junger oppositioneller Kommunisten und kritischer junger Sozialdemokraten, gewann der Bund im Frühjahr 1933 größeren Einfluß, als sich die Berliner Sozialistische Arbeiterjugend (SAJ) zunächst gegen den Willen des Rumpfparteivorstandes der SPD auf die Illegalität umstellte. Die Kooperation zwischen dem zunächst zahlenmäßig kleinen Bund und der Mehrheit der Berliner SAJ wurde die Basis für eine selbständig operierende Einheit. Die Gruppe wurde von Walter Löwenheim (Pseudonym Miles) geleitet und bemühte sich intensiv und mit Erfolg um wirksame Methoden der Untergrundtätigkeit und enges Zusammenwirken mit der Emigration [5]. In ihr wirkte auch der junge SAJ-Funktionär Fritz Erler. 1938 wurde er verhaftet und im folgenden Jahr zu 10 Jahren Zuchthaus verurteilt. Bis 1944 hielt sich der von „Neu-Beginnen" dezentral organisierte Apparat des Widerstandes, dann fiel er dem Zugriff des Regimes zum Opfer. Von den Leitern der einzelnen Gruppen wurde die Mehrzahl hingerichtet.
In den Reihen der Gewerkschaften richteten sich die Anstrengungen der NS-Gegner nach dem 2. Mai 1933 zunächst meist darauf, das Gefüge der zerschlagenen Organisation im Untergrund aufrechtzuerhalten. Mit zunehmender Dauer trat dagegen das Ziel in den Vordergrund, im In- und Ausland darauf aufmerksam zu machen, daß es noch ein anderes Deutschland neben dem Nazi-Regime gab. Besondere Aktivität entfaltete dabei die „Internationale Transportarbeiter-Föderation" (ITF), gestützt und gefördert von ihrem Generalsekretär Edo Fimmen.

---

4 Zitiert nach Weisenborn, Der lautlose Aufstand, S. 152.
5 Über „Neu-Beginnen" siehe insgesamt Kurt Kliem, Der sozialistische Widerstand gegen das Dritte Reich, dargestellt an der Gruppe „Neu-Beginnen", Phil.Diss. (Maschinenschrift), Marburg 1957. Ferner Hans J. Reichardt, Neu Beginnen. Ein Beitrag zur Geschichte des Widerstandes der Arbeiterbewegung gegen den Nationalsozialismus, in: Jahrbuch für die Geschichte Mittel- und Ostdeutschlands (Sonderdruck), Bd. 12 (1963).

Vergessen werden sollte auch nicht der Widerstand aus den Reihen der kommunistischen Bewegung, der einen hohen Blutzoll für seinen Kampf gegen Hitler zahlte. Der Mut und die Überzeugungstreue vieler Kommunisten bewahrten sie nicht davor, daß gerade bei ihnen eine Reihe von Widerstandszellen von Spitzeln und Gestapoagenten durchsetzt wurden. Die offizielle Strategie der KPD paßte sich der von Moskau verfolgten Politik an. Im Zeichen des Hitler-Stalin-Paktes war Widerstand bei ihr wenig gefragt. Nach dem Überfall auf die Sowjetunion wurde er dann entsprechend intensiviert. Das Hauptgewicht lag dagegen bei den vielfach ziemlich selbständig operierenden Einheiten.

Für alle Widerstandsgruppen lag es schon allein aus Sicherheitsgründen nahe, sich auf die früheren politischen und gewerkschaftlichen Zusammenschlüsse zu stützen. Neben Untergrundorganisationen der Sozialdemokratischen Partei standen solche der sozialistischen Gewerkschaften, des Arbeitersportbundes, des Reichsbanner, der SAP, des ISK, „Neu-Beginnen“, christliche Gewerkschaften und Arbeitnehmer, KPD und Kommunistische Gewerkschaftsopposition. Das verbindende Ziel des Kampfes gegen Hitler und die gemeinsam drohende Gefahr für Leib und Leben trugen dazu bei, daß alte Vorurteile abgebaut und politische Gegensätze in dieser Kampfsituation relativiert wurden. Obwohl in den Reihen des demokratischen Sozialismus starke Vorbehalte gegenüber den Methoden und Zielsetzungen der KPD vorhanden waren, kam es doch bei unabhängig operierenden Widerstandsorganisationen zu einer Kooperation über alle ehemaligen Parteigrenzen hinweg. So arbeiteten in der „Saefkow“-Gruppe, einer der am weitesten verbreiteten Organisationen, sozialdemokratische und kommunistische Arbeiter mit Hitler-Gegnern aus bürgerlichen Kreisen zusammen.

Im Mittelpunkt der Arbeit der meisten Widerstandsgruppen aus dem Lager der Arbeiterbewegung stand die Aufklärungsarbeit. Sie zielte auf die Erhaltung des demokratischen Bewußtseins und die Entlarvung des nationalsozialistischen Terrorregimes. Das geschah unter anderem durch selbsthergestellte Flugblätter, Zeitungen und Zeitschriften, die heimlich verteilt wurden oder zu geeigneter Stunde auf die Straßen oder in die Betriebe flatterten. Soweit diese Gruppen darüber hinaus Kontakt zur Emigration hielten, wurden sie von dieser mit Material versorgt. Besonders in den Jahren bis zum Kriegsausbruch wurden in großen Mengen Broschüren, meist durch andere Titelblätter und Aufdrucke getarnt, nach Deutschland geschmuggelt und dort verbreitet. Eine der eindrucksvollsten und erschütterndsten Schriften ist der vom SPD-Parteivorstand in Prag herausgegebene Bericht über das KZ Oranienburg. Der SPD-Reichstagsabgeordnete Gerhart Seger, dem als einem der wenigen die Flucht gelungen war, enthüllte hier das

Grauen der Konzentrationslager[6]. In der Hilfe für von Gefängnis, KZ und Henker bedrohte Verfolgte lag eine andere entscheidende Aufgabe der Widerstandskämpfer. So hieß es beispielsweise 1944 in dem Urteil des „Volksgerichtshofs" des Blutrichters Freisler gegen die Gruppe „Europäische Union", die sich vor allem der ausländischen Zwangsarbeiter angenommen hatte, „wie schamlos die Gesinnung der Angeklagten ist, ergibt sich auch daraus, daß sie geradezu systematisch illegal lebende Juden unterstützten, ja sogar mästeten. Aber nicht nur das, sie verschafften ihnen sogar falsche Ausweise, die sie vor der Polizei tarnen sollten, als wären sie nicht Juden, sondern Deutsche ... Phrasengeschwollen betont ein anderes Flugblatt, daß die ‚Europäische Union' zusammen mit der SPD, der SAP und der KPD kämpft, daß sie aber auch die Vertreter bürgerlicher politischer Richtung nicht verschmäht. Noch deutlicher als das Manifest holen die Flugblätter all die lügnerischen Grundsätze der Menschenrechte der Weimarer Verfassung wieder hervor und verzichten auch nicht darauf, hervorzuheben, daß man auf die gewaltigen ausländischen Massen Arbeiter [sic!] in Deutschland rechne[7]."

In den ersten Jahren der nationalsozialistischen Herrschaft führte die zumeist mangelnde Erfahrung für eine Tätigkeit im Untergrund dazu, daß die Polizei des Hitler-Staates oft schnell auf die Spuren der Widerstandskämpfer stieß. Von den sozialdemokratischen Widerstandsorganisationen der ersten Stunde wurde der größte Teil bis Mitte der dreißiger Jahre von der Gestapo zerschlagen. Tausende von Verhaftungen wurden vorgenommen, andere konnten noch in letzter Minute ins rettende Ausland fliehen oder sich mit Hilfe von Freunden und Kollegen versteckt halten. Selbst in dem vom NS-Staat herausgegebenen Statistischen Jahrbuch des „Deutschen Reiches" sind für das Jahr 1933 allein 20 565 politisch Verurteilte aufgeführt. Die Terrorurteile erfolgten hauptsächlich auf Grund der Verordnungen „zum Schutz von Volk und Staat", der „zur Bekämpfung politischer Ausschreitungen", der „zur Abwehr heimtückischer Angriffe gegen die Regierung der nationalen Erhebung" oder wegen „Hochverrats" und auf Grund des „Gesetzes über Schußwaffen und Munition". Die Opfer dieser Nazi-Justiz waren in diesen ersten Jahren vornehmlich Anhänger der sozialistischen Arbeiterbewegung. Sie reichte von den Funktionären der KPD, sozialistischen Splittergruppen, dem ehemaligen sozialdemokratischen Reichstagspräsidenten Paul Löbe und dem

6 Gerhart Seger, Oranienburg. Erster authentischer Bericht eines aus dem Konzentrationslager Geflüchteten. Mit einem Geleitwort von Heinrich Mann, Karlsbad 1934. Vergleiche auch die vom Exil-Vorstand erarbeitete Dokumentation: Konzentrationslager. Ein Appell an das Gewissen der Welt. Ein Buch der Greuel. Die Opfer klagen an, Karlsbad 1934.

7 Zitiert nach Weisenborn, Der lautlose Aufstand, S. 169.

jungen entschiedenen Kämpfer gegen den Faschismus Kurt Schumacher über Mitglieder aktiver Widerstandsgruppen bis hin zu dem Arbeiter, der im Betrieb seine Meinung über die Hitler-Diktatur sagte.
Trotz aller Unterdrückung und Lockungen erwies sich die sozialdemokratische Gesinnungsgemeinschaft als außerordentlich stabil. Wie wenig der Nationalsozialismus unter der alten organisierten Arbeiterschaft Fuß fassen konnte, belegen die Betriebsrätewahlen vom April 1933. Die ersten Ergebnisse fielen für die „Nationalsozialistische Betriebszellenorganisation" (NSBO) so vernichtend aus, daß die Wahlen gestoppt wurden [8]. Nach einer Zusammenfassung der vorliegenden Teilresultate errangen die Freien Gewerkschaften allein 73,4 Prozent der abgegebenen Stimmen. Noch die Vertrauensratswahlen vom 12./13. April 1935 zeigten so negative Zahlen für das NS-Regime, daß man bei der Veröffentlichung zum Mittel der Fälschung griff. Von freien und geheimen Wahlen konnte keine Rede sein. Durch Kontrollen, Schikanen, Druck und Manipulation sollten die Arbeiter gezwungen werden, für die Einheitsliste der Deutschen Arbeitsfront (DAF), der NS-Monopol-Organisation, zu stimmen. Aus Mitteilungen selbst der Deutschen Arbeitsfront ergibt sich aber, wie viele den Mut aufbrachten, gegen die DAF zu votieren. So z. B. im Metallwerk Schwarz, Eisenach 68 Prozent, Städtische Straßenbahn Frankfurt 75 Prozent, Allianzkonzern Berlin 50 Prozent, Klöckner-Konzern 41 Prozent, Hapag 59 Prozent, Ullstein-Verlag 48 Prozent, Demag (Duisburg) 51 Prozent, Standard Oil 54 Prozent, Erzgebirge Steinkohlen Aktienverein 61 Prozent. Nach dem Ausfall dieser Wahlen wagten die Nationalsozialisten es nicht, noch einmal in den Betrieben zu den „Urnen" zu rufen.
Die schweren Schläge, welche die Gestapo in diesem Jahr und dem folgenden dem Widerstand aus der Arbeiterbewegung versetzte, brachte die bisherige Form illegaler Tätigkeit vorübergehend fast zum Erliegen. Etwa seit 1937 setzten dann, gestützt auf die Erfahrungen und einer Umstellung organisatorischer und politischer Art, neue Initiativen ein. „Eine neue Generation von Widerstandskämpfern zog in die Gruppen ein, jung, illusionslos und erfahren. Es entstanden ‚harte' Gruppen, die hielten, die sich so umsichtig abdeckten, daß sie durch lange Jahre hindurch nicht angerührt wurden, was eine enorme Leistung bedeutet, wenn man bedenkt, wie allmächtig der Gestapoapparat war [9]."
Beispielgebend für den Widerstand aus den Reihen der Sozialdemokratie wurden Männer wie Kurt Schumacher, Wilhelm Leuschner, Julius Leber, Carlo Mierendorff, Theodor Haubach, Gustav Dahren-

8 Zu den Betriebsrätewahlen insgesamt siehe u. a. Theodor Eschenburg, Streiflichter zur Geschichte der Wahlen im Dritten Reich, Dokumentation, in: Vierteljahrshefte für Zeitgeschichte 3, (1955). In Flugblättern finden sich eine Reihe von Einzelergebnissen aus verschiedenen Betrieben.
9 So Weisenborn, Der lautlose Aufstand, S. 146.

dorf und viele andere mehr. Sie gehörten zu einer Gruppe junger Sozialdemokraten, die schon vor 1933 im kämpferischen Einsatz gegen den Nationalsozialismus standen und eine geistige und organisatorische Neuerung der SPD forderten. Haft und Konzentrationslager konnten sie nicht davon abbringen, den Widerstand gegen das Unrechtsregime aufzubauen und zu erneuern. Bei Schumachers Verhaftung im Juli 1933 triumphierte der Stuttgarter NS-Kurier, daß „einer der schamlosesten sozialdemokratischen Oberhetzer unschädlich gemacht worden ist“ [10]. Für den Schwerkriegsbeschädigten begann ein zehnjähriger Leidensweg in Gefängniszellen, KZs und zuletzt in dem berüchtigten Lager Neuengamme. Trotz Folterungen durch die Wachen blieb Schumacher ungebeugt und erwarb sich durch Mut und Umsicht Ansehen und Autorität unter seinen Mithäftlingen. Seiner beim Anrücken der Amerikaner angeordneten Erschießung durch die NS-Schergen konnte er sich noch gerade rechtzeitig entziehen.

Anders verlief das Schicksal der anderen Genannten. Wilhelm Leuschner, der stellvertretende Vorsitzende des aufgelösten ADGB, tat sich durch den Aufbau einer gewerkschaftlichen Widerstandsorganisation hervor. Zusammen mit Jakob Kaiser von den Christlichen Gewerkschaften und Max Habermann von dem Deutschnationalen Handlungsgehilfenverband schuf er das Konzept künftiger Einheitsgewerkschaften. Sein Gewicht im Widerstandskampf zeigt sich darin, daß er von der Gruppe des 20. Juli 1944 als Vizekanzler vorgesehen war. Er wie sein als Innenminister ins Auge gefaßter Freund Julius Leber hatten frühen Kontakt zu dem Kreis um den ehemaligen Leipziger Oberbürgermeister Goerdeler aufgenommen. Ohne die Mithilfe von Militärs erschien ihnen ein Sturz Hitlers unmöglich. Mit dem Obersten Graf Stauffenberg, dem führenden militärischen Kopf des 20. Juli, verband Leber eine persönliche Freundschaft. Eine Kontaktaufnahme mit kommunistischen Gruppen, in die sich ein Gestapospitzel eingeschlichen hatte, wurde Leber am 4. Juli 1944 zum Verhängnis. Die Angst vor der Aufdeckung des Unternehmens trieb Stauffenberg zum schnellen Handeln am 20. Juli 1944. Der Aufstand des anderen Deutschlands scheiterte. Das Blutgericht des Hitler-Staates traf Direktbeteiligte, Mitwissende und Unbeteiligte. Grausame Verhörmethoden mit brutalen Mißhandlungen mußten diese Männer erleiden, ehe sie dem Henker zum Opfer fielen. Für sie alle, Leuschner, Leber, Haubach, Reichwein (Mierendorff war bei einem Luftangriff ums Leben gekommen) und viele andere gilt das Wort von Julius Leber kurz vor seiner Hinrichtung am 3. Januar 1945 in Plötzensee: „Für eine gute und gerechte Sache ist der Einsatz des Lebens der angemessene Preis [11].“

10 Stuttgarter Zeitung, 12. Juli 1933. Zu Kurt Schumacher siehe u. a. die Biographie von Lewis J. Edinger, Kurt Schumacher, Persönlichkeit und politisches Verhalten, Köln und Opladen 1967, für die NS-Zeit, S. 80 ff.

11 Julius Leber, Ein Mann geht seinen Weg, S. 295.

Ähnlich wie sie haben viele Sozialdemokraten gedacht und gehandelt. Tausende zahlten für ihr mutiges Eintreten für Freiheit, Recht und ihre Mitmenschen mit Kerker, Folter und Leben. Kaum jemand denkt heute an diese meist Namenlosen, wenn er vom „Dritten Reich" spricht. Wer weiß schon, daß eine Gestapo-Statistik am 10. April 1939 genau 302 562 politische Häftlinge aufführt. „Man darf ohne Zweifel annehmen, daß bis zum Jahre 1939 die meisten dieser politischen Gefangenen der Arbeiterbewegung angehörten [12]." Allein im ersten Halbjahr 1944 wurden 310 686 Personen aus politischen Gründen verhaftet, in den Monaten Juli—September weitere 176 760 Menschen. Nüchterne Zahlen sagen fast nichts aus über die Fülle des Opfermuts und des Leids, über den Kampf gegen Unterdrückung und Gewaltherrschaft, den Einsatz für die Verfolgten und Gefährdeten, über den Mann oder die Frau, die einen von NS-Schergen verfolgten Juden vor dem sicheren Tod retteten. Die Männer des 20. Juli sind heute immerhin bekannt, wenn auch von vielen aus dem Bewußtsein verdrängt oder vergessen. Des „lautlosen Aufstandes" des Heeres der Namenlosen, dessen Last vor allem auf den Schultern der Männer und Frauen der Arbeiterbewegung lag, gedenkt man kaum.

Der Internationale Gewerkschaftsbund hat sich ihrer mitten im von Hitler entfesselten zweiten Weltkrieg durch den Mund seines Generalsekretärs Walter Schevenels erinnert. Auf einer Kundgebung der „Union deutscher sozialistischer Organisationen in Großbritannien" sprach er am 29. Januar 1943 dem mutigen Einsatz der sozialistischen Arbeiterbewegung in Deutschland seinen Dank aus. Seine Worte mögen als Würdigung auch für alle die stehen, die nach 1943 den Kampf für ein Deutschland der Freiheit und Demokratie, der sozialen Gerechtigkeit und Menschlichkeit weiter führten. „Deutsche Arbeiter haben in den letzten Monaten des Jahres 1932 zu Hunderten und Tausenden Tag und Nacht gekämpft gegen die Hitlerhorden. Zu leicht wird heute vergessen, daß in diesen Kämpfen Hunderte von deutschen Arbeitern ihr Leben verloren, daß Zehntausende ihr Leben aufs Spiel setzten. Es ist wahr, daß die deutsche Arbeiterbewegung Fehler gemacht und Schwächen gezeigt hat, aber es ist unwahr zu behaupten, daß unsere deutschen Genossen nicht gekämpft haben ... Ich möchte noch ein Wort sagen für unsere Antinazikämpfer innerhalb Deutschlands. Bevor ich Deutschland verließ, hatte ich eine Konferenz mit unseren deutschen Kollegen. Eine Woche später waren die meisten Teilnehmer dieser Konferenz verhaftet. Ich werde die Konferenz nie vergessen. In dem überfüllten Raum gab mir der Vorsitzende die Hand und sagte: ‚Du gehst nun zurück in die freie Welt. Sage unseren Freunden, welche Fehler wir auch in der Vergangenheit gemacht haben mögen, wir sind ehrlich und aufrichtig in unserem

12 So die Zusammenfassung von Weisenborn, Der lautlose Aufstand, S. 149.

Bemühen gewesen. Sage ihnen, daß wir unserer Gesinnung treu bleiben werden und daß sie uns nicht vergessen sollen.' Heute kann ich sagen, daß die Mehrzahl der deutschen Arbeiter ihr Wort gehalten hat [13]."

3. *Wege und Ziele des demokratischen Sozialismus im Exil*

In die Worte „Emigration" und „Emigrant" mischte sich lange der unterschwellige Vorwurf, man könne die Schicksalsgemeinschaft des Volkes nicht einfach verlassen, wenn einem persönlich Gefahr drohe. Auch heute noch scheinen solche Vorbehalte, in denen sich Werturteile des „Dritten Reiches" fortpflanzen, nicht völlig überwunden zu sein. Wer so argumentiert, sei es böswillig, sei es aus Gedankenlosigkeit, der will nicht begreifen, um was es in den Jahren 1933 bis 1945 ging. Niemand von denen, die nach 1933 aus Deutschland flohen, verließ leichten Herzens das Land, dessen Sprache er sprach und in dem er wurzelte. „Fast allen Emigranten, gleichgültig ob sie wegen ihrer politischen Exponierung oder ihrer jüdischen Herkunft — nicht selten traf beides zusammen — das Land verließen, war gemeinsam, daß sie ihre Existenz, ihre Freiheit und ihr Leben durch die Diktatur bedroht sahen; und nicht wenige entschlossen sich erst zur Flucht, nachdem sie Bekanntschaft mit dem Terror, den Konzentrationslagern und den Gefängnissen des Regimes gemacht hatten [14]." Für die jüdischen Flüchtlinge, die bis zu der Oktober 1941 einsetzenden „Endlösung" das Hitlerreich noch rechtzeitig verlassen konnten, gab es keine Rückkehr mehr. Durch die Hitlerschen Blitzeroberungen fielen Zehntausende, die sich sicher wähnten, doch dem Zugriff der Mörder zum Opfer.

Der Großteil der Emigranten gehörte zu den rassisch Verfolgten, von Konzentrations- und Vernichtungslagern bedrohten jüdischen Bürgern eines ehemals freien Landes. Etwa jeder Zehnte der Gesamtemigration

---

13 Zitiert nach Weisenborn, a. a. O., S. 181 f.

14 So Erich Matthias in: Mit dem Gesicht nach Deutschland. Eine Dokumentation über die sozialdemokratische Emigration. Aus dem Nachlaß von *Friedrich Stampfer* ergänzt durch andere Überlieferungen. Hrsg. im Auftrage der Kommission für Geschichte des Parlamentarismus und der politischen Parteien von Erich Matthias. Bearbeitet von Werner Link, Düsseldorf 1968, S. 8. Neben diesem Werk sei für die sozialdemokratische Emigration vor allem hingewiesen auf Werner Röder, Die deutschen sozialistischen Exilgruppen in Großbritannien 1940—1945, Ein Beitrag zur Geschichte des Widerstandes gegen den Nationalsozialismus. (Schriftenreihe des Forschungsinstituts der Friedrich-Ebert-Stiftung), Hannover 1968. Erich Matthias, Sozialdemokratie und Nation. Ein Beitrag zur Ideengeschichte der sozialdemokratischen Emigration in der Prager Zeit des Parteivorstandes 1933—1938, Stuttgart 1952.

hatte den Machtbereich des NS-Staates vorwiegend aus politischen Gründen verlassen müssen. Zu dieser Gruppe zählten Sozialdemokraten und bürgerliche Demokraten, Kommunisten und Pazifisten, Christen und andere. Vornehmlich aus ihnen rekrutierte sich der harte Kern der aktiven Hitlergegner. Das Exil galt ihnen als eine politische Aufgabe, als Basis ihres Kampfes gegen die nationalsozialistische Diktatur und für ein anderes, besseres Deutschland. Die demokratischen Sozialisten nahmen unter ihnen, abgesehen von der Emigration in die Sowjetunion, den dominierenden Platz ein.

Nach dem Verbot der SPD vom 22. Juni 1933 und der Aberkennung ihrer Reichstagsmandate verblieb als Sprachrohr der Partei der Exilvorstand. Er verstand sich als Vertretung der Gesamtpartei und bestimmte Prag zu seinem Sitz. Ihm gehörten u. a. der 1. Vorsitzende Otto Wels, Hans Vogel als 2. Vorsitzender, Siegmund Crummenerl als Parteikassierer, Friedrich Stampfer, Paul Hertz, Erich Ollenhauer und seit dem Herbst 1933 auch Siegfried Aufhäuser an, der Vorsitzende des Allgemeinen Freien Angestelltenbundes (AFA). Der Exilvorstand sah seine Aufgabe vor allem darin, sich in den Dienst der illegalen Arbeit in der Heimat zu stellen. Dazu gehörte die Beschaffung und Bereitstellung finanzieller Mittel, die Versorgung mit Aufklärungsmaterial, Hilfe für die Opfer dieses Kampfes, aber auch der Versuch, dem Ausland die Augen über das Wesen der Hitler-Diktatur zu öffnen. Durch ein rings um Deutschland errichtetes Netz von Grenzsekretariaten wurde die Verbindung mit den Vertrauensleuten im Reich aufrechterhalten, um den in der Heimat Kämpfenden jede nur mögliche Unterstützung zu gewähren. Mit dem Buch von Gerhart Seger über seine Erlebnisse im KZ Oranienburg und der 1934 erstellten Dokumentation über die Konzentrationslager des Dritten Reiches, in denen zu diesem Zeitpunkt schon über 50 000 Menschen unter grauenhaften Bedingungen gefangen gehalten wurden, versuchte die Exil-SPD das Gewissen der Welt wachzurütteln. Gegen die nationalsozialistische Gewalt und Lüge setzte die Sozialdemokratie auf die Macht der Wahrheit und der Aufklärung. „Hitler bedeutet den Krieg" war die Kernparole ihres Kampfes gegen den Hitler-Faschismus vor und nach 1933. Nur mit den Mitteln des Wortes und der Schrift stemmte sich die kleine Gruppe der Emigranten der Entfesselung des Krieges entgegen. Ihr Ziel faßte Stampfer in dem in Prag herausgegebenen „Neue Vorwärts" in dem prophetischen Satz zusammen: „Soll nicht ganz Europa ein Trümmerhaufen werden, unter dem der zerrissene Kadaver Deutschlands liegt, dann darf man nicht mit den Händen im Schoß der Katastrophe entgegensehen [15]."

Der Aufruf an die „zivilisierte Welt", Hitler entschieden entgegenzutreten, solange es noch Zeit war, fand kein Gehör. Im Gegenteil, die

---

15 Neuer Vorwärts, 8. 4. 1934.

europäischen Großstaaten empfanden die Warnungen der deutschen Sozialdemokratie als eine unbequeme Störung ihrer Appeasement-Politik (Befriedungspolitik) gegenüber dem „Dritten Reich". Berichte wurden — wie die englische Regierung nach Kriegsausbruch eingestand — bewußt unter Verschluß gehalten, um die Beziehungen zum Hitler-Deutschland nicht zu trüben. So wenig sich diese Hoffnung erfüllte, so wenig Aussicht bestand auch unter den Bedingungen der nationalsozialistischen Diktatur für eine erfolgreiche Erhebung in Deutschland. Aller Mut und alle Hingebung der aktiven Gegner des NS-Regimes, die vor Kriegsausbruch ganz überwiegend aus dem sozialistischen Lager kamen, änderten nichts daran, daß ein Sturz der Hitler-Herrschaft durch einen isolierten Aufstand von unten nicht möglich war.

Die revolutionäre Komponente, die in dieser Vorstellung vom Kampf gegen Hitler lag, kommt am stärksten im „Prager Manifest" der Sopade (Sozialdemokratische Partei Deutschlands) vom 28. Januar 1934 zum Ausdruck. In dieser programmatischen Erklärung des Parteivorstandes mischten sich marxistische Theorien über den Charakter der nazistischen Konterrevolution, in denen von „sich zuspitzenden Gegensätzen der kapitalistischen Gesellschaft" und „objektiv revolutionären Situationen" die Rede war, mit aktuell-politischen Aufrufen zum Kampf für den Frieden und den „Sturz der Despotie". „Die Einheit und Freiheit der deutschen Nation kann nur gerettet werden durch die Überwindung des deutschen Faschismus." Der Aufruf schließt mit dem Bekenntnis zu den „großen und unvergänglichen Ideen der Menschheit": „Wir wollen nicht leben ohne Freiheit, und wir werden sie erobern. Freiheit ohne Klassenherrschaft, Freiheit bis zur völligen Aufhebung aller Ausbeutung und aller Herrschaft von Menschen über Menschen. ... Durch Freiheit zum Sozialismus, durch Sozialismus zur Freiheit! Es lebe die deutsche revolutionäre Sozialdemokratie, es lebe die Internationale [16]!"

Das Bekenntnis zum revolutionären Charakter des Sozialismus ergab sich allein schon aus den Bedingungen des Kampfes gegen die NS-Diktatur, der nicht anders als revolutionär, d. h. umstürzlerisch sein konnte. Doch spiegelt sich darin auch das Bestreben wider, die am Rande operierenden sozialistischen Splittergruppen wieder an die alte Mutterpartei zu binden und sie unter einem gemeinsamen Kampfziel zu einen.

In der Ausnahmesituation, in der sich die Sozialisten im Exil befanden, konnte es nicht ausbleiben, daß zunächst alte und neue Differenzen in besonderer Schärfe aufbrachen. Sowohl bei der Suche nach den Gründen für den Sieg des Faschismus, wie bei der Analyse von Fehlern des demokratischen Sozialismus in der Vergangenheit kam es

16 Abgedruckt in: Stampfer, Mit dem Gesicht nach Deutschland, S. 215 ff.

zu ausgedehnten, teilweise heftig geführten Kontroversen. Das Ringen um die wirksamsten Formen des Kampfes gegen den Nationalsozialismus blieb ebenfalls lange umstritten. Darüber hinaus bedurfte das Konzept für eine Neugestaltung des staatlichen und gesellschaftlichen Lebens nach dem Sturz der Hitler-Diktatur einer Klärung. Zusätzlichen Zündstoff lieferte die Frage, wieweit Kommunisten in die Einheitsfront der Sozialisten gegen den Hitler-Faschismus einbezogen werden sollten. Der Bogen reichte von bedingungsloser Ablehnung über eine partielle Zusammenarbeit in dem einen gemeinsamen Ziel bis zu Hoffnungen auf die Überwindung der Spaltung der sozialistischen Arbeiterbewegung.

Die Arbeitsgemeinschaft „Revolutionärer Sozialisten" mit Karl Böchel und Siegfried Aufhäuser, dem ehemaligen USPD-Mann und AFA-Vorsitzenden, an der Spitze, forderte den radikalen Bruch mit allen reformistischen Traditionen und proklamierte den „Klassenkampf des vereinigten deutschen Proletariats" [17]. Im Gegensatz zu dieser sogenannten „alten Linken", die sich 1937 wieder auflöste, propagierten die Verfechter eines „Volkssozialismus" um Wilhelm Sollmann und Wenzel Jaksch gerade die Abkehr von den Theorien des Klassenkampfes und eine Hinwendung zum „patriotischen Sozialismus Lassalles" [18].

Beim Internationalen Sozialistischen Kampfbund (ISK) standen vor allem alte, noch nicht vernarbte Wunden, sowie ideologische Differenzen und seine Beteiligung an Konzentrationsversuchen linkssozialistischer Exilgruppen zunächst einer Annäherung im Wege. Noch 1939 wies der Parteivorstand auf die Unvereinbarkeit der Mitgliedschaft in beiden Organisationen hin. Während des Krieges setzte dann unter der Leitung Willi Eichlers, der schon 1933 aus Deutschland hatte flüchten müssen, eine Hinwendung zur Sozialdemokratie ein.

Heftig, teilweise stürmisch verliefen die Auseinandersetzungen mit der Gruppe „Neu-Beginnen", der u. a. Karl Frank, Richard Löwenthal (Pseudonym Paul Sering), Waldemar von Knoeringen und Erwin Schoettle angehörten. Den Sopade-Vorstand verbitterte besonders, daß sein Mitglied Paul Hertz und andere Mitarbeiter heimlich für „Neu-Beginnen" gearbeitet hatten und „Neu-Beginnen" den Anspruch als gleichberechtigte Sektion der deutschen Sozialdemokratie in der Internationale erhob.

Die sozialistischen Emigrantengruppen waren in viele Länder verstreut. Das Zentrum blieb zunächst die Tschechoslowakei, die ihnen

---

17 Siehe „Der Weg zum sozialistischen Deutschland/Plattform für die Einheitsfront"; veröffentlicht in Zeitschrift für Sozialismus, Monatsschrift für die Probleme des Sozialismus, Nr. 12/13, Karlsbad 1934, S. 375 ff.

18 So eine Formulierung von Wilhelm Sollmann; vgl. Zeitschrift für Sozialismus, Nr. 24/25, Karlsbad 1935, S. 736.

so etwas wie eine zweite Heimat bot. Letztlich mußte sich die tschechoslowakische Regierung jedoch der Erpressung Hitlers beugen, die durch Interventionen des um einen Ausgleich mit dem Dritten Reich bemühten englischen Premierministers Neville Chamberlain noch verstärkt wurde. Die Sopade, wie auch ihre österreichische Bruderorganisation entschlossen sich 1938 zur Übersiedlung nach Paris. In der tschechoslowakischen Republik hatten sie, wie Friedrich Stampfer schreibt, „die Luft der Freiheit geatmet und verständnisvolle Freundschaft gefunden. Das sollte nun anders werden. Das Wort ging von Mund zu Mund: ‚Jetzt beginnt erst unsere Emigration‘ [19].“
Was die Sozialdemokraten in Paris erwartete, hatte der schon früher nach Frankreich geflohene Rudolf Breitscheid dem Vorstand geschrieben: „Noch niemals hat eine Emigration mit so viel Schwierigkeiten zu kämpfen gehabt wie die unsere. Wir sind, zumindest in Frankreich, nur lästige Ausländer, derer man sich so schnell als möglich entledigen möchte [20].“ Mit dem deutschen Angriff auf Frankreich kam es für die Emigranten, die sich mit ganzem Herzen dem Kampf gegen den Hitler-Faschismus verschrieben hatten, noch weit schlimmer. Die Regierung Daladier, die bei der Abwehr des nationalsozialistischen Expansionsdranges selbst versagt hatte, sperrte unter dem Eindruck einer weit verbreiteten Stimmung gegen die „feindlichen Ausländer“ deutsche Staatsangehörige wahllos in Internierungslager. Während die deutschen Truppen in einem Blitzfeldzug immer weiter nach Frankreich eindrangen, saßen in den Lagern Zehntausende von Deutschen, die bei der Gefangennahme durch die NS-Schergen für Leib und Leben fürchten mußten. Aktive Politiker aller Richtungen, unpolitische Nazi-Gegner und vor allem die große Zahl der Juden, die sich nach Frankreich gerettet hatten, erlebten Wochen voller Angst und grauenhafter Not.
Erst in letzter Minute wurden die Lagertore geöffnet. In wilder Flucht versuchte man, sich vor Gestapo und SS in Sicherheit zu bringen. Durch den Waffenstillstandsvertrag vom 21. Juni 1940 wurde die französische Regierung zur Auslieferung der deutschen Flüchtlinge verpflichtet. So blieb für die meisten nur der illegale Grenzübertritt nach Spanien, in ein Land, in dem gerade nach einem blutigen Bürgerkrieg der von Mussolini und Hitler unterstützte General Franco seine Diktatur angetreten hatte. Über Portugal ging der Weg weiter in die Vereinigten Staaten — wohin der Hauptstrom floß — oder nach Großbritannien.
Bei der Rettung der Flüchtlinge halfen vor allem die Vereinigten Staaten, sozialistische Bürgermeister französischer Städte, namenlose Unbekannte, die ihr Leben für andere einsetzten, und die sogenannte

---

19 So Stampfer, Mit dem Gesicht nach Deutschland, S. 101.
20 Abgedruckt a. a. O., S. 109.

„German Labor Delegation" (die deutsche Arbeiterdelegation) in den USA. Sie war von sozialdemokratischen Emigranten, u. a. Albert Grzesinski, Rudolf Katz, Gerhart Seger, Max Brauer und Hedwig Wachenheim am 10. März 1939 als eine Hilfs- und Vertrauensorganisation für den Parteivorstand in New York gegründet worden. Mit starker Unterstützung des Jewish Labor Committee (dem Arbeitsausschuß der jüdischen Arbeiterorganisation) und der Förderung durch die American Federation of Labor (der Dachorganisation der amerikanischen Gewerkschaften) organisierte sie eine vorbildliche Hilfs- und Rettungsaktion. Tausende verdankten ihr Freiheit und Leben.

Nicht alle brachten sich in Sicherheit. Wie den Freunden Rudolf Breitscheid und Rudolf Hilferding, die von französischen Behörden zur Auslieferung an die Nazis festgenommen wurden, erging es auch anderen. Hilferding beging in einem Pariser Gefängnis Selbstmord, Breitscheid starb im Konzentrationslager Buchenwald. Besonders tragisch ist der Fall der Frankfurter Sozialdemokratin Johanna Kirchner. Nachdem französische Widerstandskämpfer sie zunächst aus dem berüchtigten Internierungslager von Gurs befreit hatten, fiel sie dem Zugriff der Vichy-Behörden zum Opfer und wurde dem NS-Regime übergeben. Sie starb, verurteilt durch den Blutrichter Freisler, unter dem Fallbeil des Henkers.

Wer nach Großbritannien hatte entkommen können, war zunächst einmal der akuten Gefahr entronnen, doch Furcht und Schwierigkeiten erwarteten ihn auch hier. Die Situation dieser Flüchtlinge wie die der Emigranten, die sich schon früher, meist wegen ihrer jüdischen Abstammung, nach England gerettet hatten, sah zunächst wenig günstig aus. Zwar nahm sich eine Reihe privater Hilfskomitees in aufopfernder Arbeit ihrer an, doch trieben strenge Einwanderungsbestimmungen und fehlende Arbeitsmöglichkeiten viele Flüchtlinge dazu, das Land wieder zu verlassen und nach Übersee auszuwandern. Nach dem Fall Frankreichs erfuhren Tausende das bittere Los der Zwangsinternierung als „feindliche Ausländer". Nahezu 8000 Personen wurden im Juli 1940 nach Australien und Kanada deportiert, ein fast doppelt so großer Kreis einer strengen Polizeiaufsicht unterstellt.

Erst als sich der Schock der ersten Kriegsmonate gelegt hatte und die Spionagehysterie nüchterneren Erwägungen Platz machte, setzte unter dem Druck aus der öffentlichen Meinung und durch die Bemühungen einzelner Parlamentsabgeordneter eine Überprüfung der Internierungen ein. Selbstkritisch bekannte die englische Regierung, daß sie schwere Fehler begangen hatte. Damit gewannen auch die nach England geflüchteten Repräsentanten der Sopade Bewegungsfreiheit. Unterstützung erfuhren die verschiedenen sozialistischen Emigrationsgruppen von der Fabian Society, Persönlichkeiten wie Victor Gollancz, James Middleton u. a. sowie von der Labour Party (der britischen Arbeiterpartei), zu der besonders die Exilvertretung von

„Neu-Beginnen" einen guten Kontakt unterhielt. Gleichzeitig gingen von der Labour Party starke Anstöße zu einem Zusammenschluß der rivalisierenden Exilgruppen aus.

Seitdem die Furie des Krieges über Europa raste, relativierten sich unter dem demokratischen Exil-Sozialismus manche bisher hart umstrittenen Fragen. Der Gedanke an eine Erhebung des Volkes in Deutschland wie die Hoffnung auf ein bedingungsloses Zusammenwirken mit den sozialdemokratischen Parteien der gegen Hitler im Kampf stehenden Länder erwiesen sich immer mehr als illusorisch. Für eine innerdeutsche Opposition war bei den alliierten Regierungen auf keine Hilfe zu rechnen. An die von Roosevelt und Churchill am 14. August 1941 proklamierte „Atlantik Charta" und frühere Erklärungen der Labour Party hatten sich Erwartungen auf einen Frieden der Verständigung nach einem Sturz Hitlers geknüpft. Sie wurden bitter enttäuscht. Bei der Mehrheit der Labour Party überlagerte mit der Dauer des Krieges allmählich eine stark nationale Komponente das vordem dominierende Solidaritätsdenken mit den deutschen Demokraten. Die Grundsätze der Atlantik Charta erklärte der konservative englische Premierminister Churchill für Deutschland als ungültig. Der gescheiterte Aufstand des 20. Juli 1944 wurde in seinen Augen, wie er am 2. August 1944 im Parlament erklärte, zu einem bloßen Machtkampf der „höchstgestellten Persönlichkeiten des Deutschen Reiches", die sich gegenseitig zu ermorden suchten.

Eine Unterstützung für die Erhaltung der Einheit des Reiches nach dem Sturz des Hitler-Faschismus konnten die deutschen Exilgruppen so gut wie nirgendwo mehr erwarten. Mit dem Hitler-Stalin-Pakt hatten zudem die Strömungen in der Exil-Sozialdemokratie, die zu einer Kooperation mit den Kommunisten im Kampf gegen den Nationalsozialismus bereit schienen, erheblich an Kredit und Gewicht verloren. In der Londoner Gruppe der Sozialistischen Arbeiterpartei setzte unter Betonung eines „Sozialismus ohne bürokratische Diktatur" und „mit demokratischen Freiheiten" ein rascher Annäherungsprozeß an die Sopade ein[21]. Ebenso machte sich in der Gruppe „Neu-Beginnen" nach der Trennung von ihrem Gründer Walter Löwenheim und unter dem Einfluß ihres führenden Theoretikers Richard Löwenthal eine Hinwendung zur sozialdemokratischen „Gesamtbewegung" bemerkbar. Nach der Beilegung organisatorischer Streitfragen stand einer engen Zusammenarbeit mit dem Exil-Parteivorstand nichts Grundsätzliches mehr im Wege. Auch der ISK, der unter seinem Auslandsleiter Willi Eichler eine beispielhafte publizistische Aktivität entfaltete, zeigte sich kooperationsbereit.

Bei der Exil-Organisation der deutschen Gewerkschaften (ADG), die bis 1938 von Heinrich Schliestedt und dann von Fritz Tarnow geleitet

21 Hierzu und zum folgenden Röder, Sozialistische Exilgruppen, S. 43 ff., Zitat S. 44.

wurde, waren von vornherein gute Vorbedingungen für eine Zusammenarbeit mit der Sopade gegeben. Die Opposition innerhalb des ADG wandte sich unter Führung Walter Auerbachs zusammen mit Vertretern des ISK vornehmlich gegen die Pläne zur Wiedereinsetzung der alten ADGB-Führung nach einem Sturz Hitlers. Trotz des Konzepts einer zukünftigen Einheitsgewerkschaft verband die meisten Gewerkschaftler ein gemeinsames weltanschauliches Fundament und die entschiedene Ablehnung „kommunistischer Einflußnahmen" am stärksten mit der alten Sozialdemokratie.

Zur Überwindung von Vorbehalten und Gegensätzen trugen nicht zuletzt auch der Zwang der Verhältnisse, das persönliche Kennenlernen und die gemeinsam erduldeten Härten der Emigration bei. Vogel und Ollenhauer auf seiten der Sopade, Knoeringen und Schoettle von „Neu-Beginnen" und Eichler vom ISK waren Männer, die das Gemeinsame über das Trennende zu stellen wußten und persönlich Vertrauen zueinander gewannen.

Am 25. Februar 1941 wurden die offziellen Verhandlungen zur Gründung eines Kartells aus SPD (Sopade), „Neu-Beginnen", Internationaler Sozialistischer Kampfbund, Sozialistische Arbeiterpartei und der „Landesgruppe deutscher Gewerkschaftler in Großbritannien" aufgenommen. Eine Einigung in den Kernfragen wurde bald erzielt. Am 19. März 1941 trat die „Union deutscher sozialistischer Organisationen in Großbritannien" ins Leben. An ihrer Spitze stand Hans Vogel (SPD) als Vorsitzender. Neben ihm bestimmten vor allem Ollenhauer, Fritz Heine (SPD), Schoettle (Neu-Beginnen), Eichler (ISK) und Hans Gottfurcht (Gewerkschaften) die praktische Politik der „Union" in den folgenden Jahren. Mit einer einstimmig gebilligten Erklärung bekundeten die in der „Union" zusammengefaßten Sozialisten am 19. März 1941 ihre Entschlossenheit, „mit allen ihnen zur Verfügung stehenden Mitteln" an der Niederzwingung der „totalitären Kräfte" zu arbeiten und für einen demokratischen Frieden zu wirken, „der einem neuen Deutschland die Möglichkeit gibt, als freies Glied der europäischen Völkergemeinschaft seinen Beitrag zum Wiederaufbau Europas zu leisten". „Die deutschen Sozialisten in Großbritannien sind einig in der Überzeugung, daß die militärische Niederlage und der Sturz des Hitler-Regimes, die endgültige Überwindung des deutschen Militarismus und die Beseitigung der sozialen Grundlagen der Hitler-Diktatur unerläßliche Voraussetzungen bilden für einen dauernden Frieden, den Wiederaufbau Europas und eine demokratische und sozialistische Zukunft Deutschlands [22]."

Die fruchtbare Zusammenarbeit in der „Union" ließ die alten orga-

22 Abgedruckt in: Zur Politik deutscher Sozialisten. Politische Kundgebungen und programmatische Richtlinien der Union deutscher sozialistischer Organisationen in Großbritannien, London 1945, S. 26.

nisatorischen Abgrenzungen in den Hintergrund treten. Auch in der Diskussion über den künftigen Weg des demokratischen Sozialismus zeichnete sich eine Klärung der Standpunkte ab. Zwar wurden hier und dort die Akzente nach wie vor etwas anders gesetzt, doch kristallisierte sich in einer Reihe von entscheidenden Punkten immer stärker eine gemeinsame Linie heraus. Lange schwelende Hoffnungen, Hitler durch ein Bündnis aller freiheitlich-demokratischen Kräfte in und außerhalb Deutschlands zu stürzen, mußten begraben werden. Eine Überwindung der nationalsozialistischen Diktatur schien nurmehr durch eine militärische Niederlage möglich. Die sozialdemokratische Emigration stand dabei vor dem Dilemma, daß sie mit den Alliierten zwar der gemeinsame Kampf gegen den Hitler-Faschismus verband, sich gleichzeitig aber eine wachsende Kluft zwischen ihren eigenen Vorstellungen einer künftigen Friedensregelung und den Kriegszielen der Anti-Hitler-Koalition auftat. Nach der Konferenz von Teheran zwischen Stalin, Roosevelt und Churchill im Dezember 1943 wurde offenbar, daß der Krieg mit einer Zerstückelung des Deutschen Reiches enden würde.

Mit Protesten und Memoranden wandte sich die „Union" trotz zunehmender Aussichtslosigkeit ihres Bemühens gegen alle Aufteilungs- und Abtrennungspläne. Sie stellte sich der Kollektivschuldthese und dem wachsenden „Vansittartismus"[23] entgegen, der dem deutschen Volkscharakter den Nationalsozialismus anlastete und eine undifferenzierte Deutschfeindlichkeit förderte. In diesem Ringen gegen Zerstückelungs- und Fremdherrschaftspläne gewann die nationale Komponente der Emigration als einigendes Band deutliche Konturen. Die Exilsozialdemokraten fühlten sich mehr denn je als Glieder des deutschen Volkes, dessen Schicksal sie nach der Niederwerfung Hitlers zu teilen hatten. Als Deutsche unter Deutschen wollten sie die Last der Kriegsfolgen mittragen und, gestützt auf ihren moralischen Anspruch als früheste Kämpfer gegen den Faschismus, die Belange der Nation gegenüber den Siegern wahrnehmen. Hier lag die verbindende Brücke zu Kurt Schumacher, der sich als Opfer des Nationalsozialismus in der Heimat 1945 unbelastet der Sache des deutschen Volkes annehmen konnte.

Dieses nationale Anliegen brachte die Exilsozialdemokratie in Gegensatz zu dem in der Spätphase des Krieges hervortretenden Expansionsstreben der Sowjetunion. Nach Hitlers Überfall auf Rußland, als die Sowjetunion zum Bollwerk des mit ungeheuren Opfern bezahlten Abwehrkampfes wurde, konnte kaum jemand ihre entscheidende Rolle für die Niederringung der NS-Diktatur übersehen. Im Gegen-

---

23 So genannt nach dem diplomatischen Chefberater der britischen Regierung und früheren Unterstaatssekretär im Foreign Office (Auswärtigen Amt) Lord Robert Vansittart.

satz zu der im Lager der westlichen Alliierten teilweise verbreiteten Sowjetfreundlichkeit wurde davon die Einstellung zum kommunistischen System kaum berührt. Obwohl in den Reihen von „Neu-Beginnen" und in denen der SAP traditionell starke Sympathien für das „große sozialistische Experiment" der Leninschen Sowjetrepublik herrschten, konnten sie nicht die Augen vor den Auswüchsen des Stalinistischen Systems verschließen. Der Hitler-Stalin-Pakt dokumentierte die Skrupellosigkeit auch der russischen Machtpolitik. Die Stalin-Diktatur mit den „Säuberungen" und Schauprozessen, der so viele führende deutsche Kommunisten zum Opfer fielen wie dem NS-Regime, deckte den totalitären Charakter eines Systems auf, das für sich beanspruchte, sozialistisch zu sein. Die nahezu bedingungslose Loyalität der Exil-KPD zu Stalin, ihre Verteidigung von Annexionen und Vertreibungen durch die siegreich vordringenden sowjetischen Truppen und die Beschimpfung der Sozialdemokratie als „Agentin des Hitlerismus im Ausland" [24] machte auch für die am linken Flügel angesiedelten demokratischen Sozialisten den Gedanken an eine Einheitsfront mit den Kommunisten zunichte.

„Sie gehörten nicht zur Einheit der sozialistischen Bewegung" [25], deren künftige Konturen sich in den Diskussionen der „Union" immer deutlicher abzeichneten. Die Zersplitterung in den Reihen der Arbeiterbewegung sollte überwunden und alle auf dem Boden eines freiheitlich und demokratischen Sozialismus stehenden Organisationen, Gruppen und Strömungen in einer neuen, einigen sozialdemokratischen Partei aufgehen. Schon 1943 konnte ein gemeinsames außenpolitisches Programm vorgelegt werden, in dem sich die „Union" u. a. zu einer „Föderation europäischer Völker", Abrüstung, Wiedergutmachung und einem internationalen Sicherheitssystem bekannte. Die Dauerhaftigkeit eines künftigen friedlichen Zusammenlebens der Völker hing nach ihrer Auffassung aber „weitgehend davon ab, daß dem deutschen Volk eine Möglichkeit gegeben wird, bei der Gestaltung seines inneren politischen, sozialen und wirtschaftlichen Lebens seiner eigenen Initiative zu folgen" [26].

Wie sich die in der „Union deutscher sozialistischer Organisationen" vereinigten demokratischen Sozialisten die Ausgestaltung Deutschlands zu einem Staat der Freiheit, Gerechtigkeit und des Friedens dachten, legten sie 1945 in ihren „Programmatischen Richtlinien" dar. Mit ihren Aussagen zur Kulturpolitik, zum Erziehungswesen und zum Aufbau von Justiz und Verwaltung wie besonders in den Richtlinien

24 Siehe Röder, Sozialistische Exilgruppen S. 214.

25 So Willi Eichler, Hundert Jahre Sozialdemokratie, Bielefeld 1963, S. 69.

26 Entschließung der „Union" vom 23. Okt. 1943, abgedruckt in: Zur Politik deutscher Sozialisten, S. 16 f.

über die Wirtschaftspolitik und eine „deutsche Staatsverfassung“ skizzierten sie das Gerippe einer radikaldemokratischen Republik, deren wirtschaftliche und politische Struktur die Fehler von Weimar vermeiden sollte. „Die Ziele der Sozialisten in der Wirtschaft sind: Freiheit von wirtschaftlicher Ausbeutung, Gleichheit der wirtschaftlichen Entwicklungsmöglichkeiten, Sicherung einer menschenwürdigen Existenz für alle, Vollbeschäftigung aller Arbeitsfähigen, Hebung des allgemeinen Wohlstandes und freie Entfaltung der Fähigkeiten aller [27].“ In der „Präambel“ zu den Richtlinien für eine deutsche Staatsverfassung gab die „Union“ [28] der deutschen Sozialdemokratie die Summe ihrer Erfahrungen mit auf den Weg. Eine neue Staats- und Gesellschaftsordnung müsse auf den folgenden Prinzipien aufbauen:

„Die Achtung und der Schutz der Freiheit und der Würde der Persönlichkeit sind die unveräußerlichen Grundlagen des staatlichen und gesellschaftlichen Lebens der deutschen Republik.

In diesem Geiste erstrebt sie eine gesellschaftliche Ordnung der sozialen Gerechtigkeit, der Humanität und des Friedens;

eine politische und soziale Demokratie, getragen von der Mitbestimmung und Mitverantwortung aller Bürger;

die Befreiung der Wirtschaft von den Fesseln des privaten Monopoleigentums und die Planung der Wirtschaft;

Schutz vor jeder wirtschaftlichen Ausbeutung;

Sicherung einer menschenwürdigen Existenz für alle;

Gleichheit der wirtschaftlichen und kulturellen Entwicklungsmöglichkeiten;

Förderung des geistigen und kulturellen Lebens der Nation und Erziehung ihrer Jugend im Geist der sittlichen Verantwortung, der Demokratie und der Völkerverständigung;

Ausschaltung des Krieges als Mittel der Politik;

internationale Einrichtungen, denen zur Sicherung des Friedens und des Wohlstandes aller Völker die nationalstaatliche Souveränität untergeordnet wird [29].“

---

27 „Richtlinien für die Wirtschaftspolitik“, a. a. O., S. 3 f.

28 Am 2. Dezember 1945 trat dann an die Stelle der „Union“ in London der Zusammenschluß zu einer „einheitlichen Parteiorganisation“.

29 „Richtlinien für eine deutsche Staatsverfassung“, a. a. O., S. 5 ff., Zitat S. 5.

X. Erbe und Auftrag

Aus der heutigen Sicht mag es für viele als eine bare Selbstverständlichkeit erscheinen, daß die Sozialdemokratie in den Nachkriegsjahren zu der großen Partei des demokratischen Sozialismus wurde. 1945, nach dem Zusammenbruch des nazistischen Deutschland, war es das nicht. Links von der Sozialdemokratie blieb die KPD, anders als in den Tagen von Weimar, wo sie zur drittstärksten Partei aufgestiegen war, auf die Anhänger des Leninschen Weges beschränkt. Selbst für die Millionen der Hungernden und Verelendeten bildete sie 1945 keine ernstzunehmende Alternative. In dem östlichen Teil Deutschlands konnte sie sich hingegen mit Hilfe der sowjetischen Besatzungsmacht und der Zwangsvereinigung zur SED als Staatspartei eines neuen, kommunistisch bestimmten Staates etablieren.

Die Anhänger eines freiheitlichen Sozialismus hatten in der Sozialdemokratie *ihre* politische Heimat gefunden. Über den Rahmen von Weimar mit seinem engen Korsett hinaus wurde sie zur Hoffnung und Partei all derer, die unabhängig von ihrer theoretischen Fundierung eine demokratisch-sozialistische Gesellschaft in Freiheit erstrebten.

1945 gab das Beispiel. Sozialdemokraten, die im Herrschaftsbereich des Hitler-Regimes 12 Jahre Diktatur überstanden hatten, fanden sich mit den Sozialdemokraten zusammen, die im Ausland das bittere Los der Emigration erleiden mußten. In der Wahl Kurt Schumachers zum ersten und Erich Ollenhauers zum stellvertretenden Vorsitzenden der neu entstandenen Partei fand das gemeinsame Anliegen seinen symbolischen Ausdruck. Über alte organisatorische und theoretische Gegensätze hinweg einigte das Banner des demokratischen Sozialismus Männer und Frauen unterschiedlicher Herkunft und verschiedenartiger Ausgangspunkte. Sozialdemokraten, die wie selbstverständlich in Sturm und Not der Partei ihre Treue bewahrten, trafen sich mit Sozialisten, die lange in Konflikt mit der alten Mutterpartei gelebt hatten und engagierten Demokraten, die in der SPD die Gewähr für eine bessere Zukunft sahen. Die Erfahrungen mit der nationalsozialistischen Diktatur und dem Kommunismus Stalinscher Prägung, die Erkenntnis der Schwächen der Weimarer Republik und die Notwendigkeit des Zusammenstehens im Kampf für eine soziale Demokratie bildete die feste Brücke über alles Trennende hinweg.

1945 bedeutete für die deutsche Sozialdemokratie einen Neubeginn, nicht einen Bruch. Der Sozialismus entstand in Europa als eine Protestbewegung gegen die grausamen Auswüchse des frühkapitalistischen Systems, als eine Partei, die gegen Ausbeutung, wirtschaftliche Not und Unterdrückung zu Felde zog und für die Lösung der sozialen Frage durch eine Änderung der Staats- und Gesellschaftsstruktur eintrat. Doch anders als in den westeuropäischen Staaten, wo das liberale Bürgertum zum entscheidenden Vorkämpfer für eine parlamentarische Demokratie geworden war, lag in Deutschland auch die Hauptlast im Ringen für demokratische Freiheiten auf den Schultern der sozialistischen Arbeiterbewegung. Bei dieser doppelten Aufgabe, soziale Gerechtigkeit und freiheitliche Demokratie zu erkämpfen, sah sich die deutsche Sozialdemokratie weitgehend auf sich allein gestellt. Unterstützung bei dem Ringen um die Abstellung sozialer Übel erfuhr sie partiell bei dem christlichen Arbeitnehmerflügel der Zentrumspartei, während sie beim Kampf für die Demokratie am ehesten auf die Linksliberalen rechnen konnte. Doppelt schwer wog das Gewicht ihrer Gegner. Gegen sie verbanden sich alle die Kräfte, die ihre Herrschaftspositionen in Staat und Wirtschaft wahren oder erneuern wollten. Als stärkste und doch zugleich schwache Macht stemmte sie sich am konsequentesten dem Nationalsozialismus entgegen.
Gerade das Erlebnis des deutschen Faschismus und die Pervertierung des Kommunismus zum Stalinismus hat unter den freiheitlich eingestellten Sozialisten die Besinnung auf die Triebkräfte und Leitprinzipien dieser großen Emanzipationsbewegung belebt und vertieft. Wie ein roter Faden zieht sich durch die Geschichte des demokratischen Sozialismus der Kampf gegen Ausbeutung und Unterdrückung, richte sie sich gegen Klassen, Rassen, Konfessionen oder einzelne Menschen [1]. Ziel war und bleibt die Befreiung von Not und Furcht, wirtschaftlicher und sozialer Unsicherheit, gerechte Verteilung der Einkommen und Vermögen, Überwindung der Ungleichheit und Ungerechtigkeit durch eine Wirtschaftsordnung, die sich an den Interessen der Gemeinschaft orientiert. Demokratie bedeutet der Sozialdemokratie nicht nur das gestaltende Prinzip für die staatliche Ordnung, sondern das Leitbild für den Aufbau des gesamten gesellschaftlichen Lebens.
Demokratisierung in diesem Sinne heißt nicht nur Gewährung von Rechten, sondern der Auftrag, den Menschen zur Wahrnehmung seiner Freiheit zu befähigen. Neben der Schaffung und Erweiterung organisatorischer und materieller Voraussetzungen nehmen Erziehung und Bildung einen wichtigen Platz ein. Staat und Gesellschaft brauchen den kritisch prüfenden, mündigen Bürger, der in Selbstbestimmung

1 So oder ähnlich lauteten diese Grundsatzforderungen im Erfurter, Görlitzer und Heidelberger Programm; s. Dokumente 5, 16 und 17.

und Achtung vor den anderen tätigen Anteil an der Gestaltung des Gemeinschaftslebens nimmt. Die Wahrung und Sicherung des Friedens nach außen und die Lösung von Konflikten mit friedlichen Mitteln sind von der Sozialdemokratie seit ihren Anfängen angestrebte Grundforderungen für eine bessere Zukunft. Das große Ziel, mit dem die Arbeiterbewegung antrat, bedeutet heute wie vor mehr als 100 Jahren immer aufs neue Auftrag und Verpflichtung: eine Welt des Friedens in Freiheit und Gerechtigkeit, eine gesellschaftliche Ordnung, in der sich die Persönlichkeit des einzelnen in Solidarität mit dem anderen frei entfalten kann.

Zeittafel

1848	
Februar	Das von Karl Marx unter Mitarbeit von Friedrich Engels verfaßte „Manifest der Kommunistischen Partei“ wird in London veröffentlicht.
März	Revolution in Frankreich, Deutschland, Österreich, Ungarn.
April	In zahlreichen Städten entstehen Arbeitervereine.
28. August— 3. September	In Berlin tagt ein deutscher Arbeiterkongreß. Unter Stephan Borns Leitung wird die „Arbeiter-Verbrüderung“ gegründet.
1854	
Juli	Alle Arbeitervereinigungen werden auf Grund eines Vereinsgesetzes des Bundestages aufgelöst.
1861	In Sachsen wird das Koalitionsverbot aufgehoben.
1863	
1. März	Ferdinand Lassalle antwortet dem Leipziger Komitee in einem „Offenen Antwortschreiben“; er befürwortet die Bildung einer selbständigen politischen Partei der Arbeiterschaft.
23. Mai	In Leipzig wird der „Allgemeine Deutsche Arbeiterverein“ gegründet. Lassalle wird für fünf Jahre zum Präsidenten gewählt. Der ADAV erklärt zu seinem wichtigsten Ziel die „Herstellung des allgemeinen, gleichen und direkten Wahlrechts“.
1864	
31. August	Lassalle stirbt nach einem Duell.
September	Gründung der Internationalen Arbeiterassoziation (1. Internationale) in London.
1865	
Dezember	In Leipzig wird der „Allgemeine Deutsche Zigarrenarbeiterverein“ gegründet.
1866	
Mai	Bildung des „Deutschen Buchdruckerverbandes“.
19. August	Bebel und W. Liebknecht gründen mit bürgerlichen Demokraten die „Sächsische Volkspartei“.

1867

12. Februar	Bebel, W. Liebknecht und Schraps werden in den Norddeutschen Reichstag gewählt. Karl Marx veröffentlicht den ersten Band seines Hauptwerks „Das Kapital".

1868

5. September	Auf dem Vereinstag des Verbandes Deutscher Arbeitervereine beschließt eine Mehrheit, sich dem Programm der Internationalen Arbeiterassoziation anzuschließen. Die Bildung von Gewerkschaften wird unterstützt.

1869

7.—8. August	Gründung der Sozialdemokratischen Arbeiterpartei in Eisenach. Die SDAP erklärt sich ausdrücklich als deutscher Zweig der IAA.

1871

März	Erhebung der Pariser Kommune.

1875

22.—27. Mai	Vereinigung der „Lassalleaner" und „Eisenacher" auf dem Parteitag in Gotha zur „Sozialistischen Arbeiterpartei Deutschlands". Verabschiedung des „Gothaer Programms", das von Marx in seinen „Randglossen" heftig kritisiert wurde.

1876

1. Oktober	Die erste Nummer des „Vorwärts", des Zentralorgans der Sozialistischen Arbeiterpartei, erscheint in Leipzig.

1878

30. Juli	Trotz erheblicher Wahlbehinderung erhält die Sozialistische Arbeiterpartei bei den Reichstagswahlen 437 158 Stimmen und 9 Mandate.
19. Oktober	Das von Bismarck bereits im Mai eingebrachte „Gesetz gegen die gemeingefährlichen Bestrebungen der Sozialdemokratie" wird mit 221 gegen 149 Stimmen im Reichstag angenommen.

1880

20.—23. August	Kongreß der Sozialistischen Arbeiterpartei in Wyden/Schweiz.

1883

14. März	Karl Marx in London gestorben.

1889

Juli	Ein internationaler Arbeiterkongreß legt den 1. Mai als Tag des Kampfes für den Acht-Stunden-Tag fest.

1890

25. Januar	Der Reichstag lehnt eine Verlängerung des Sozialistengesetzes ab.
20. Februar	Bei den Reichstagswahlen erhält die SPD 1 427 000 Stimmen und wird damit zahlenmäßig stärkste Partei.
	Bildung der „Generalkommission der Gewerkschaften Deutschlands".

1891

August	Gründungskongreß der 2. Internationale.
14.—20. Oktober	Parteitag in Erfurt. Verabschiedung des Erfurter Programms.

1895

5. August	Friedrich Engels in London gestorben.

1899

	Bernstein veröffentlicht sein Buch „Die Voraussetzungen des Sozialismus und die Aufgaben der Sozialdemokratie".
9.—14. Oktober	Auseinandersetzungen über den Revisionismus auf dem Parteitag in Hannover.

1903

13.—20. September	Auf dem Parteitag in Dresden wird der Revisionismus verurteilt.

1905

22.—27. Mai	Massenstreikdebatte auf dem 5. Gewerkschaftskongreß in Köln. Der Kongreß lehnt die Propagierung des politischen Massenstreiks ab.
17.—23. September	Massenstreikdebatte auf dem Parteitag der SPD in Jena; wird nur als Abwehrkampfmittel gebilligt.

1906

23.—29. September	Fortsetzung der Massenstreikdiskussion auf dem Mannheimer Parteitag. Im „Mannheimer Abkommen" erhalten die Gewerkschaften weitgehende Unabhängigkeit zugestanden.

1912

12. Januar	Die SPD erhält bei den Reichstagswahlen 34,8 v. H. der Stimmen (4,3 Millionen).

1913

13. August	August Bebel in der Schweiz gestorben.

1914

3. August	Die Reichstagsfraktion der SPD beschließt mit 78 gegen 14 Stimmen, den geforderten Kriegskrediten zuzustimmen.
4. August	Die SPD-Fraktion stimmt im Reichstag einstimmig für die Kriegskreditvorlage. Der Vorsitzende Haase erklärt: „Wir lassen in der Stunde der Gefahr das Vaterland nicht im Stich."
2. Dezember	Karl Liebknecht stimmt als einziger gegen die zweite Kriegskreditvorlage.

1916

Januar	„Gruppe Internationale" um Rosa Luxemburg und Karl Liebknecht; Herausgabe der Spartakusbriefe.
24. März	Spaltung der SPD-Reichstagsfraktion, Gründung der „Sozialdemokratischen Arbeitsgemeinschaft".

1917

Januar	Reichskonferenz der Opposition; vom Parteiausschuß als „Sonderorganisation" verurteilt.
6.—8. April	In Gotha wird die „Unabhängige Sozialdemokratische Partei Deutschlands" (USPD) gegründet.

1918

Januar	Streikbewegung, vor allem in den Rüstungsbetrieben.
4. Oktober	Sozialdemokraten beteiligen sich an der Regierung des Prinzen Max von Baden.
4. November	Ein Arbeiter- und Soldatenrat übernimmt in Kiel die politische und militärische Gewalt.
7./8. November	Die revolutionäre Erhebung der Arbeiter, Matrosen und Soldaten breitet sich über ganz Deutschland aus. Unabhängig von der Matrosenbewegung wird in München die Republik ausgerufen.
9. November	Prinz Max von Baden überträgt Ebert die Regierungsgeschäfte. Scheidemann ruft die Republik aus.
10. November	Revolutionsregierung des Rates der Volksbeauftragten aus MSPD (Ebert, Scheidemann, Landsberg) und USPD (Haase, Dittmann, Barth). Vollzugsrat der Berliner Arbeiter- und Soldatenräte.
12. November	Der Rat der Volksbeauftragten verkündet, „das sozialistische Programm zu verwirklichen." Ebert nimmt das Angebot der Obersten Heeresleitung zur Zusammenarbeit an.
15. November	Gewerkschaften und Arbeitgeberverbände vereinbaren ein Abkommen, in dem die meisten gewerkschaftlichen Forderungen anerkannt und die Gründung einer „Zentralarbeitsgemeinschaft" beschlossen wird.
16.—20. Dezember	Reichskonferenz der Arbeiter- und Soldatenräte. Die Räte entscheiden sich für die Wahlen zu einer Nationalversammlung und fordern sofortige Sozialisierungsmaßnahmen.

29. Dezember	Ausscheiden der USPD aus dem Rat der Volksbeauftragten.
30. Dezember	Gründung der Kommunistischen Partei Deutschlands.

1919

4.—13. Januar	Kämpfe zwischen revolutionären Arbeitern und Soldaten und von der Regierung Ebert eingesetzten Truppen.
15. Januar	Rosa Luxemburg und Karl Liebknecht werden ermordet.
19. Januar	Bei den Wahlen zur Nationalversammlung erhält die SPD 37,9 v. H., die USPD 7,6 v. H. der Stimmen.
11. Februar	Ebert wird zum Reichspräsidenten gewählt.
13. Februar	Scheidemann bildet die erste Weimarer Koalitionsregierung aus SPD, DDP und Zentrum.
7. April	Ausrufung der Räterepublik in Bayern.
10.—15. Juni	Parteitag der SPD in Weimar.
20. Juni	Nach dem Rücktritt Scheidemanns bildet Gustav Bauer (SPD) erneut eine Koalitionsregierung mit dem Zentrum, der später die DDP wieder beitritt.

1920

18. Januar	Das Betriebsrätegesetz wird verabschiedet.
13.—17. März	Kapp-Putsch. Ein von den Gewerkschaften und der SPD/USPD ausgerufener Generalstreik zwingt Kapp zum Rückzug.
27. März	Hermann Müller bildet nach dem Rücktritt des Kabinetts Bauer wiederum eine Regierung mit dem Zentrum und der DDP.
6. Juni	Bei den Reichstagswahlen sinkt der Stimmenanteil der SPD (von 37,9 v. H. auf 21,6 v. H.), während die USPD einen großen Wahlerfolg erzielt (von 7,6 v. H. auf 18,0 v. H.).
12.—17. Oktober	Auf einem außerordentlichen Parteitag der USPD in Halle nimmt die Mehrheit die Bedingungen zur Aufnahme in die Kommunistische Internationale an. Das Abstimmungsergebnis führt zur Spaltung der USPD.
4.—7. Dezember	Der linke Flügel der USPD vereinigt sich mit der KPD zur Vereinigten Kommunistischen Partei Deutschlands.

1921

18.—24. September	Der SPD-Parteitag in Görlitz nimmt ein neues Parteiprogramm an.

1922

24. September	Wiederzusammenschluß der Rest-USPD mit der MSPD zur Vereinigten Sozialdemokratischen Partei Deutschlands.

1923

	Gewerkschaften und Sozialdemokratie unterstützen den passiven Widerstand gegen die Ruhrbesetzung.

1924

15. Januar	Der ADGB tritt aus der am 15. November 1918 mit den Arbeitgeberverbänden gebildeten Arbeitsgemeinschaft aus.

1925

28. Februar	Tod Friedrich Eberts.
13.—18. September	Auf dem SPD-Parteitag in Heidelberg wird ein neues Programm beschlossen.

1928

20. Mai	Hermann Müller bildet eine Regierung der Großen Koalition mit SPD, DDP, Zentrum, DVP und Bayerischer Volkspartei.

1930

27. März	Eine geplante Neuregelung der Arbeitslosenversicherung führt zum Bruch der Großen Koalition.
14. September	Nach dem Erfolg der NSDAP bei den Reichstagswahlen entschließt sich die SPD zur Tolerierung der Regierung Brüning.

1931

22. Dezember	Gründung der „Eisernen Front" zur Abwehr der faschistischen Gefahr. Ihr gehören SPD, ADGB, Reichsbanner und Arbeitersportorganisationen an.

1932

13. März	Die SPD unterstützt die Wahl Hindenburgs zum Reichspräsidenten.
20. Juli	Die sozialdemokratische Regierung in Preußen wird mit Hilfe des Art. 48 abgesetzt.

1933

30. Januar	Hitler wird Reichskanzler.
23. März	Die SPD-Reichstagsfraktion stimmt gegen das Ermächtigungsgesetz.
2. Mai	Besetzung der Gewerkschaftshäuser der Freien Gewerkschaften.
22. Juni	Verbot der SPD, Einsetzen einer großen Verhaftungswelle.

1934

28. Januar	Prager Manifest der Sopade „Kampf und Ziel des revolutionären Sozialismus"

1941

19. März	Gründung der „Union deutscher sozialistischer Organisationen in Großbritannien".

Diagramme

1. Wähleranteil und Reichstagsmandate der SPD 1871 bis 1912

in Prozent

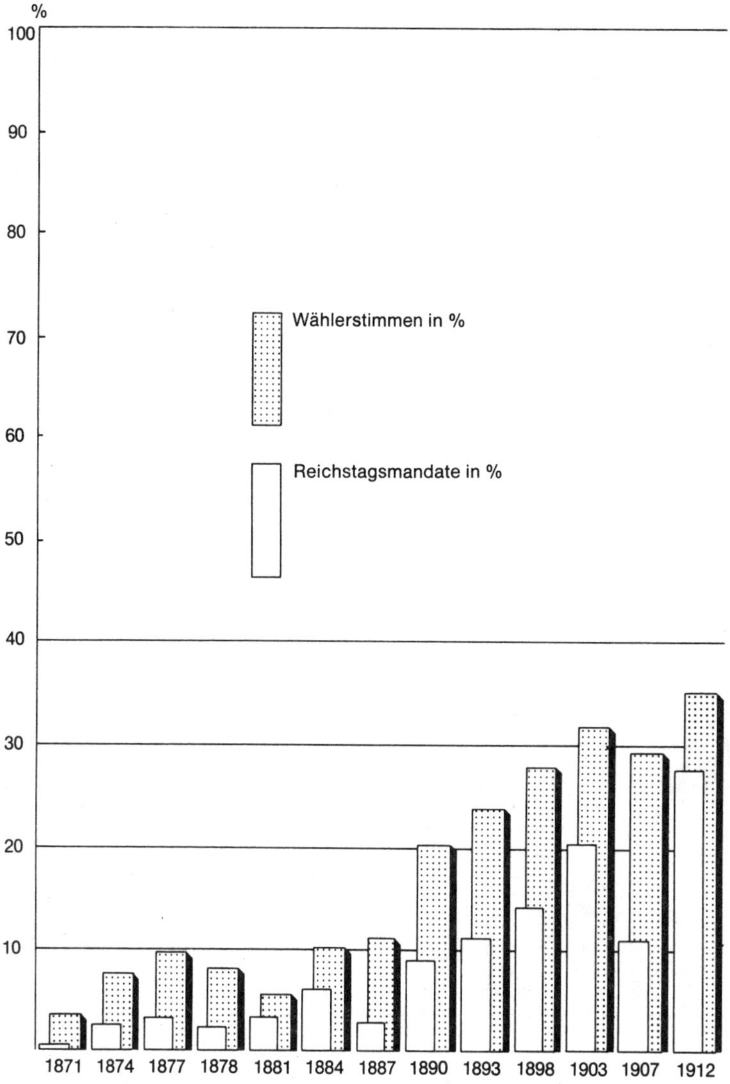

2. Wählerstimmen und Reichstagsmandate* 1871 bis 1912

in absoluten Zahlen

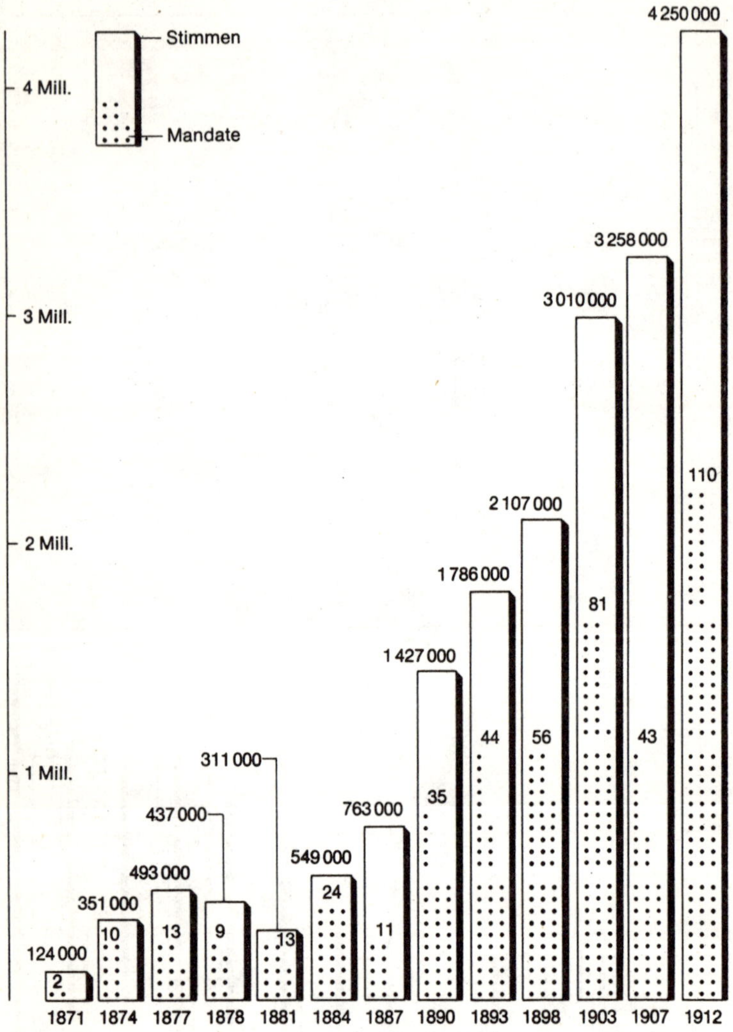

* von 397 Abgeordneten insgesamt; 1871 nur 382 Abgeordnete

3. Reichstagswahlen 1919 bis 1933

Anteil der Parteien an den abgegebenen gültigen Stimmen

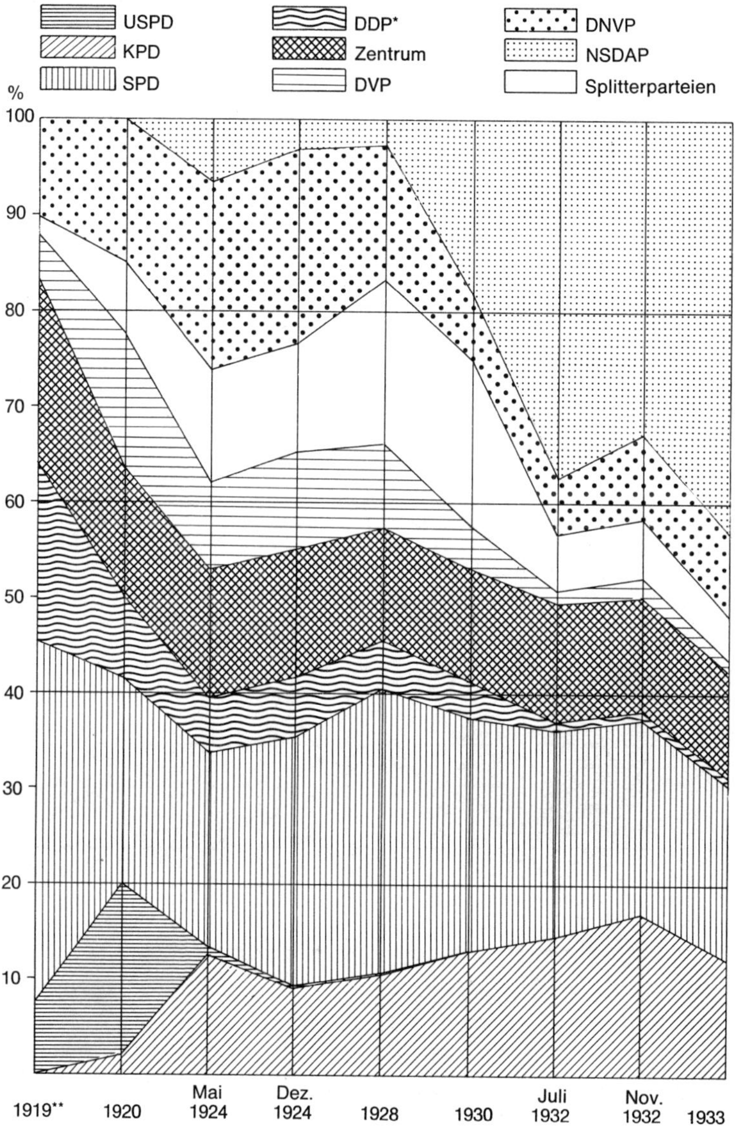

* Seit 1930 „Deutsche Staatspartei"

** 1919 Wahlen zur Nationalversammlung

4. Die SPD und USPD in den Reichstagswahlen von 1919 bis 1933*

Anteil an den abgegebenen gültigen Stimmen

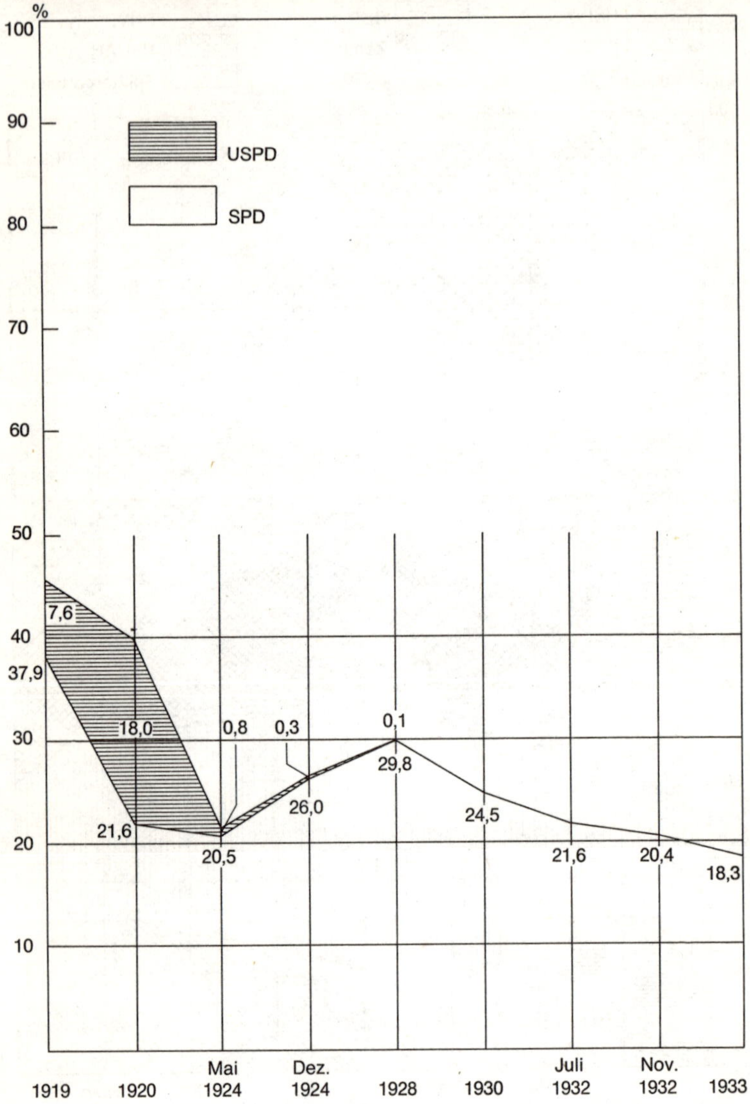

*1919 Wahlen zur Nationalversammlung

5. Einkommensentwicklung 1874-1974

Jährliches Volkseinkommen je Einwohner in DM

(ausgedrückt in Geld von heutiger Kaufkraft)

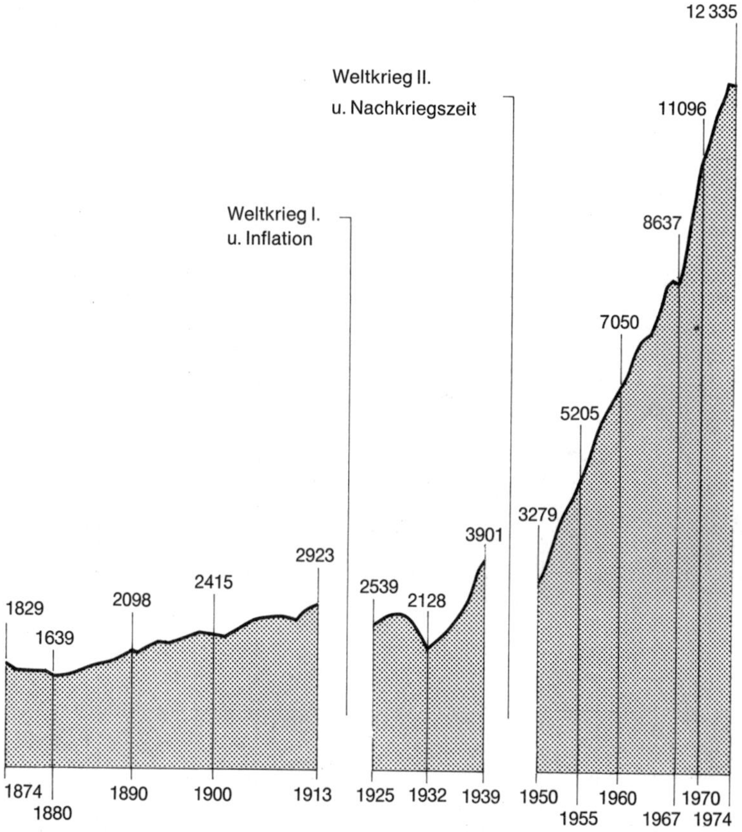

6. Nominalwochenlöhne in der Industrie und Lebenshaltungskosten 1871 bis 1932

Index 1913 = 100

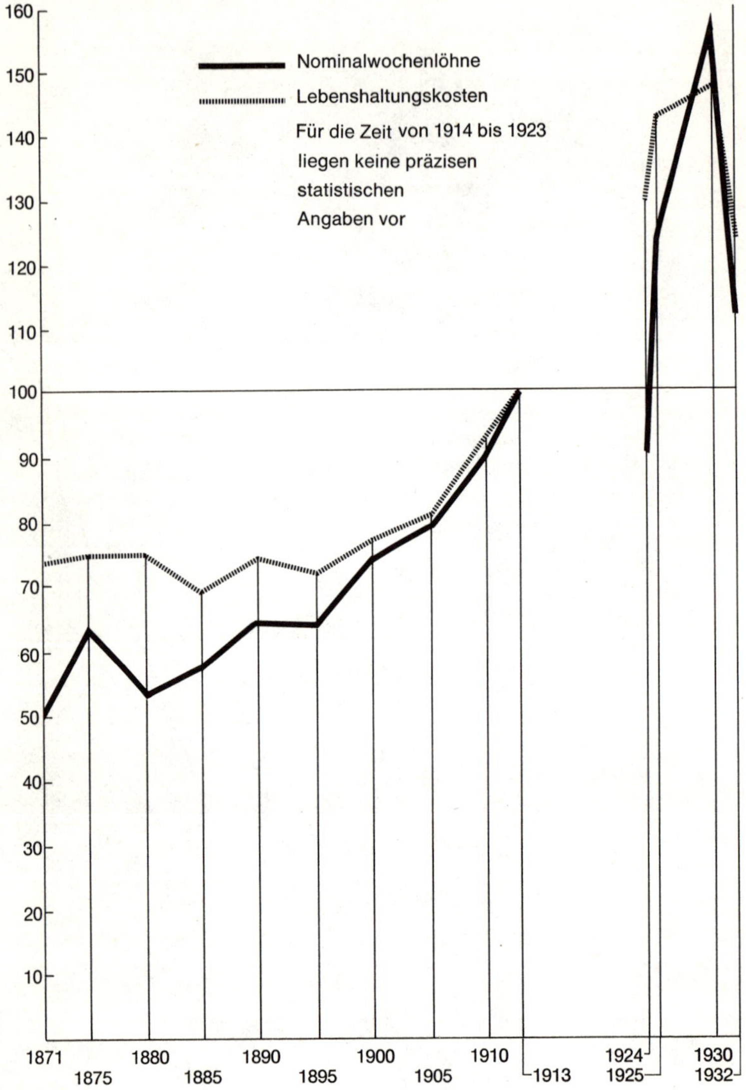

7. Realwochenlöhne in der Industrie 1871 bis 1932
Index 1913 = 100

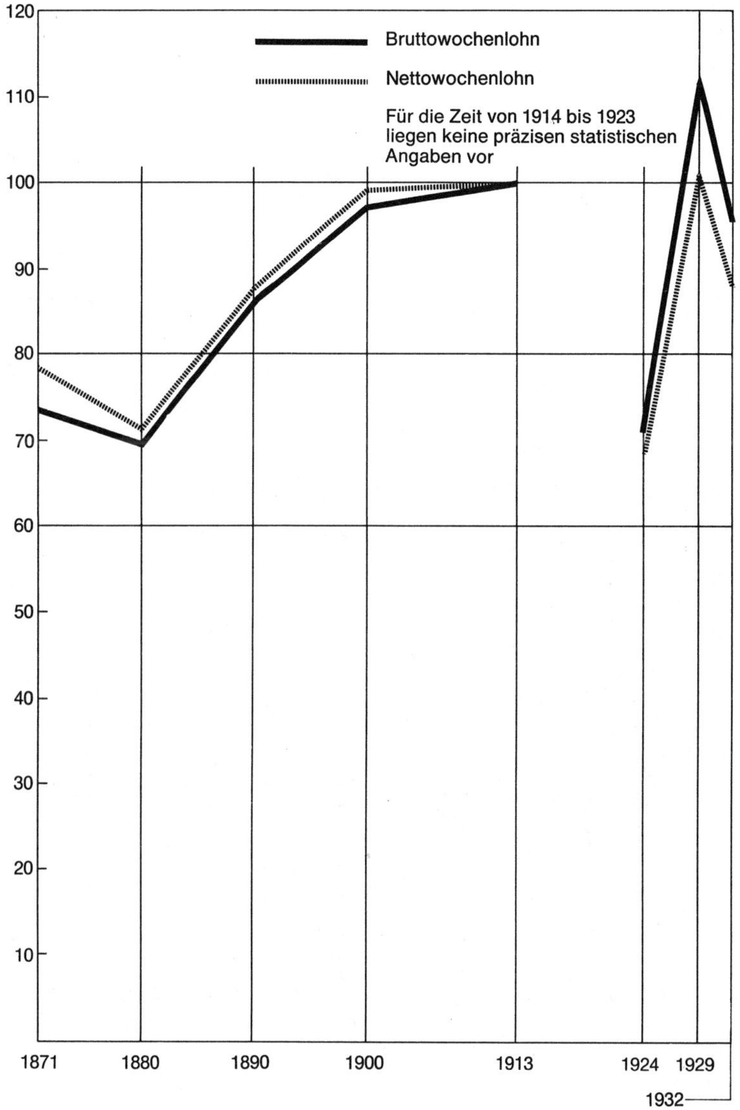

8. Zahlen der Arbeitslosen 1928 bis 1933

in Millionen

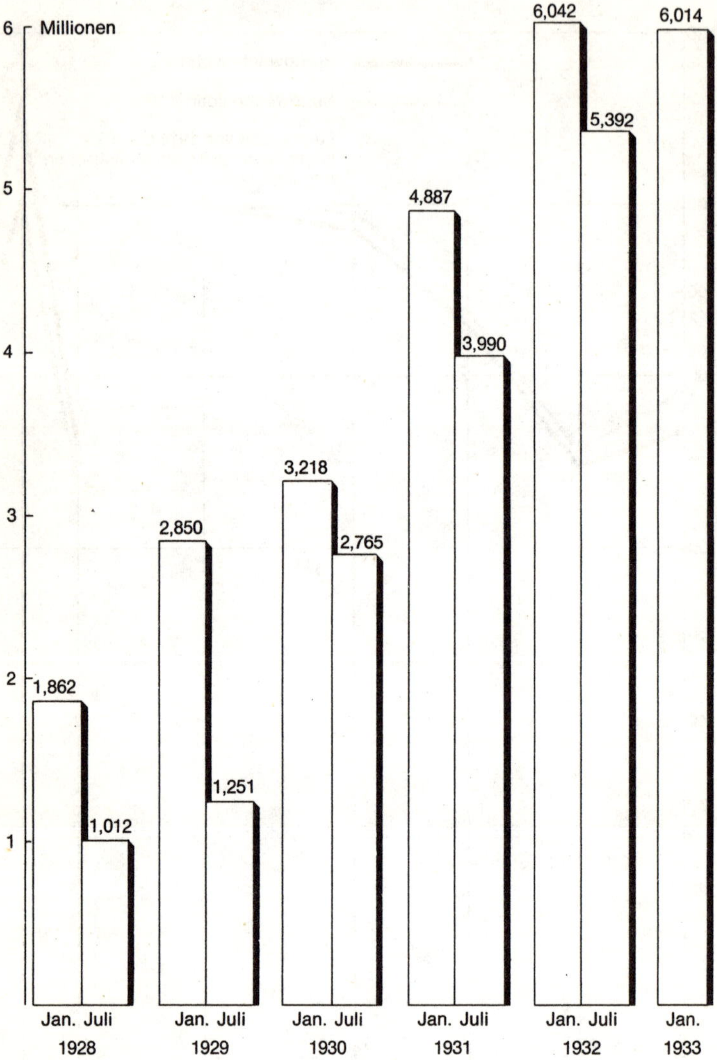

Höchster Stand im Februar 1932: 6128429

Dokumente

1. Karl Marx: Manifest der Kommunistischen Partei, Februar 1848

Ein Gespenst geht um in Europa — das Gespenst des Kommunismus. Alle Mächte des alten Europa haben sich zu einer heiligen Hetzjagd gegen dies Gespenst verbündet, der Papst und der Zar, Metternich und Guizot, französische Radikale und deutsche Polizisten.
Wo ist die Oppositionspartei, die nicht von ihren regierenden Gegnern als kommunistisch verschrien worden wäre, wo die Oppositionspartei, die den fortgeschrittenen Oppositionsleuten sowohl wie ihren reaktionären Gegnern den brandmarkenden Vorwurf des Kommunismus nicht zurückgeschleudert hätte?
Zweierlei geht aus dieser Tatsache hervor.
Der Kommunismus wird bereits von allen europäischen Mächten als eine Macht anerkannt.
Es ist hohe Zeit, daß die Kommunisten ihre Anschauungsweise, ihre Zwekke, ihre Tendenzen vor der ganzen Welt offen darlegen und dem Märchen vom Gespenst des Kommunismus ein Manifest der Partei selbst entgegenstellen.
Zu diesem Zweck haben sich Kommunisten der verschiedensten Nationalität in London versammelt und das folgende Manifest entworfen, das in englischer, französischer, deutscher, italienischer, flämischer und dänischer Sprache veröffentlicht wird. [...]
Die aus dem Untergang der feudalen Gesellschaft hervorgegangene moderne bürgerliche Gesellschaft hat die Klassengegensätze nicht aufgehoben. Sie hat nur neue Klassen, neue Bedingungen der Unterdrückung, neue Gestaltungen des Kampfes an die Stelle der alten gesetzt.
Unsere Epoche, die Epoche der Bourgeoisie, zeichnet sich jedoch dadurch aus, daß sie die Klassengegensätze vereinfacht hat. Die ganze Gesellschaft spaltet sich mehr und mehr in zwei große feindliche Lager, in zwei große, einander direkt gegenüberstehende Klassen: Bourgeoisie und Proletariat. [...]
Die Waffen, womit die Bourgeoisie den Feudalismus zu Boden geschlagen hat, richten sich jetzt gegen die Bourgeoisie selbst.
Aber die Bourgeoisie hat nicht nur die Waffen geschmiedet, die ihr den Tod bringen; sie hat auch Männer gezeugt, die diese Waffen führen werden — die modernen Arbeiter, die *Proletarier.*
In demselben Maße, worin sich die Bourgeoisie, d. h. das Kapital entwikkelt, in demselben Maße entwickelt sich das Proletariat, die Klasse der modernen Arbeiter, die nur so lange leben, als sie Arbeit finden, und die nur so lange Arbeit finden, als ihre Arbeit das Kapital vermehrt. Diese Arbeiter, die sich stückweise verkaufen müssen, sind eine Ware, wie jeder andere Handelsartikel, und daher gleichmäßig allen Wechselfällen der Konkurrenz, allen Schwankungen des Marktes ausgesetzt. [...]

Alle bisherige Gesellschaft beruhte, wie wir gesehen haben, auf dem Gesetz unterdrückender und unterdrückter Klassen. Um aber eine Klasse unterdrücken zu können, müssen ihre Bedingungen gesichert sein, innerhalb derer sie wenigstens ihre knechtische Existenz fristen kann. Der Leibeigene hat sich zum Mitglied der Kommune in der Leibeigenschaft herangearbeitet, wie der Kleinbürger zum Bourgeois unter dem Joch des feudalistischen Absolutismus. Der moderne Arbeiter dagegen, statt sich mit dem Fortschritt der Industrie zu heben, sinkt immer tiefer unter die Bedingungen seiner eigenen Klasse herab. Der Arbeiter wird zum Pauper, und der Pauperismus entwickelt sich noch schneller als Bevölkerung und Reichtum. Es tritt hiermit offen hervor, daß die Bourgeoisie unfähig ist, noch länger die herrschende Klasse der Gesellschaft zu bleiben und die Lebensbedingungen ihrer Klasse der Gesellschaft als regelndes Gesetz aufzuzwingen. Sie ist unfähig zu herrschen, weil sie unfähig ist, ihrem Sklaven die Existenz selbst innerhalb seiner Sklaverei zu sichern, weil sie gezwungen ist, ihn in eine Lage herabsinken zu lassen, wo sie ihn ernähren muß, statt von ihm ernährt zu werden. Die Gesellschaft kann nicht mehr unter ihr leben, d. h. ihr Leben ist nicht mehr verträglich mit der Gesellschaft.

Die wesentliche Bedingung für die Existenz und für die Herrschaft der Bourgeoisklasse ist die Anhäufung des Reichtums in den Händen von Privaten, die Bildung und Vermehrung des Kapitals; die Bedingung des Kapitals ist die Lohnarbeit. Die Lohnarbeit beruht ausschließlich auf der Konkurrenz der Arbeiter unter sich. Der Fortschritt der Industrie, dessen willenloser und widerstandsloser Träger die Bourgeoisie ist, setzt an die Stelle der Isolierung der Arbeiter durch die Konkurrenz ihre revolutionäre Vereinigung durch die Assoziation. Mit der Entwicklung der großen Industrie wird also unter den Füßen der Bourgeoisie die Grundlage selbst hinweggezogen, worauf sie produziert und die Produkte sich aneignet. Sie produziert vor allem ihre eigenen Totengräber. Ihr Untergang und der Sieg des Proletariats sind gleich unvermeidlich. [. . .]

In welchem Verhältnis stehen die Kommunisten zu den Proletariern überhaupt?

Die Kommunisten sind keine besondere Partei gegenüber den andern Arbeiterparteien.

Sie haben keine von den Interessen des ganzen Proletariats getrennten Interessen.

Sie stellen keine besonderen Prinzipien auf, wonach sie die proletarische Bewegung modeln wollen.

Die Kommunisten unterscheiden sich von den übrigen proletarischen Parteien nur dadurch, daß sie einerseits in den verschiedenen *nationalen Kämpfen* der Proletarier die gemeinsamen, *von der Nationalität unabhängigen Interessen* des gesamten Proletariats hervorheben und zur Geltung bringen, andererseits dadurch, daß sie in den verschiedenen Entwicklungsstufen, welche der Kampf zwischen Proletariat und Bourgeoisie durchläuft, stets das Interesse der Gesamtbewegung vertreten.

Die Kommunisten sind also praktisch der entschiedenste, immer weiter treibende Teil der Arbeiterparteien aller Länder; sie haben theoretisch vor der übrigen Masse des Proletariats die Einsicht in die Bedingungen, den Gang und die allgemeinen Resultate der proletarischen Bewegung voraus.

Der nächste Zweck der Kommunisten ist derselbe wie der aller übrigen proletarischen Parteien: Bildung des Proletariats zur Klasse, Sturz der

Bourgeoisieherrschaft, Eroberung der politischen Macht durch das Proletariat. [...]
Was den Kommunismus auszeichnet, ist nicht die Abschaffung des Eigentums überhaupt, sondern die Abschaffung des bürgerlichen Eigentums.
Aber das moderne bürgerliche Privateigentum ist der letzte und vollendetste Ausdruck der Erzeugung und Aneignung der Produkte, die auf Klassengegensätzen, auf der Ausbeutung der einen durch die andern beruht.
In diesem Sinne können die Kommunisten ihre Theorie in dem einen Ausdruck: Aufhebung des Privateigentums, zusammenfassen. [...]
Wir sahen schon oben, daß der erste Schritt in der Arbeiterrevolution die Erhebung des Proletariats zur herrschenden Klasse, die Erkämpfung der Demokratie ist.
Das Proletariat wird seine politische Herrschaft dazu benutzen, der Bourgeoisie nach und nach alles Kapital zu entreißen, alle Produktionsinstrumente in den Händen des Staats, d. h. des als herrschende Klasse organisierten Proletariats zu zentralisieren und die Masse der Produktionskräfte möglichst rasch zu vermehren.
Es kann dies natürlich zunächst nur geschehen vermittels despotischer Eingriffe in das Eigentumsrecht und in die bürgerlichen Produktionsverhältnisse, durch Maßregeln also, die ökonomisch unzureichend und unhaltbar erscheinen, die aber im Lauf der Bewegung über sich selbst hinaustreiben und als Mittel zur Umwälzung der ganzen Produktionsweise unvermeidlich sind.
Diese Maßregeln werden natürlich je nach den verschiedenen Ländern verschieden sein.
Für die fortgeschrittensten Länder werden jedoch die folgenden ziemlich allgemein in Anwendung kommen können:

1. Expropriation des Grundeigentums und Verwendung der Grundrente zu Staatsausgaben.
2. Starke Progressivsteuer.
3. Abschaffung des Erbrechts.
4. Konfiskation des Eigentums aller Emigranten und Rebellen.
5. Zentralisation des Kredits in den Händen des Staats durch eine Nationalbank mit Staatskapital und ausschließlichem Monopol.
6. Zentralisation des Transportwesens in den Händen des Staats.
7. Vermehrung der Nationalfabriken, Produktionsinstrumente, Urbarmachung und Verbesserung der Ländereien nach einem gemeinschaftlichen Plan.
8. Gleicher Arbeitszwang für alle, Errichtung industrieller Armeen, besonders für den Ackerbau.
9. Vereinigung des Betriebs von Ackerbau und Industrie, Hinwirken auf die allmähliche Beseitigung des Unterschieds von Stadt und Land.
10. Öffentliche und unentgeltliche Erziehung aller Kinder. Beseitigung der Fabrikarbeit der Kinder in ihrer heutigen Form. Vereinigung der Erziehung mit der materiellen Produktion usw.

Sind im Laufe der Entwicklung die Klassenunterschiede verschwunden, und ist alle Produktion in den Händen der assoziierten Individuen konzentriert, so verliert die öffentliche Gewalt den politischen Charakter. Die politische Gewalt im eigentlichen Sinne ist die organisierte Gewalt einer Klasse zur Unterdrückung einer andern. Wenn das Proletariat im Kampf gegen die Bourgeoisie sich notwendig zur Klasse vereint, durch eine Revolution sich zur herrschenden Klasse macht und als herrschende Klasse gewaltsam die

alten Produktionsverhältnisse aufhebt, so hebt es mit diesen Produktionsverhältnissen die Existenzbedingungen des Klassengesetzes, die Klassen überhaupt und damit seine eigene Herrschaft als Klasse auf.
An die Stelle der alten bürgerlichen Gesellschaft mit ihren Klassen und Klassengegensätzen tritt eine Assoziation, worin die freie Entwicklung eines jeden die Bedingung für die freie Entwicklung aller ist. [...]
Die Kommunisten verschmähen es, ihre Ansichten und Absichten zu verheimlichen. Sie erklären es offen, daß ihre Zwecke nur erreicht werden können durch gewaltsamen Umsturz aller bisherigen Gesellschaftsordnung. Mögen die herrschenden Klassen vor einer kommunistischen Revolution zittern. Die Proletarier haben nichts in ihr zu verlieren als ihre Ketten. Sie haben eine Welt zu gewinnen.

Proletarier aller Länder, vereinigt euch!

Erstmals veröffentlicht London (Februar) 1848. Vielfach abgedruckt u.a. in Programmatische Dokumente der deutschen Sozialdemokratie.

2. Ferdinand Lassalle: Offenes Antwortschreiben vom 1. März 1863

Sie fordern mich in Ihrer Zuschrift auf, Ihnen in irgendeiner mir passend erscheinenden Form, meine Ansichten über die Arbeiterbewegung und über die Mittel, deren sie sich zu bedienen hat, um die Verbesserung der Lage des Arbeiterstandes in politischer, materieller und geistiger Beziehung zu erreichen, sowie besonders auch über den Wert der Assoziation für die ganze unbemittelte Volksklasse auszusprechen.
Ich nehme keinen Anstand, Ihrem Wunsche nachzukommen und wähle dazu die einfachste, durch die Natur der Sache nahegelegte Form, die Form eines öffentlichen Send- und Antwortschreibens auf Ihren Brief. [...]
Der Arbeiterstand muß sich als selbständige politische Partei konstituieren und das allgemeine, gleiche und direkte Wahlrecht zu dem prinzipiellen Losungswort und Banner dieser Partei machen. *Die Vertretung des Arbeiterstandes in den gesetzgebenden Körpern Deutschlands* — dies ist es allein, was in politischer Hinsicht seine legitimen Interessen befriedigen kann. Eine friedliche und gesetzliche Agitation hierfür mit allen gesetzlichen Mitteln zu eröffnen, das ist und muß in *politischer* Hinsicht das Programm der *Arbeiterpartei* sein. [...]
Das eherne ökonomische Gesetz, welches unter den heutigen Verhältnissen, unter der Herrschaft von Angebot und Nachfrage nach Arbeit, *den Arbeitslohn bestimmt,* ist dieses: daß der *durchschnittliche Arbeitslohn immer auf den notwendigen Lebensunterhalt reduziert bleibt, der in einem Volke gewohnheitsmäßig zur Fristung der Existenz und zur Fortpflanzung erforderlich ist.* Dies ist der Punkt, um welchen der wirkliche Tageslohn in Pendelschwingungen jederzeit herumgravitiert, ohne sich jemals lange weder über denselben erheben, noch unter denselben herunterfallen zu können. [...]
Die Beschränkung des durchschnittlichen Arbeitslohnes auf die *in einem Volke gewohnheitsmäßig zur Fristung der Existenz und zur Fortpflanzung erforderliche Lebensnotdurft* — das ist also, ich wiederhole es Ihnen, das eherne und grausame Gesetz, welches den Arbeitslohn unter den heutigen Verhältnissen beherrscht. [...]
Den Arbeiterstand zu seinem eigenen Unternehmer machen — das ist das Mittel, durch welches — und durch *welches allein* — wie Sie jetzt sofort selbst sehen, jenes eherne und grausame Gesetz beseitigt würde, das den Arbeitslohn bestimmt!
Wenn *der Arbeiterstand sein eigener Unternehmer ist,* so fällt jene *Scheidung* zwischen *Arbeitslohn und Unternehmergewinn* und mit ihr der bloße *Arbeitslohn* überhaupt fort, und an seine Stelle tritt als Vergeltung der Arbeit: der *Arbeitsertrag!*
Die Aufhebung des Unternehmergewinns in der friedlichsten, legalsten und einfachsten Weise, indem sich der *Arbeiterstand durch freiwillige Assoziationen als sein eigener Unternehmer organisiert,* die hiermit und hiermit allein gegebene Aufhebung jenes Gesetzes, welches unter der heutigen Produktion

von dem Produktions-Ertrag das eben zur Lebensfristung Erforderliche auf die Arbeiter als Lohn und den gesamten Überschuß auf den Unternehmer verteilt, *das* ist die einzige wahrhafte, die einzig seinen gerechten Ansprüchen entsprechende, die einzige *nicht illusionäre* Verbesserung der Lage des Arbeiterstandes.

[...] Und gewiß ist nichts sicherer, nichts festerstehend, als daß Sie dies *niemals* ermöglichen würden, wenn *Sie ausschließlich und lediglich und allein* auf *Ihre isolierten Anstrengungen als Individuen* reduziert bleiben.

Ebendeshalb ist es Sache und Aufgabe *des Staates,* Ihnen dies zu *ermöglichen,* die große Sache *der freien individuellen Assoziation des Arbeiterstandes fördernd* und *entwickelnd* in seine Hand zu nehmen und es zu seiner heiligsten Pflicht zu machen, Ihnen die *Mittel und Möglichkeiten* zu dieser Ihrer *Selbstorganisation und Selbstassoziation* zu bieten.

Und hier lassen Sie sich nicht durch das Geschrei derer täuschen und irreführen, die Ihnen sagen werden, daß *jede solche Intervention des Staates die soziale Selbsthilfe* aufhebe... [...]

Zugleich habe ich Ihnen bereits den Beweis geliefert, daß der Staat überhaupt gar nichts anderes als die *große Organisation, die große Assoziation der arbeitenden Klassen ist,* und daß also die Hilfe und Förderung, durch welche der Staat jene kleineren Assoziationen ermöglichte, gar nichts anders sein würde, als die vollkommen natur- und rechtmäßig, vollkommen legitime *soziale Selbsthilfe,* welche die *arbeitenden Klassen als große Assoziationen sich selbst,* ihren Mitgliedern *als vereinzelten Individuen, erweisen.*

Noch einmal also, die *freie individuelle Assoziation der Arbeiter, aber die freie individuelle Assoziation ermöglicht* durch die stützende und fördernde Hand *des Staates* — das ist der einzige *Weg aus der Wüste, der dem Arbeiterstand gegeben ist.*

Wie aber den Staat zu dieser Intervention vermögen?

Und hier wird nun sofort sonnenhell die Antwort vor Ihrer aller Augen stehen: dies wird nur durch *das allgemeine und direkte Wahlrecht möglich sein.* Wenn die *gesetzgebenden Körper Deutschlands aus allgemeinem und direktem Wahlrecht hervorgehen* — dann und *nur* dann werden Sie den Staat bestimmen können, sich dieser seiner Pflicht zu unterziehen. [...]

Organisieren Sie sich als ein allgemeiner deutscher Arbeiterverein zu dem Zwecke einer gesetzlichen und friedlichen, aber unermüdlichen, unablässigen Agitation für die Einführung des allgemeinen und direkten Wahlrechts in allen deutschen Ländern. Von dem Augenblicke an, wo dieser Verein auch nur 100 000 deutsche Arbeiter umfaßt, wird er bereits eine Macht sein, mit welcher jeder rechnen muß. Pflanzen Sie diesen Ruf fort in jede Werkstatt, in jedes Dorf, in jede Hütte. [...]

Wenn Sie diesen Ruf — was Ihnen binnen weniger Jahre gelingen kann — wirklich *durch die 89 bis 96 Prozent der Gesamtbevölkerung fortgepflanzt haben werden,* welche, wie ich Ihnen gezeigt habe, die armen und unbemittelten Klassen der Gesellschaft bilden, dann wird man — seien Sie unbesorgt — Ihrem Wunsche nicht lange widerstehen! Man kann von Seiten der Regierung mit der Bourgeoisie über politische Rechte schmollen und hadern. Man kann selbst Ihnen politische Rechte und somit auch das allgemeine Wahlrecht verweigern, bei der Lauheit, mit welcher politische Rechte aufgefaßt werden. Aber das allgemeine Wahlrecht von 89 bis 96 Prozent der

Bevölkerung als *Magenfrage aufgefaßt* und daher auch *mit der Magenwärme* durch den ganzen nationalen Körper hinverbreitet — seien Sie ganz unbesorgt, meine Herren, es gibt keine Macht, die sich dem lange widersetzen würde!

Dies ist das Zeichen, das Sie aufpflanzen müssen!

Dies ist das Zeichen in dem Sie siegen werden! Es gibt kein anderes für Sie!

Ferdinand Lassalles „Offenes Antwortschreiben an das Zentralkomitee zur Berufung eines Allgemeinen Deutschen Arbeiter-Congresses zu Leipzig“, Zürich 1863.

3. Programm der Sozialdemokratischen Arbeiterpartei, Eisenach 1869

I. Die sozialdemokratische Arbeiterpartei erstrebt die Errichtung des freien Volksstaates.

II. Jedes Mitglied der sozialdemokratischen Arbeiterpartei verpflichtet sich, mit ganzer Kraft einzutreten für folgende Grundsätze:

1. Die heutigen politischen und sozialen Zustände sind im höchsten Grade ungerecht und daher mit der größten Energie zu bekämpfen.

2. Der Kampf für die Befreiung der arbeitenden Klassen ist nicht ein Kampf für Klassenprivilegien und Vorrechte, sondern für gleiche Rechte und Pflichten und für die Abschaffung aller Klassenherrschaft.

3. Die ökonomische Abhängigkeit des Arbeiters von dem Kapitalisten bildet die Grundlage der Knechtschaft in jeder Form, und es erstrebt deshalb die sozialdemokratische Partei unter Abschaffung der jetzigen Produktionsweise (Lohnsystem) durch genossenschaftliche Arbeit den vollen Arbeitsertrag für jeden Arbeiter.

4. Die politische Freiheit ist die unentbehrliche Vorbedingung zur ökonomischen Befreiung der arbeitenden Klassen. Die soziale Frage ist mithin untrennbar von der politischen, ihre Lösung durch diese bedingt und nur möglich im demokratischen Staat.

5. In Erwägung, daß die politische und ökonomische Befreiung der Arbeiterklasse nur möglich ist, wenn diese gemeinsam und einheitlich den Kampf führt, gibt sich die sozialdemokratische Arbeiterpartei eine einheitliche Organisation, welche es aber auch jedem einzelnen ermöglicht, seinen Einfluß für das Wohl der Gesamtheit geltend zu machen.

6. In Erwägung, daß die Befreiung der Arbeit weder eine lokale noch eine nationale, sondern eine soziale Aufgabe ist, welche alle Länder, in denen es moderne Gesellschaft gibt, umfaßt, betrachtet sich die sozialdemokratische Arbeiterpartei, soweit es die Vereinsgesetze gestatten, als Zweig der Internationalen Arbeiterassoziation, sich deren Bestrebungen anschließend.

III. Als die nächsten Forderungen in der Agitation der sozialdemokratischen Arbeiterpartei sind geltend zu machen:

1. Erteilung des allgemeinen, gleichen, direkten und geheimen Wahlrechts an alle Männer vom 20. Lebensjahr an zur Wahl für das Parlament, die Landtage der Einzelstaaten, die Provinzial- und Gemeindevertretungen wie alle übrigen Vertretungskörper. Den gewählten Vertretern sind genügend Diäten zu gewähren.

2. Einführung der direkten Gesetzgebung (das heißt Vorschlags- und Verwerfungsrecht) durch das Volk.

3. Aufhebung aller Vorrechte des Standes, des Besitzes, der Geburt und Konfession.

4. Errichtung der Volkswehr an Stelle des stehenden Heeres.

5. Trennung der Kirche vom Staat und Trennung der Schule von der Kirche.

6. Obligatorischer Unterricht in Volksschulen und unentgeltlicher Unterricht in allen öffentlichen Bildungsanstalten.

7. Unabhängigkeit der Gerichte, Einführung der Geschworenen- und Fachgewerbegerichte, Einführung des öffentlichen und mündlichen Gerichtsverfahrens und unentgeltliche Rechtspflege.

8. Abschaffung aller Preß-, Vereins- und Koalitionsgesetze; Einführung des Normalarbeitstages; Einschränkung der Frauen- und Verbot der Kinderarbeit.

9. Abschaffung aller indirekten Steuern und Einführung einer einzigen Einkommensteuer und Erbschaftssteuer.

10. Staatliche Förderung des Genossenschaftswesens und Staatskredit für freie Produktivgenossenschaften unter demokratischen Garantien.

Veröffentlicht in: Demokratisches Wochenblatt, Nr. 33, 14. August 1869.

4. Programm der Sozialistischen Arbeiterpartei Deutschlands, Gotha 1875

I. Die Arbeit ist die Quelle alles Reichtums und aller Kultur, und da allgemein nutzbringende Arbeit nur durch die Gesellschaft möglich ist, so gehört der Gesellschaft, das heißt allen ihren Gliedern, das gesamte Arbeitsprodukt, bei allgemeiner Arbeitspflicht, nach gleichem Recht, jedem nach seinen vernunftgemäßen Bedürfnissen.
In der heutigen Gesellschaft sind die Arbeitsmittel Monopol der Kapitalistenklasse; die hierdurch bedingte Abhängigkeit der Arbeiterklasse ist die Ursache des Elends und der Knechtschaft in allen Formen.
Die Befreiung der Arbeit erfordert die Verwandlung der Arbeitsmittel in Gemeingut der Gesellschaft und die genossenschaftliche Regelung der Gesamtarbeit mit gemeinnütziger Verwendung und gerechter Verteilung des Arbeitsertrages.
Die Befreiung der Arbeit muß das Werk der Arbeiterklasse sein, der gegenüber alle anderen Klassen nur eine reaktionäre Masse sind.

II. Von diesen Grundsätzen ausgehend, erstrebt die sozialistische Arbeiterpartei Deutschlands mit allen gesetzlichen Mitteln den freien Staat und die sozialistische Gesellschaft, die Zerbrechung des ehernen Lohngesetzes durch Abschaffung des Systems der Lohnarbeit, die Aufhebung der Ausbeutung in jeder Gestalt, die Beseitigung aller sozialen und politischen Ungleichheit.
Die sozialistische Arbeiterpartei Deutschlands, obgleich zunächst im nationalen Rahmen wirkend, ist sich des internationalen Charakters der Arbeiterbewegung bewußt und entschlossen, alle Pflichten, welche derselbe den Arbeitern auferlegt, zu erfüllen, um die Verbrüderung aller Menschen zur Wahrheit zu machen.
Die sozialistische Arbeiterpartei Deutschlands fordert, um die Lösung der sozialen Frage anzubahnen, die Errichtung von sozialistischen Produktivgenossenschaften mit Staatshilfe unter der demokratischen Kontrolle des arbeitenden Volkes. Die Produktivgenossenschaften sind für Industrie und Ackerbau in solchem Umfange ins Leben zu rufen, daß aus ihnen die sozialistische Organisation der Gesamtarbeit entsteht.

Die sozialistische Arbeiterpartei fordert als Grundlagen des Staates:

1. Allgemeines, gleiches, direktes Wahl- und Stimmrecht, mit geheimer und obligatorischer Stimmabgabe aller Staatsangehörigen vom zwanzigsten Lebensjahre an für alle Wahlen und Abstimmungen in Staat und Gemeinde. Der Wahl- oder Abstimmungstag muß ein Feiertag sein.

2. Direkte Gesetzgebung durch das Volk. Entscheidung über Krieg und Frieden durch das Volk.

3. Allgemeine Wehrhaftigkeit. Volkswehr an Stelle der stehenden Heere.

4. Abschaffung aller Ausnahmegesetze, namentlich der Preß-, Vereins- und Versammlungsgesetze, überhaupt aller Gesetze, welche die freie Meinungsäußerung, das freie Denken und Forschen beschränken.
5. Rechtsprechung durch das Volk. Unentgeltliche Rechtspflege.
6. Allgemeine und gleiche Volkserziehung durch den Staat. Allgemeine Schulpflicht. Unentgeltlicher Unterricht in allen Bildungsanstalten. Erklärung der Religion zur Privatsache.

Die sozialistische Arbeiterpartei Deutschlands fordert innerhalb der heutigen Gesellschaft:

1. Möglichste Ausdehnung der politischen Rechte und Freiheiten im Sinne der obigen Forderungen.
2. Eine einzige progressive Einkommensteuer für Staat und Gemeinde, anstatt aller bestehenden, insbesondere der das Volk belastenden indirekten Steuern.
3. Unbeschränktes Koalitionsrecht.
4. Ein den Gesellschaftsbedürfnissen entsprechender Normalarbeitstag. Verbot der Sonntagsarbeit.
5. Verbot der Kinderarbeit und aller der Gesundheit und Sittlichkeit schädigenden Frauenarbeit.
6. Schutzgesetze für Leben und Gesundheit der Arbeiter. Sanitätliche Kontrolle der Arbeiterwohnungen. Überwachung der Bergwerke, der Fabrik-, Werkstatt- und Hausindustrie durch von den Arbeitern gewählte Beamte. Ein wirksames Haftpflichtgesetz.
7. Regelung der Gefängnisarbeit.
8. Volle Selbstverwaltung für alle Arbeiterhilfs- und Unterstützungskassen.

Protokoll des Vereinigungs-Congresses der Sozialdemokraten Deutschlands, abgehalten zu Gotha vom 22. bis 27. Mai 1875, Leipzig 1875, S. 54 f.

5. Das Programm der Sozialdemokratischen Partei Deutschlands, Erfurt 1891

Die ökonomische Entwicklung der bürgerlichen Gesellschaft führt mit Naturnotwendigkeit zum Untergang des Kleinbetriebes, dessen Grundlage das Privateigentum des Arbeiters an seinen Produktionsmitteln bildet. Sie trennt den Arbeiter von seinen Produktionsmitteln und verwandelt ihn in einen besitzlosen Proletarier, indes die Produktionsmittel das Monopol einer verhältnismäßig kleinen Zahl von Kapitalisten und Großgrundbesitzern werden.

Hand in Hand mit dieser Monopolisierung der Produktionsmittel geht die Verdrängung der zersplitterten Kleinbetriebe durch kolossale Großbetriebe, geht die Entwicklung des Werkzeuges zur Maschine, geht ein riesenhaftes Wachstum der Produktivität der menschlichen Arbeit. Aber alle Vorteile dieser Umwandlung werden von den Kapitalisten und Großgrundbesitzern monopolisiert. Für das Proletariat und die versinkenden Mittelschichten — Kleinbürger, Bauern — bedeutet sie wachsende Zunahme der Unsicherheit ihrer Existenz, des Elends, des Drucks, der Knechtung, der Erniedrigung, der Ausbeutung.

Immer größer wird die Zahl der Proletarier, immer massenhafter die Armee der überschüssigen Arbeiter, immer schroffer der Gegensatz zwischen Ausbeutern und Ausgebeuteten, immer erbitterter der Klassenkampf zwischen Bourgeoisie und Proletariat, der die moderne Gesellschaft in zwei feindliche Heerlager trennt und das gemeinsame Merkmal aller Industrieländer ist.

Der Abgrund zwischen Besitzenden und Besitzlosen wird noch erweitert durch die im Wesen der kapitalistischen Produktionsweise begründeten Krisen, die immer umfangreicher und verheerender werden, die allgemeine Unsicherheit zum Normalzustand der Gesellschaft erheben und den Beweis liefern, daß die Produktionskräfte der heutigen Gesellschaft über den Kopf gewachsen sind, daß das Privateigentum an Produktionsmitteln unvereinbar geworden ist mit deren zweckentsprechender Anwendung und voller Entwicklung.

Das Privateigentum an Produktionsmitteln, welches ehedem das Mittel war, dem Produzenten das Eigentum an seinem Produkte zu sichern, ist heute zum Mittel geworden, Bauern, Handwerker und Kleinhändler zu expropriieren und die Nichtarbeiter — Kapitalisten, Großgrundbesitzer — in den Besitz des Produkts der Arbeiter zu setzen. Nur die Verwandlung des kapitalistischen Privateigentums an Produktionsmitteln — Grund und Boden, Gruben und Bergwerke, Rohstoffe, Werkzeuge, Maschinen, Verkehrsmittel — in gesellschaftliches Eigentum und die Umwandlung der Warenproduktion in sozialistische, für und durch die Gesellschaft betriebene Produktion kann es bewirken, daß der Großbetrieb und die stets wachsende Ertragsfähigkeit der gesellschaftlichen Arbeit für die bisher ausgebeuteten Klassen aus einer Quelle des Elends und der Unterdrückung zu einer Quelle der höchsten Wohlfahrt und allseitiger, harmonischer Vervollkommnung werde.

Diese gesellschaftliche Umwandlung bedeutet die Befreiung nicht bloß des Proletariats, sondern des gesamten Menschengeschlechts, das unter den heutigen Zuständen leidet. Aber sie kann nur das Werk der Arbeiterklasse sein, weil alle anderen Klassen, trotz der Interessenstreitigkeiten unter sich, auf dem Boden des Privateigentums an Produktionsmitteln stehen und die Erhaltung der Grundlagen der heutigen Gesellschaft zum gemeinsamen Ziel haben.
Der Kampf der Arbeiterklasse gegen die kapitalistische Ausbeutung ist notwendigerweise ein politischer Kampf. Die Arbeiterklasse kann ihre ökonomischen Kämpfe nicht führen und ihre ökonomische Organisation nicht entwickeln ohne politische Rechte. Sie kann den Übergang der Produktionsmittel in den Besitz der Gesamtheit nicht bewirken, ohne in den Besitz der politischen Macht gekommen zu sein.
Diesen Kampf der Arbeiterklasse zu einem bewußten und einheitlichen zu gestalten und ihm sein naturnotwendiges Ziel zu weisen — das ist die Aufgabe der Sozialdemokratischen Partei.
Die Interessen der Arbeiterklasse sind in allen Ländern mit kapitalistischer Produktionsweise die gleichen. Mit der Ausdehnung des Weltverkehrs und der Produktion für den Weltmarkt wird die Lage der Arbeiter eines jeden Landes immer abhängiger von der Lage der Arbeiter in den anderen Ländern. Die Befreiung der Arbeiterklasse ist also ein Werk, an dem die Arbeiter aller Kulturländer gleichmäßig beteiligt sind. In dieser Erkenntnis fühlt und erklärt die Sozialdemokratische Partei Deutschlands sich eins mit den klassenbewußten Arbeitern aller übrigen Länder.
Die Sozialdemokratische Partei Deutschlands kämpft also nicht für neue Klassenprivilegien und Vorrechte, sondern für die Abschaffung der Klassenherrschaft und der Klassen selbst und für gleiche Rechte und gleiche Pflichten aller ohne Unterschied des Geschlechts und der Abstammung. Von diesen Anschauungen ausgehend bekämpft sie in der heutigen Gesellschaft nicht bloß die Ausbeutung und Unterdrückung der Lohnarbeiter, sondern jede Art der Ausbeutung und Unterdrückung, richte sie sich gegen eine Klasse, eine Partei, ein Geschlecht oder eine Rasse.

Ausgehend von diesen Grundsätzen fordert die Sozialdemokratische Partei Deutschlands zunächst:

1. Allgemeines, gleiches, direktes Wahl- und Stimmrecht mit geheimer Stimmabgabe aller über 20 Jahre alten Reichsangehörigen ohne Unterschied des Geschlechts für alle Wahlen und Abstimmungen. Proportionalwahlsystem, und bis zu dessen Einführung gesetzliche Neueinteilung der Wahlkreise nach jeder Volkszählung. Zweijährige Gesetzgebungsperioden. Vornahme der Wahlen und Abstimmungen an einem gesetzlichen Ruhetage. Entschädigung für die gewählten Vertreter. Aufhebung jeder Beschränkung politischer Rechte außer im Falle der Entmündigung.

2. Direkte Gesetzgebung durch das Volk vermittels des Vorschlags- und Verwerfungsrechts. Selbstbestimmung und Selbstverwaltung des Volks in Reich, Staat, Provinz und Gemeinde. Wahl der Behörden durch das Volk, Verantwortlichkeit und Haftbarkeit derselben. Jährliche Steuerbewilligung.

3. Erziehung zur allgemeinen Wehrhaftigkeit. Volkswehr an Stelle der stehenden Heere. Entscheidung über Krieg und Frieden durch die Volksvertretung. Schlichtung aller internationalen Streitigkeiten auf schiedsgerichtlichem Wege.

4. Abschaffung aller Gesetze, welche die freie Meinungsäußerung und das Recht der Vereinigung und Versammlung einschränken oder unterdrücken.

5. Abschaffung aller Gesetze, welche die Frau in öffentlich- und privatrechtlicher Beziehung gegenüber dem Manne benachteiligen.

6. Erklärung der Religion zur Privatsache. Abschaffung aller Aufwendungen aus öffentlichen Mitteln zu kirchlichen und religiösen Zwecken. Die kirchlichen und religiösen Gemeinschaften sind als private Vereinigungen zu betrachten, welche ihre Angelegenheiten vollkommen selbständig ordnen.

7. Weltlichkeit der Schule. Obligatorischer Besuch der öffentlichen Volksschulen. Unentgeltlichkeit des Unterrichts, der Lehrmittel und der Verpflegung in den öffentlichen Volksschulen sowie in den höheren Bildungsanstalten für diejenigen Schüler und Schülerinnen, die kraft ihrer Fähigkeiten zur weiteren Ausbildung geeignet erachtet werden.

8. Unentgeltlichkeit der Rechtspflege und des Rechtsbeistands. Rechtsprechung durch vom Volk gewählte Richter. Berufung in Strafsachen. Entschädigung unschuldig Angeklagter, Verhafteter und Verurteilter. Abschaffung der Todesstrafe.

9. Unentgeltlichkeit der ärztlichen Hilfeleistung einschließlich der Geburtshilfe und der Heilmittel. Unentgeltlichkeit der Totenbestattung.

10. Stufenweise steigende Einkommen- und Vermögenssteuer zur Bestreitung aller öffentlichen Ausgaben, soweit diese durch Steuern zu decken sind. Selbsteinschätzungspflicht. Erbschaftssteuer, stufenweise steigend nach Umfang des Erbguts und nach dem Grade der Verwandtschaft. Abschaffung aller indirekten Steuern, Zölle und sonstigen wirtschaftspolitischen Maßnahmen, welche die Interessen der Allgemeinheit den Interessen einer bevorzugten Minderheit opfern.

Zum Schutze der Arbeiterklasse fordert die Sozialdemokratische Partei Deutschlands zunächst:

1. Eine wirksame nationale und internationale Arbeiterschutzgesetzgebung auf folgender Grundlage: a) Festsetzung eines höchstens acht Stunden betragenden Normalarbeitstages; b) Verbot der Erwerbsarbeit für Kinder unter 14 Jahren; c) Verbot der Nachtarbeit, außer für solche Industriezweige, die ihrer Natur nach, aus technischen Gründen oder aus Gründen der öffentlichen Wohlfahrt Nachtarbeit erheischen; d) eine ununterbrochene Ruhepause von mindestens 36 Stunden in jeder Woche für jeden Arbeiter; e) Verbot des Trucksystems.

2. Überwachung aller gewerblichen Betriebe, Erforschung und Regelung der Arbeitsverhältnisse in Stadt und Land durch ein Reichsarbeitsamt, Bezirksarbeitsämter und Arbeitskammer. Durchgreifende gewerbliche Hygiene.

3. Rechtliche Gleichstellung der landwirtschaftlichen Arbeiter und der Dienstboten mit den gewerblichen Arbeitern; Beseitigung der Gesindeordnungen.

4. Sicherstellung des Koalitionsrechts.

5. Übernahme der gesamten Arbeiterversicherung durch das Reich mit maßgebender Mitwirkung der Arbeiter an der Verwaltung.

Protokoll über die Verhandlungen des Parteitages der Sozialdemokratischen Partei Deutschlands, abgehalten zu Erfurt vom 14. bis 20. Oktober 1891, Berlin 1891, S. 3 ff.

6. Karl Kautsky: Zur Frage der Revolution, 1893

Wir sind Revolutionäre, und zwar nicht bloß in dem Sinne, in dem die Dampfmaschine ein Revolutionär ist. Die soziale Umwälzung, die wir anstreben, kann nur erreicht werden mittels einer politischen Revolution, mittels der Eroberung der politischen Macht durch das kämpfende Proletariat. Und die bestimmte Staatsform, in der allein der Sozialismus verwirklicht werden kann, ist die Republik, und zwar im landläufigsten Sinne des Wortes, nämlich die demokratische Republik.

Die Sozialdemokratie ist eine revolutionäre, nicht aber Revolutionen machende Partei. Wir wissen, daß unsere Ziele nur durch eine Revolution erreicht werden können, wir wissen aber auch, daß es ebensowenig in unserer Macht steht, diese Revolution zu machen, als in der unserer Gegner, sie zu verhindern. Es fällt uns daher auch gar nicht ein, eine Revolution anstiften oder vorbereiten zu wollen. Und da die Revolution nicht von uns willkürlich gemacht werden kann, können wir auch nicht das Mindeste darüber sagen, wann, unter welchen Bedingungen und in welchen Formen sie eintreten wird. Wir wissen, daß der Klassenkampf zwischen Bourgeoisie und Proletariat nicht enden wird, ehe nicht das letztere in den vollen Besitz der politischen Macht gelangt ist, die es dazu benützen wird, die sozialistische Gesellschaft einzuführen. Wir wissen, daß dieser Klassenkampf immer ausgedehnter und intensiver werden muß; daß das Proletariat an Zahl und moralischer und ökonomischer Kraft immer mehr wächst, daß daher sein Sieg und die Niederlage des Kapitalismus unausbleiblich ist, aber wir können nur höchst vage Vermutungen darüber haben, wann und wie die letzten entscheidenden Schlachten in diesem sozialen Krieg geschlagen werden. Das ist alles nichts Neues. [...]

Da wir über die Entscheidungsschlachten des sozialen Krieges nichts wissen, können wir natürlich ebensowenig sagen, ob sie blutige sein werden, ob die physische Gewalt eine bedeutende Rolle in ihnen spielen wird oder ob man sie ausschließlich mit den Mitteln ökonomischer, legislativer und moralischer Pression ausfechten wird.

Man kann aber wohl sagen, es sei alle Wahrscheinlichkeit vorhanden, daß in den revolutionären Kämpfen des Proletariats die Mittel letzterer Art über die der physischen, das heißt militärischen Gewalt mehr überwiegen werden, als dies in den revolutionären Kämpfen der Bourgeoisie der Fall war. [...]

Die Demokratie kann die Klassengegensätze der kapitalistischen Gesellschaft nicht beseitigen und deren notwendiges Endergebnis, den Umsturz der Gesellschaft, nicht aufhalten. Aber eins kann sie: sie kann nicht die Revolution, aber sie kann manchen verfrühten, aussichtslosen Revolutionsversuch verhüten und manche revolutionäre Erhebung überflüssig machen. Sie verschafft Klarheit über die Kräfteverhältnisse der verschiedenen Parteien und Klassen; sie beseitigt nicht deren Gegensätze und verschiebt nicht deren Endziele, aber sie wirkt dahin, die aufstrebenden Klassen zu hindern, daß sie sich jeweilen an die Lösung von Aufgaben machen, denen sie noch nicht gewachsen sind, und sie wirkt auch dahin, die herrschenden Klassen davon abzuhalten, Konzessionen zu verweigern, zu deren Verweigerung sie nicht mehr die Kraft haben. Die Richtung der Entwicklung wird dadurch nicht geändert, aber ihr Gang wird stetiger, ruhiger. Das Vordringen des Proletariats in den Staaten mit einigermaßen demokratischen Institutionen wird nicht durch so auffallende Siege bezeichnet, wie das der Bourgeoisie in ihrer revolutionären Zeit, aber auch nicht durch so große Niederlagen. Seit dem Erwachen der modernen sozialdemokratischen Arbeiterbewegung in den sechziger Jahren hat das europäische Proletariat nur eine große Niederlage erlebt, in der Pariser Kommune 1871. Damals litt Frankreich noch an den Folgen des Kaiserreichs, das dem Volke wahrhaft demokratische Institutionen vorenthalten hatte, das französische Proletariat war erst zum geringsten Teil zum Selbstbewußtsein gelangt, und der Aufstand war ihm aufgezwungen worden.

Die demokratisch-proletarische Methode des Kampfes mag langweiliger erscheinen als die Revolutionszeit der Bourgeoisie; sie ist sicher weniger dramatisch und effektvoll, aber sie erfordert auch weit weniger Opfer. Das mag einem schöngeistigen Literatentum gleichgültig sein, das in Sozialismus macht, um einen interessanten Sport und interessante Stoffe zu finden, nicht aber jenen, die den Kampf wirklich zu führen haben.

Diese sogenannte friedliche Methode des Klassenkampfes, die sich auf die unmilitärischen Mittel, Parlamentarismus, Streiks, Demonstrationen, Presse und ähnliche Pressionsmittel beschränkt, hat in jedem Land um so mehr Aussicht, beibehalten zu werden, je wirksamer dort die demokratischen Institutionen sind, je größer die politische und ökonomische Einsicht und die Selbstbeherrschung der Bevölkerung.

Erstmals veröffentlicht in der Neuen Zeit 1893, XIV, 1. Abgedruckt in: Karl Kautsky, Der Weg zur Macht, 2. Aufl. 1910. Nachdruck Frankfurt/M. 1972 (Hrsg. und eingeleitet von Georg Fülberth), S. 15 ff.

7. Friedrich Engels: Einleitung zu Karl Marx „Die Klassenkämpfe in Frankreich“, 1895

[...] Als die Februarrevolution [1848] ausbrach, standen wir alle, was unsere Vorstellungen von den Bedingungen und dem Verlauf revolutionärer Bewegungen betraf, unter dem Bann der bisherigen geschichtlichen Erfahrung, namentlich derjenigen Frankreichs. Diese letztere war es ja gerade, die die ganze europäische Geschichte seit 1789 beherrscht hatte, von der auch jetzt wieder das Signal zur allgemeinen Umwälzung ausgegangen war. So war es selbstredend und unvermeidlich, daß unsere Vorstellungen von der Natur und dem Gang der in Paris, im Februar 1848, proklamierten „sozialen“ Revolution, der Revolution des Proletariats, stark gefärbt waren durch die Erinnerungen der Vorbilder von 1789—1830. Und vollends, als die Pariser Erhebung ihr Echo fand in den siegreichen Aufständen von Wien, Mailand, Berlin, als ganz Europa bis an die russische Grenze in die Bewegung hineingerissen war; als dann im Juni in Paris die erste große Schlacht um die Herrschaft zwischen Proletariat und Bourgeoisie geschlagen wurde; als selbst der Sieg ihrer Klasse die Bourgeoisie aller Länder so erschütterte, daß sie wieder in die Arme der erst gestürzten monarchisch-feudalen Reaktion zurückfloh, da konnte unter damaligen Umständen für uns kein Zweifel sein, daß der große Entscheidungskampf angebrochen sei, daß er ausgefochten werden müsse in einer einzigen langen und wechselvollen Revolutionsperiode, daß er aber nur enden könne mit dem endgültigen Sieg des Proletariats.
Wir teilten nach den Niederlagen von 1849 keineswegs die Illusion der um die provisorischen Zukunftsregierungen in partibus infidelium gruppierten Vulgärdemokratie.
[...] Die Geschichte hat aber auch uns unrecht gegeben, hat unsere damalige Ansicht als eine Illusion enthüllt. Sie ist noch weiter gegangen: Sie hat nicht nur unseren damaligen Irrtum zerstört, sie hat auch die Bedingungen total umgewälzt, unter denen das Proletariat zu kämpfen hat. Die Kampfesweise von 1848 ist heute in jeder Beziehung veraltet, und das ist ein Punkt, der bei dieser Gelegenheit näher untersucht zu werden verdient.
[...] Die deutschen Arbeiter hatten aber zudem ihrer Sache noch einen zweiten großen Dienst erwiesen neben dem ersten, der mit ihrer bloßen Existenz als die stärkste, die disziplinierteste, die am raschesten anschwellende sozialistische Partei gegeben war. Sie hatten ihren Genossen aller Länder eine neue, eine der schärfsten Waffen geliefert, indem sie ihnen zeigten, wie man das allgemeine Stimmrecht gebraucht. [...]
Die revolutionären Arbeiter der romanischen Länder hatten sich angewöhnt, das Stimmrecht als einen Fallstrick, als ein Instrument der Regierungsprellerei anzusehen. In Deutschland war das anders. Schon das Kommunistische Manifest hatte die Erkämpfung des allgemeinen Wahlrechts, der Demokratie, als eine der ersten und wichtigsten Aufgaben des streitbaren Proletariats proklamiert, und Lassalle hatte diesen Punkt wieder aufgenommen. Als nun

Bismarck sich genötigt sah, dies Wahlrecht einzuführen als einziges Mittel, die Volksmassen für seine Pläne zu interessieren, da machten unsere Arbeiter sofort Ernst damit und sandten August Bebel in den ersten konstituierenden Reichstag. Und von dem Tage an haben sie das Wahlrecht benutzt in einer Weise, die sich ihnen tausendfach gelohnt und die den Arbeitern aller Länder als Vorbild gedient hat. Sie haben das Wahlrecht, in den Worten des französischen marxistischen Programms, transformé de moyen de duperie qu'il a été jusqu'ici, en instrument d'émancipation — es verwandelt aus einem Mittel der Prellerei, was es bisher war, in ein Werkzeug der Befreiung.

[...] Mit dieser erfolgreichen Benutzung des allgemeinen Stimmrechts war aber eine ganze neue Kampfesweise des Proletariats in Wirksamkeit getreten, und diese bildete sich rasch weiter aus. Man fand, daß die Staatseinrichtungen, in denen die Herrschaft der Bourgeoisie sich organisiert, noch weitere Handhaben bieten, vermittelst deren die Arbeiterklasse diese selben Staatseinrichtungen bekämpfen kann. Man beteiligte sich an den Wahlen für Einzellandtage, Gemeinderäte, Gewerbegerichte, man machte der Bourgeoisie jeden Posten streitig, bei dessen Besetzung ein genügender Teil des Proletariats mitsprach. Und so geschah es, daß Bourgeoisie und Regierung dahin kamen, sich weit mehr zu fürchten vor der gesetzlichen als vor der ungesetzlichen Aktion der Arbeiterpartei, vor den Erfolgen der Wahl als denen der Rebellion. [...]

Die Zeit der Überrumpelungen, der von kleinen, bewußten Minoritäten an der Spitze bewußtloser Massen durchgeführten Revolutionen ist vorbei. Wo es sich um eine anständige Umgestaltung der gesellschaftlichen Organisation handelt, da müssen die Massen selbst mit dabei sein, selbst schon begriffen haben, worum es sich handelt, für was sie mit Leib und Leben eintreten. Das hat uns die Geschichte der letzten fünfzig Jahre gelehrt. Damit aber die Massen verstehen, was zu tun ist, dazu bedarf es langer, ausdauernder Arbeit, und diese Arbeit ist es gerade, die wir jetzt betreiben, und das mit einem Erfolg, der die Gegner zur Verzweiflung bringt. [...]

Was aber auch in anderen Ländern geschehen möge, die deutsche Sozialdemokratie hat eine besondere Stellung und damit wenigstens zunächst auch eine besondere Aufgabe. Die zwei Millionen Wähler, die sie an die Urnen schickt, nebst den jungen Männern und den Frauen, die als Nichtwähler hinter ihnen stehen, bilden die zahlreichste, kompakteste Masse, den entscheidenden „Gewalthaufen" der internationalen proletarischen Armee. Diese Masse liefert schon jetzt über ein Viertel der abgegebenen Stimmen; und wie die Einzelwahlen für den Reichstag, die einzelstaatlichen Landtagswahlen, die Gemeinderats- und Gewerbegerichtswahlen beweisen, nimmt sie unablässig zu. Ihr Wachstum geht so spontan, so stetig, so unaufhaltsam und gleichzeitig so ruhig vor sich wie ein Naturprozeß. Alle Regierungseingriffe haben sich ohnmächtig dagegen erwiesen.

[...] Die Ironie der Weltgeschichte stellt alles auf den Kopf. Wir, die „Revolutionäre", die „Umstürzler", wir gedeihen weit besser bei den gesetzlichen Mitteln als bei den ungesetzlichen und dem Umsturz. Die Ordnungsparteien, wie sie sich nennen, gehen zugrunde an dem von ihnen selbst geschaffenen gesetzlichen Zustand. Sie rufen verzweifelt mit Odilon Barrot: la legalité nous tue, die Gesetzlichkeit ist unser Tod, während wir bei dieser Gesetzlichkeit pralle Muskeln und rote Backen bekommen und aussehen wie das ewige Leben. Und wenn *wir* nicht so wahnsinnig sind, ihnen zu Gefallen uns in den Straßenkampf treiben zu lassen, dann bleibt ihnen zuletzt nichts anderes, als selbst diese fatale Gesetzlichkeit zu durchbrechen.

Karl Marx, Die Klassenkämpfe in Frankreich 1848 bis 1850, Neuausgabe, eingeleitet von Friedrich Engels, 1895. Abdruck u. a. in: Friedrich Engels, Studienausgabe 4, hrsg. und eingeleitet von Hartmut Mehringer und Gottfried Mergner, rororo Nr. 296 (Texte des Sozialismus und Anarchismus), S. 195 ff.

8. Eduard Bernstein: Zuschrift an den Parteitag der Sozialdemokratischen Partei Deutschlands zu Stuttgart, 1898

[...] Die Zuspitzung der gesellschaftlichen Verhältnisse hat sich nicht in der Weise vollzogen, wie sie das „Manifest“ schildert. Es ist nicht nur nutzlos, es ist auch die größte Torheit, sich dies zu verheimlichen. Die Zahl der Besitzenden ist nicht kleiner, sondern größer geworden. Die enorme Vermehrung des gesellschaftlichen Reichtums wird nicht von einer zusammenschrumpfenden Zahl von Kapitalmagnaten, sondern von einer wachsenden Zahl von Kapitalisten aller Grade begleitet. Die Mittelschichten ändern ihren Charakter, aber sie verschwinden nicht aus der gesellschaftlichen Stufenleiter.

[...] Politisch sehen wir das Privilegium der kapitalistischen Bourgeoisie in allen vorgeschrittenen Ländern Schritt für Schritt demokratischen Einrichtungen weichen. Unter dem Einfluß dieser und getrieben von der sich immer kräftiger regenden Arbeiterbewegung hat eine gesellschaftliche Gegenaktion gegen die ausbeuterischen Tendenzen des Kapitals eingesetzt, die zwar heute noch sehr zaghaft und tastend vorgeht, aber doch da ist und immer mehr Gebiete des Wirtschaftslebens ihrem Einfluß unterzieht. Fabrikgesetzgebung, die Demokratisierung der Gemeindeverwaltungen und die Erweiterung ihres Arbeitsgebiets, die Befreiung des Gewerkschafts- und Genossenschaftswesens von allen gesetzlichen Hemmungen, Berücksichtigung der Arbeiterorganisationen bei allen von öffentlichen Behörden vergebenen Arbeiten kennzeichnen diese Stufe der Entwicklung. Daß in Deutschland man noch daran denken kann, die Gewerkschaften zu knebeln, kennzeichnet nicht den Höhegrad, sondern die *Rückständigkeit* seiner politischen Entwicklung.

Je mehr aber die politischen Einrichtungen der modernen Nationen demokratisiert werden, um so mehr verringern sich die Notwendigkeiten und Gelegenheiten großer politischer Katastrophen. Wer an der Theorie der Katastrophen festhält, muß die hier gezeichnete Entwicklung nach Möglichkeit bekämpfen und zu hemmen suchen, wie das die konsequenten Verfechter dieser Theorie übrigens früher auch getan haben. Heißt aber die Eroberung der politischen Macht durch das Proletariat bloß die Eroberung dieser Macht durch eine politische Katastrophe? Heißt es die ausschließliche Besitzergreifung und Benutzung der Staatsmacht durch das Proletariat gegen die ganze nichtproletarische Welt? [...]

Kein Mensch hat die Notwendigkeit der Erkämpfung der Demokratie für die Arbeiterklasse in Frage gestellt. Worüber gestritten wurde, ist die Zusammenbruchstheorie und die Frage, ob bei der gegebenen wirtschaftlichen Entwicklung Deutschlands und dem Reifegrad seiner Arbeiterklasse in Stadt und Land der Sozialdemokratie an einer plötzlichen Katastrophe gelegen sein kann. Ich habe die Frage verneint und verneine sie noch, weil meines Erachtens im stetigen Vormarsch eine größere Gewähr für dauernden Erfolg liegt, wie in den Möglichkeiten, die eine Katastrophe bietet.

Und weil ich der festen Überzeugung bin, daß sich wichtige Epochen in der Entwicklung der Völker nicht überspringen lassen, darum lege ich auf die nächsten Aufgaben der Sozialdemokratie, auf den Kampf um das politische Recht der Arbeiter, auf die politische Betätigung der Arbeiter in Stadt und Gemeinde für die Interessen ihrer Klasse, sowie auf das Werk der wirtschaftlichen Organisation der Arbeiter den allergrößten Wert. In diesem Sinne habe ich seiner Zeit den Satz niedergeschrieben, daß mir die Bewegung Alles, — das was man *gemeinhin* Endziel des Sozialismus nenne, nichts sei, und in diesem Sinne unterschreibe ich ihn noch heute.
[...] Die Eroberung der politischen Macht durch die Arbeiterklasse, die Expropriation der Kapitalisten sind an sich keine Endziele, sondern nur Mittel zur Durchführung bestimmter Ziele und Bestrebungen. Als solche sind sie Forderungen des Programms der Sozialdemokratie und von Niemand bestritten. Über die Umstände ihrer Durchführung läßt sich nichts voraussagen, es läßt sich nur für ihre Verwirklichung kämpfen. Zur Eroberung der politischen Macht aber gehören politische Rechte, und die wichtigste Frage der Taktik, welche die deutsche Sozialdemokratie zur Zeit zu lösen hat, scheint mir die nach dem *besten Wege der Erweiterung der politischen und gewerblichen Rechte* der deutschen Arbeiter zu sein. Ohne daß auf diese Frage eine befriedigende Antwort gefunden wird, würde die Betonung der anderen schließlich nur Deklamation sein. [...]

Eduard Bernstein, Die Voraussetzungen des Sozialismus und die Aufgaben der Sozialdemokratie, Stuttgart 1899, S. V ff. Vielfach abgedruckt u. a. in: Eduard Bernstein, Die Voraussetzungen des Sozialismus, rororo Klassiker, Bd. 14, S. 10 ff.

9. Erklärung der Sozialdemokratischen Reichstagsfraktion am 4. August 1914

Meine Herren, im Auftrage meiner Fraktion habe ich folgende Erklärung abzugeben.

Wir stehen vor einer Schicksalsstunde. Die Folgen der imperialistischen Politik, durch die eine Ära des Wettrüstens herbeigeführt wurde und die Gegensätze unter den Völkern sich verschärften, sind wie eine Sturmflut über Europa hereingebrochen. Die Verantwortung hierfür fällt den Trägern dieser Politik zu; wir lehnen sie ab.

Die Sozialdemokratie hat diese verhängnisvolle Entwicklung mit allen Kräften bekämpft, und noch bis in die letzten Stunden hinein hat sie durch machtvolle Kundgebungen in allen Ländern, namentlich in innigem Einvernehmen mit den französischen Brüdern, für die Aufrechterhaltung des Friedens gewirkt. Ihre Anstrengungen sind vergeblich gewesen.

Jetzt stehen wir vor der ehernen Tatsache des Krieges. Uns drohen die Schrecknisse feindlicher Invasionen. Nicht für oder gegen den Krieg haben wir heute zu entscheiden, sondern über die Frage der für die Verteidigung des Landes erforderlichen Mittel. Nun haben wir zu denken an die Millionen Volksgenossen, die ohne ihre Schuld in dieses Verhängnis hineingerissen sind.

Sie werden von den Verheerungen des Krieges am schwersten getroffen. Unsere heißen Wünsche begleiten unsere zu den Fahnen gerufenen Brüder ohne Unterschied der Partei. Wir denken auch an die Mütter, die ihre Söhne hergeben müssen, an die Frauen und Kinder, die ihres Ernährers beraubt sind, und denen zu der Angst um ihre Lieben die Schrecken des Hungers drohen. Zu ihnen werden sich bald Zehntausende verwundeter und verstümmelter Kämpfer gesellen. Ihnen allen beizustehen, ihr Schicksal zu erleichtern, diese unermeßliche Not zu lindern, erachten wir als zwingende Pflicht.

Für unser Volk und seine freiheitliche Zukunft steht bei einem Siege des russischen Despotismus, der sich mit dem Blut der Besten des eigenen Volkes befleckt hat, viel, wenn nicht alles, auf dem Spiel. Es gilt, diese Gefahr abzuwehren, die Kultur und Unabhängigkeit unseres eigenen Landes sicherzustellen. Da machen wir wahr, was wir immer betont haben: wir lassen in der Stunde der Gefahr das eigene Vaterland nicht im Stich. Wir fühlen uns dabei im Einklang mit der Internationale, die das Recht jedes Volkes auf nationale Selbständigkeit und Selbstverteidigung jederzeit anerkannt hat, wie wir in Übereinstimmung mit ihr jeden Eroberungskrieg verurteilen.

Wir fordern, daß dem Kriege, sobald das Ziel der Sicherung erreicht ist und die Gegner zum Frieden geneigt sind, ein Ende gemacht wird durch einen Frieden, der die Freundschaft mit den Nachbarvölkern ermöglicht. Wir fordern dies nicht nur im Interesse der von uns stets verfochtenen internationalen Solidarität, sondern auch im Interesse des deutschen Volkes.

Wir hoffen, daß die grausame Schule der Kriegsleiden in neuen Millionen den Abscheu vor dem Krieg wecken und sie für das Ideal des Sozialismus und des Völkerfriedens gewinnen wird.
Von diesen Grundsätzen geleitet, bewilligen wir die geforderten Kredite.

Stenographische Berichte des Deutschen Reichstags, Bd. 306, S. 8 f.

10. Rosa Luxemburg: „Die russische Revolution", Eine kritische Würdigung, Herbst 1918

[...] Freiheit nur für die Anhänger der Regierung, nur für die Mitglieder einer Partei — mögen sie noch so zahlreich sein — ist keine Freiheit. Freiheit ist immer Freiheit des anders Denkenden. Nicht wegen des Fanatismus der „Gerechtigkeit", sondern weil all das Belehrende, Heilsame und Reinigende der politischen Freiheit an diesem Wesen hängt und seine Wirkung versagt, wenn die „Freiheit" zum Privilegium wird.
Die stillschweigende Voraussetzung der Diktatur-Theorie im Lenin-Trotzkyschen Sinn ist, daß die sozialistische Umwälzung eine Sache sei, für die ein fertiges Rezept in der Tasche der Revolutionspartei liege, das dann nur mit Energie verwirklicht zu werden brauche. Dem ist leider — oder je nach dem: zum Glück — nicht so. Weit entfernt, eine Summe fertiger Vorschriften zu sein, die man nur anzuwenden hätte, ist die praktische Verwirklichung des Sozialismus als eines wirtschaftlichen, sozialen und rechtlichen Systems, eine Sache, die völlig im Nebel der Zukunft liegt. Was wir in unserem Programm besitzen, sind nur wenige große Wegweiser, die die Richtung anzeigen, in der die Maßnahmen gesucht werden müssen, dazu vorwiegend negativen Charakters. [...]
Die Praxis des Sozialismus erfordert eine ganze geistige Umwälzung in den durch Jahrhunderte der bürgerlichen Klassenherrschaft degradierten Massen. Soziale Instinkte an Stelle egoistischer, Masseninitiative an Stelle der Trägheit, Idealismus, der über Leiden hinweg trägt usw. usw. Niemand weiß das besser, schildert das eindringlicher, wiederholt das hartnäckiger, als Lenin. Nur vergreift er sich völlig im Mittel: Dekret, diktatorische Gewalt der Fabrikaufseher, drakonische Strafen, Schreckensherrschaft, das sind alles Mittel, die diese Wiedergeburt verhindern. Der einzige Weg zu dieser Wiedergeburt ist die Schule des öffentlichen Lebens selbst, uneingeschränkte breiteste Demokratie, öffentliche Meinung. Gerade die Schreckensherrschaft demoralisiert.
Fällt das alles weg, was bleibt in Wirklichkeit? Lenin und Trotzky haben an Stelle der aus allgemeinen Volkswahlen hervorgegangenen Vertretungskörperschaften die Sowjets als die einzige wahre Vertretung der arbeitenden Massen hingestellt. Aber mit dem Erdrücken des politischen Lebens im ganzen Lande muß auch das Leben in den Sowjets immer mehr erlahmen. Ohne allgemeine Wahlen, ungehemmte Preß- und Versammlungsfreiheit, freien Meinungskampf erstirbt das Leben in jeder öffentlichen Institution, wird zum Scheinleben, in der die Bureaukratie allein das tätige Element bleibt. Diesem Gesetz entzieht sich niemand. Das öffentliche Leben schläft allmählich ein, einige Dutzend Parteiführer von unerschöpflicher Energie und grenzenlosem Idealismus dirigieren und regieren, unter ihnen leitet in Wirklichkeit ein Dutzend hervorragender Köpfe, und eine Elite der Arbeiterschaft wird von Zeit zu Zeit zu Versammlungen aufgeboten, um den Reden der Führer Beifall zu klatschen, vorgelegten Resolutionen einstimmig zuzu-

stimmen, im Grunde also eine Cliquenwirtschaft — eine Diktatur allerdings, aber nicht die Diktatur des Proletariats, sondern die Diktatur einer Handvoll Politiker, d. h. Diktatur im bürgerlichen Sinne, im Sinne der Jakobiner-Herrschaft (das Verschieben der Sowjet-Kongresse von drei Monaten auf sechs Monate!). Ja noch weiter: solche Zustände müssen eine Verwilderung des öffentlichen Lebens zeitigen: Attentate, Geiselerschießung usw. [...]
Der Grundfehler der Lenin-Trotzkyschen Theorie ist eben der, daß sie die Diktatur, genau wie Kautsky, der Demokratie entgegenstellen. „Diktatur *oder* Demokratie" heißt die Fragestellung sowohl bei den Bolschewiki, wie bei Kautsky. Dieser entscheidet sich natürlich für die Demokratie und zwar für die *bürgerliche* Demokratie, da er sie eben als die Alternative der sozialistischen Umwälzung hinstellt. Lenin-Trotzky entscheiden sich umgekehrt für die Diktatur im Gegensatz zur Demokratie und damit für die Diktatur einer Handvoll Personen, d. h. für die Diktatur nach bürgerlichem Muster. Es sind zwei Gegenpole, beide gleich weit entfernt von der wirklichen sozialistischen Politik. Das Proletariat kann, wenn es die Macht ergreift, nimmermehr nach dem guten Rat Kautskys unter dem Vorwand der „Unreife des Landes" auf die sozialistische Umwälzung verzichten und sich nur der Demokratie widmen, ohne an sich selbst, an der Internationale, an der Revolution Verrat zu üben. Es soll und muß eben sofort sozialistische Maßnahmen in energischster, unnachgiebigster, rücksichtslosester Weise in Angriff nehmen, also Diktatur ausüben, aber Diktatur der *Klasse*, nicht einer Partei oder einer Clique, Diktatur der Klasse, d. h. in breitester Öffentlichkeit, unter tätigster ungehemmter Teilnahme der Volksmassen, in unbeschränkter Demokratie. „Als Marxisten sind wir nie Götzendiener der formalen Demokratie gewesen", schreibt Trotzky. Gewiß, wir sind nie Götzendiener der formalen Demokratie gewesen. Wir sind auch nie Götzendiener des Sozialismus oder des Marxismus gewesen. Folgt etwa daraus, daß wir auch den Sozialismus, den Marxismus, wenn er uns unbequem wird, à la Cunow-Lensch-Parvus, in die Rumpelkammer werfen dürfen? Trotzky und Lenin sind die lebendige Verneinung dieser Frage.
Wir sind nie Götzendiener der formalen Demokratie gewesen, das heißt nur: Wir unterscheiden stets den sozialen Kern von der politischen Form der *bürgerlichen* Demokratie, wir enthüllen stets den herben Kern der sozialen Ungleichheit und Unfreiheit unter der süßen Schale der formalen Gleichheit und Freiheit — nicht um diese zu verwerfen, sondern um die Arbeiterklasse dazu anzustacheln, sich nicht mit der Schale zu begnügen, vielmehr die politische Macht zu erobern, um sie mit neuem sozialen Inhalt zu füllen. Es ist die historische Aufgabe des Proletariats, wenn es zur Macht gelangt, anstelle der bürgerlichen Demokratie sozialistische Demokratie zu schaffen, nicht jegliche Demokratie abzuschaffen. Sozialistische Demokratie beginnt aber nicht erst im gelobten Lande, wenn der Unterbau der sozialistischen Wirtschaft geschaffen ist, als fertiges Weihnachtsgeschenk für das brave Volk, das inzwischen treu die Handvoll sozialistischer Diktatoren unterstützt hat. Sozialistische Demokratie beginnt zugleich mit dem Abbau der Klassenherrschaft und dem Aufbau des Sozialismus. Sie beginnt mit dem Moment der Machteroberung durch die sozialistische Partei. Sie ist nichts anderes als Diktatur des Proletariats.
Jawohl: Diktatur! Aber diese Diktatur besteht in der *Art der Verwendung der Demokratie*, nicht in ihrer *Abschaffung*, in energischen, entschlossenen Eingriffen in die wohlerworbenen Rechte und wirtschaftlichen Verhältnisse

der bürgerlichen Gesellschaft, ohne welche sich die sozialistische Umwälzung nicht verwirklichen läßt. Aber diese Diktatur muß das Werk der *Klasse* und nicht einer kleinen, führenden Minderheit im Namen der Klasse sein, d. h. sie muß Schritt und Tritt aus der aktiven Teilnahme der Massen hervorgehen, unter ihrer unmittelbaren Beeinflussung stehen, der Kontrolle der gesamten Öffentlichkeit unterstehen, aus der wachsenden politischen Schulung der Volksmassen hervorgehen.

Rosa Luxemburg, Die russische Revolution, Aus dem Nachlaß herausgegeben und eingeleitet von Paul Levi, Berlin 1922, S. 101 ff. und 107 ff. Weitere Ausgabe: Frankfurt a. M. 1963, eingeleitet und herausgegeben von Ossip K. Flechtheim.

11. Das Programm der Volksbeauftragten vom 12. November 1918

An das deutsche Volk!

Die aus der Revolution hervorgegangene Regierung, deren politische Leitung rein sozialistisch ist, setzt sich die Aufgabe, das sozialistische Programm zu verwirklichen. Sie verkündet schon jetzt mit Gesetzeskraft folgendes:

1. Der Belagerungszustand wird aufgehoben.
2. Das Vereins- und Versammlungsrecht unterliegt keiner Beschränkung, auch nicht für Beamte und Staatsarbeiter.
3. Eine Zensur findet nicht statt. Die Theaterzensur wird aufgehoben.
4. Meinungsäußerung in Wort und Schrift ist frei.
5. Die Freiheit der Religionsausübung wird gewährleistet. Niemand darf zu einer religiösen Handlung gezwungen werden.
6. Für alle politischen Straftaten wird Amnestie gewährt. Die wegen solcher Straftaten anhängigen Verfahren werden niedergeschlagen.
7. Das Gesetz über den vaterländischen Hilfsdienst wird aufgehoben, mit Ausnahme der sich auf die Schlichtung von Streitigkeiten beziehenden Bestimmungen.
8. Die Gesindeordnungen werden außer Kraft gesetzt, ebenso die Ausnahmegesetze gegen die Landarbeiter.
9. Die bei Beginn des Krieges aufgehobenen Arbeiterschutzbestimmungen werden hiermit wieder in Kraft gesetzt.

Weitere sozialpolitische Verordnungen werden binnen kurzem veröffentlicht werden. Spätestens am 1. Januar 1919 wird der achtstündige Maximalarbeitstag in Kraft treten. Die Regierung wird alles tun, um für ausreichende Arbeitsgelegenheit zu sorgen. Eine Verordnung über die Unterstützung von Erwerbslosen ist fertiggestellt. Sie verteilt die Lasten auf Reich, Staat und Gemeinde.
Auf dem Gebiete der Krankenversicherung wird die Versicherungspflicht über die bisherige Grenze von 2500 Mark ausgedehnt werden.
Die Wohnungsnot wird durch Bereitstellung von Wohnungen bekämpft werden.
Auf die Sicherung einer geregelten Volksernährung wird hingearbeitet werden.
Die Regierung wird die geordnete Produktion aufrechterhalten, das Eigentum gegen Eingriffe Privater sowie die Freiheit und Sicherheit der Person schützen.

Alle Wahlen zu öffentlichen Körperschaften sind fortan nach dem gleichen, geheimen, direkten, allgemeinen Wahlrecht auf Grund des proportionalen Wahlsystems für alle mindestens zwanzig Jahre alten männlichen und weiblichen Personen zu vollziehen. Auch für die Konstituierende Versammlung, über die nähere Bestimmung noch erfolgen wird, gilt dieses Wahlrecht.
Berlin, den 12. November 1918.

Ebert, Haase, Scheidemann, Landsberg, Dittmann, Barth.

Reichs-Gesetzblatt 1918, S. 1303 f.; abgedruckt u. a. in: Ritter/Miller, Die deutsche Revolution 1918—1919, Fischer-Bücherei, Nr. 879, S. 96 f.

12. Beschluß des Rätekongresses über das künftige Verhältnis zwischen dem Rat der Volksbeauftragten und dem Zentralrat, Dezember 1918

1. Der Reichskongreß der Arbeiter- und Soldatenräte Deutschlands, der die gesamte politische Macht repräsentiert, überträgt bis zur anderweitigen Regelung durch die Nationalversammlung die gesetzgebende und vollziehende Gewalt dem Rat der Volksbeauftragten.

2. Der Kongreß bestellt ferner einen Zentralrat der Arbeiter- und Soldatenräte, der die parlamentarische Überwachung des deutschen und des preußischen Kabinetts ausübt. Er hat das Recht der Berufung und Abberufung der Volksbeauftragten des Reiches und — bis zur endgültigen Regelung der staatlichen Verhältnisse — auch der Volksbeauftragten Preußens.

3. Zur Überwachung der Geschäftsführung in den Reichsämtern werden von dem Rat der Volksbeauftragten Beigeordnete der Staatssekretäre bestimmt. In jedes Reichsamt werden zwei Beigeordnete entsandt, die aus den beiden sozialdemokratischen Parteien zu entnehmen sind. Vor der Berufung der Fachminister und der Beigeordneten ist der Zentralrat zu hören.

Allgemeiner Kongreß der Arbeiter- und Soldatenräte Deutschlands vom 16. bis 21. Dezember 1918 im Abgeordnetenhause zu Berlin. Stenographische Berichte, Berlin [1919], Sp. 176.
Abdruck u. a. Ritter/Miller, Die deutsche Revolution 1918—1919, S. 141 f.

13. Programmatische Kundgebung der Unabhängigen Sozialdemokratischen Partei Deutschlands, März 1919

Unter Aufrechterhaltung der leitenden Gedanken des grundsätzlichen Teils des Erfurter Programms erklärt der Parteitag:
Im November 1918 haben die revolutionären Arbeiter und Soldaten Deutschlands die Staatsgewalt erobert. Sie haben aber ihre Macht nicht befestigt und die kapitalistische Klassenherrschaft nicht überwunden. Die Führer der Rechtssozialisten haben den Pakt mit den bürgerlichen Klassen erneuert und die Interessen des Proletariats preisgegeben. Sie treiben eine Verwirrungspolitik mit den Worten „Demokratie" und „Sozialismus".
In der kapitalistischen Gesellschaftsordnung sind demokratische Rechtsformen Truggebilde. Solange der politischen Befreiung nicht auch die wirtschaftliche Befreiung und Unabhängigkeit gefolgt ist, besteht keine wahre Demokratie. Die Sozialisierung, wie die Rechtssozialisten sie betreiben, ist ein Gaukelspiel. Sie begnügen sich, unter Schonung der kapitalistischen Interessen, mit einer „gemischt-wirtschaftlichen" Bewirtschaftung und sogar nur mit der „öffentlichen Kontrolle" der nach ihrem eigenen Urteil für die sofortige Vergesellschaftung reifen Betriebe.
Das klassenbewußte Proletariat hat erkannt, daß sein Befreiungskampf nur von ihm allein und nicht nur mit den bisherigen Organisationen durchgeführt werden kann, sondern daß dazu auch eine neue proletarische Kampforganisation erforderlich ist.
Im Rätesystem hat sich die proletarische Revolution diese Kampforganisation geschaffen. Sie faßt die Arbeitermassen in den Betrieben zu revolutionärem Handeln zusammen. Sie schafft dem Proletariat das Recht der Selbstverwaltung in den Betrieben, in den Gemeinden und im Staate. Sie führt die Umwandlung der kapitalistischen Wirtschaftsordnung in die sozialistische durch.
In allen kapitalistischen Ländern entwickelt sich das Rätesystem aus den gleichen wirtschaftlichen Bedingungen und wird zum Träger der proletarischen Weltrevolution.
Die geschichtliche Aufgabe der USP ist es, die Bannerträgerin des klassenbewußten Proletariats in seinem revolutionären Befreiungskampf zu sein.
Die Unabhängige Sozialdemokratische Partei stellt sich auf den Boden des Rätesystems. Sie unterstützt die Räte in ihrem Ringen um die wirtschaftliche und politische Macht. Sie erstrebt die Diktatur des Proletariats, des Vertreters der großen Volksmehrheit, als notwendige Vorbedingung für die Verwirklichung des Sozialismus. Erst der Sozialismus bringt die Beseitigung jeder Klassenherrschaft, die Beseitigung jeder Diktatur, die wahre Demokratie.
Um dieses Ziel zu erreichen, bedient sich die USP aller politischen und wirtschaftlichen Kampfmittel einschließlich der Parlamente. Sie verwirft planlose Gewalttätigkeiten. Ihr Ziel ist nicht die Vernichtung von Personen, sondern die Beseitigung des kapitalistischen Systems.

Die nächsten Forderungen der USPD sind:

1. Einordnung des Rätesystems in die Verfassung. Entscheidende Mitwirkung der Räte bei der Gesetzgebung, Staats- und Gemeindeverwaltung und in den Betrieben.

2. Völlige Auflösung des alten Heeres. Sofortige Auflösung des durch Freiwilligenkorps gebildeten Söldnerheeres. Entwaffnung des Bürgertums. Errichtung einer Volkswehr aus den Reihen der klassenbewußten Arbeiterschaft. Selbstverwaltung der Volkswehr und Wahl der Führer durch die Mannschaft. Aufhebung der Militärgerichtsbarkeit.

3. Die Vergesellschaftung der kapitalistischen Unternehmungen ist sofort zu beginnen. Sie ist unverzüglich durchzuführen auf den Gebieten des Bergbaues und der Energieerzeugung (Kohle, Wasser, Kraft, Elektrizität), der konzentrierten Eisen- und Stahlproduktion sowie anderer hochentwickelter Industrien und des Bank- und Versicherungswesens. Großgrundbesitz und große Forste sind sofort in gesellschaftliches Eigentum zu überführen. Die Gesellschaft hat die Aufgabe, die gesamten wirtschaftlichen Betriebe durch Bereitstellung aller technischen und wirtschaftlichen Hilfsmittel sowie Förderung der Genossenschaft zur höchsten Leistungsfähigkeit zu bringen. In den Städten ist das private Eigentum an Grund und Boden in Gemeindeeigentum zu überführen, und ausreichende Wohnungen sind von der Gemeinde auf eigene Rechnung herzustellen.

4. Wahl der Behörden und der Richter durch das Volk. Sofortige Einsetzung eines Staatsgerichtshofes, der die Schuldigen am Weltkriege und an der Verhinderung eines zeitigeren Friedens zur Verantwortung zu ziehen hat.

5. Der während des Krieges geschaffene Vermögenszuwachs ist voll wegzusteuern. Von allen größeren Vermögen ist ein Teil an den Staat abzuführen. Im übrigen sind die öffentlichen Ausgaben durch stufenweis steigende Einkommens-, Vermögens- und Erbschaftssteuern zu decken. Die Kriegsanleihen sind zu annullieren unter Entschädigung der Bedürftigen, der gemeinnützigen Vereine, Anstalten und der Gemeinden.

6. Ausbau der sozialen Gesetzgebung. Schutz und Fürsorge für Mutter und Kind. Den Kriegerwitwen und -waisen und den Verletzten ist eine sorgenfreie Existenz sicherzustellen. Den Wohnungsbedürftigen sind überflüssige Räume der Besitzenden zur Benutzung zu übergeben. Grundlegende Neuordnung des öffentlichen Gesundheitswesens.

7. Trennung von Staat und Kirche und Trennung von Kirche und Schule. Öffentliche Einheitsschule mit weltlichem Charakter, die nach sozialistisch-pädagogischen Grundsätzen auszugestalten ist. Anspruch jedes Kindes auf die seinen Fähigkeiten entsprechende Ausbildung und die Bereitstellung der hierfür erforderlichen Mittel.

8. Einführung eines öffentlich-rechtlichen Monopols für Inserate und Übertragung an die Kommunalverbände.

9. Herstellung freundschaftlicher Beziehungen zu allen Nationen. Sofortige Aufnahme der diplomatischen Beziehungen zur russischen Räterepublik

und zu Polen. Wiederherstellung der Arbeiter-Internationale auf dem Boden der revolutionären sozialistischen Politik im Geiste der internationalen Konferenzen von Zimmerwald und Kienthal.

Die USPD ist der Überzeugung, daß durch die Zusammenfassung aller proletarischen Kräfte, die sie erstrebt, der vollständige und dauernde Sieg des Proletariats beschleunigt und gesichert wird. Das Bekenntnis in Wort und Tat zu den Grundsätzen und Forderungen dieser Kundgebung ist aber die notwendige Voraussetzung der Einigung der Arbeiterklasse.

Protokoll über die Verhandlungen des außerordentlichen Parteitages [der USPD] vom 2. bis 6. März 1919, Berlin 1919, S. 31 f.

14. Sozialisierungsgesetz vom 23. März 1919

Die verfassunggebende Deutsche Nationalversammlung hat das folgende Gesetz beschlossen, das nach der Zustimmung des Staatenausschusses hiermit verkündet wird:

§ 1. Jeder Deutsche hat, unbeschadet seiner persönlichen Freiheit, die sittliche Pflicht, seine geistigen und körperlichen Kräfte so zu betätigen, wie es das Wohl der Gesamtheit erfordert.
Die Arbeitskraft als höchstes wirtschaftliches Gut steht unter dem besonderen Schutze des Reichs. Jedem Deutschen soll die Möglichkeit gegeben werden, durch wirtschaftliche Arbeit seinen Unterhalt zu erwerben. Soweit ihm Arbeitsgelegenheit nicht nachgewiesen werden kann, wird für seinen notwendigen Unterhalt gesorgt. Das Nähere wird durch besondere Reichsgesetze bestimmt.

§ 2. Das Reich ist befugt, im Wege der Gesetzgebung gegen angemessene Entschädigung

1. für eine Vergesellschaftung geeignete wirtschaftliche Unternehmungen, insbesondere solche zur Gewinnung von Bodenschätzen und zur Ausnutzung von Naturkräften, in Gemeinwirtschaft zu überführen,
2. im Falle dringenden Bedürfnisses die Herstellung und Verteilung wirtschaftlicher Güter gemeinwirtschaftlich zu regeln.

Die näheren Vorschriften über die Entschädigung bleiben den zu erlassenden besonderen Reichsgesetzen vorbehalten.

§ 3. Die Aufgaben der durch Reichsgesetz geregelten Gemeinwirtschaft können dem Reiche, den Gliedstaaten, Gemeinden und Gemeindeverbänden oder wirtschaftlichen Selbstverwaltungskörpern übertragen werden. Die Selbstverwaltungskörper werden vom Reiche beaufsichtigt. Das Reich kann sich bei der Durchführung der Aufsicht der Behörden der Gliedstaaten bedienen.

§ 4. In Ausübung der im § 2 vorgesehenen Befugnis wird durch besondere Reichsgesetze die Ausnutzung von Steinkohle, Braunkohle, Preßkohle und Koks, Wasserkräften und sonstigen natürlichen Energiequellen und von der aus ihnen stammenden Energie (Energiewirtschaft) nach gemeinwirtschaftlichen Gesichtspunkten geregelt. Zunächst tritt für das Teilgebiet der Kohlenwirtschaft ein Gesetz über die Regelung der Kohlenwirtschaft gleichzeitig mit diesem Gesetz in Kraft.

§ 5. Dieses Gesetz tritt mit dem Tage der Verkündung in Kraft.

Der Reichspräsident: Ebert.
Der Reichswirtschaftsminister: Wissell.

Reichs-Gesetzblatt 1919, S. 341. Abdruck u. a. bei Ernst Rudolf Huber, Dokumente zur Deutschen Verfassungsgeschichte, Bd. 3, Stuttgart, Berlin, Köln, Mainz 1966, S. 80.

15. Die Verfassung des Deutschen Reichs vom 11. August 1919 (Weimarer Verfassung) Artikel 165

Art. 165. Die Arbeiter und Angestellten sind dazu berufen, gleichberechtigt in Gemeinschaft mit den Unternehmern an der Regelung der Lohn- und Arbeitsbedingungen sowie an der gesamten wirtschaftlichen Entwicklung der produktiven Kräfte mitzuwirken. Die beiderseitigen Organisationen und ihre Vereinbarungen werden anerkannt.

Die Arbeiter und Angestellten erhalten zur Wahrnehmung ihrer sozialen und wirtschaftlichen Interessen gesetzliche Vertretungen in Betriebsarbeiterräten sowie in nach Wirtschaftsgebieten gegliederten Bezirksarbeiterräten und in einem Reichsarbeiterrat.

Die Bezirksarbeiterräte und der Reichsarbeiterrat treten zur Erfüllung der gesamten wirtschaftlichen Aufgaben und zur Mitwirkung bei der Ausführung der Sozialisierungsgesetze mit den Vertretungen der Unternehmer und sonst beteiligter Volkskreise zu Bezirkswirtschaftsräten und zu einem Reichswirtschaftsrat zusammen. Die Bezirkswirtschaftsräte und der Reichswirtschaftsrat sind so zu gestalten, daß alle wichtigen Berufsgruppen entsprechend ihrer wirtschaftlichen und sozialen Bedeutung darin vertreten sind.

Sozialpolitische und wirtschaftspolitische Gesetzentwürfe von grundlegender Bedeutung sollen von der Reichsregierung vor ihrer Einbringung dem Reichswirtschaftsrat zur Begutachtung vorgelegt werden. Der Reichswirtschaftsrat hat das Recht, selbst solche Gesetzesvorlagen zu beantragen. Stimmt ihnen die Reichsregierung nicht zu, so hat sie trotzdem die Vorlage unter Darlegung ihres Standpunkts beim Reichstag einzubringen. Der Reichswirtschaftsrat kann die Vorlage durch eines seiner Mitglieder vor dem Reichstag vertreten lassen.

Den Arbeiter- und Wirtschaftsräten können auf den ihnen überwiesenen Gebieten Kontroll- und Verwaltungsbefugnisse übertragen werden.

Aufbau und Aufgabe der Arbeiter- und Wirtschaftsräte sowie ihr Verhältnis zu anderen sozialen Selbstverwaltungskörpern zu regeln, ist ausschließlich Sache des Reichs.

Reichs-Gesetzblatt 1919, S. 1383 ff. Abdruck u. a. bei Huber a. a. O., S. 129 ff., Art. 165, S. 153 f.

16. Programm der Sozialdemokratischen Partei Deutschlands, Görlitz 1921

Die Sozialdemokratische Partei Deutschlands ist die *Partei des arbeitenden Volkes* in Stadt und Land. Sie erstrebt die Zusammenfassung aller körperlich und geistig Schaffenden, die auf den Ertrag eigener Arbeit angewiesen sind, zu gemeinsamen Erkenntnissen und Zielen, zur Kampfgemeinschaft für Demokratie und Sozialismus.
Die *kapitalistische Wirtschaft* hat den wesentlichen Teil der durch die moderne Technik gewaltig entwickelten *Produktionsmittel* unter die Herrschaft einer verhältnismäßig kleinen Zahl von *Großbesitzern* gebracht, sie hat breite Massen der *Arbeiter von den Produktionsmitteln getrennt und in besitzlose Proletarier verwandelt.* Sie hat die *wirtschaftliche Ungleichheit gesteigert* und einer kleinen, in Überfluß lebenden Minderheit weite Schichten entgegengestellt, die in Not und Elend verkümmern. Sie hat damit den *Klassenkampf* für die Befreiung des Proletariats zur *geschichtlichen Notwendigkeit* und zur sittlichen Forderung gemacht.
Der *Weltkrieg* und die ihn abschließenden Friedensdiktate haben diesen Prozeß noch verschärft. Sie haben die *Konzentration der Betriebe* und des Kapitals beschleunigt, die *Kluft zwischen Kapital und Arbeit*, Reichtum und Armut *erweitert.* In Industrie und Bankwesen, in Handel und Verkehr hat eine neue Epoche der Angliederungen und Verschmelzungen, der Kartellierungen und Vertrustungen eingesetzt. Während rücksichtsloses Gewinnstreben eine *neue Bourgeoisie von Kriegslieferanten und Spekulanten* emporhob, *sanken* kleine und mittlere *Besitzer, Gewerbetreibende*, Scharen *geistiger Arbeiter, Beamte, Angestellte, Künstler, Schriftsteller, Lehrer,* Angehörige aller Art der freien Berufe zu proletarischen Lebensbedingungen hinab. Korrumpierung des öffentlichen Lebens, wachsende *Abhängigkeit der bürgerlichen Presse* von übermächtigen Wirtschaftsdiktatoren, die auf diese Weise den Staat unter ihre Botmäßigkeit zu bringen versuchen, sind unausbleibliche Folgen.
Die Entwicklung zum Hochkapitalismus hat das Streben nach Beherrschung der Weltwirtschaft durch imperialistische Machterweiterung noch gesteigert. Sie hat ebenso wie die unbefriedigende Lösung der nationalen und wirtschaftlichen Weltprobleme durch die geltenden Friedensverträge die Gefahr neuer blutiger Konflikte heraufbeschworen, die den Zusammenbruch der menschlichen Kultur herbeizuführen drohen.
Zugleich hat der Weltkrieg morsche Herrschaftssysteme hinweggefegt. Politische Umwälzungen haben den Massen die Rechte der Demokratie gegeben, deren sie zu ihrem sozialen Aufstieg bedürfen. Eine gewaltig erstarkte Arbeiterbewegung, groß geworden durch die ruhmvolle opferreiche Arbeit von Generationen, stellt sich dem Kapitalismus als ebenbürtiger Gegner. Mächtiger denn je erhebt sich der Wille, das kapitalistische System zu überwinden und durch internationalen Zusammenschluß des Proletariats, durch Schaffung einer zwischenstaatlichen Rechtsordnung, eines wahren Bundes

gleichberechtigter Völker, die Menschheit vor neuer kriegerischer Vernichtung zu schützen. Diesem Willen den Weg zu weisen, den notwendigen Kampf der schaffenden Massen zu einem bewußten und einheitlichen zu gestalten, ist die Aufgabe der Sozialdemokratischen Partei. Die Sozialdemokratische Partei ist entschlossen, zum Schutz der errungenen Freiheit das Letzte einzusetzen. Sie betrachtet die demokratische Republik als die durch die geschichtliche Entwicklung unwiderruflich gegebene Staatsform, jeden Angriff auf sie als ein Attentat auf die Lebensrechte des Volkes.
Die Sozialdemokratische Partei kann sich aber nicht darauf beschränken, die Republik vor den Anschlägen ihrer Feinde zu schützen. Sie kämpft um die Herrschaft des im freien Volksstaat organisierten Volkswillens über die Wirtschaft, um die Erneuerung der Gesellschaft im Geiste sozialistischen Gemeinsinns. Die Überführung der großen konzentrierten Wirtschaftsbetriebe in die Gemeinwirtschaft und darüber hinaus die fortschreitende Umformung der gesamten kapitalistischen Wirtschaft zur sozialistischen, zum Wohle der Gesamtheit betriebenen Wirtschaft erkennt sie als notwendige Mittel, um das schaffende Volk aus den Fesseln der Kapitalherrschaft zu befreien, die Produktionserträge zu steigern, die Menschheit zu höheren Formen wirtschaftlicher und sittlicher Gemeinschaft emporzuführen.
In diesem Sinne erneuert die Sozialdemokratische Partei Deutschlands ihr im Erfurter Programm niedergelegtes Bekenntnis: Sie kämpft nicht für neue Klassenprivilegien und Vorrechte, sondern für die Abschaffung der Klassenherrschaft und der Klassen selbst und für gleiche Rechte und gleiche Pflichten aller, ohne Unterschied des Geschlechts und der Abstammung. Sie führt diesen Kampf in dem Bewußtsein, daß er das Schicksal der Menschheit entscheidet in nationaler wie in internationaler Gemeinschaft, in Reich, Staat und Gemeinde, in Gewerkschaften und Genossenschaften, in Werkstatt und Haus.

Für diesen Kampf gelten die folgenden Forderungen:

Wirtschaftspolitik

Grund und Boden, die Bodenschätze sowie die natürlichen Kraftquellen, die der Energieerzeugung dienen, sind der kapitalistischen Ausbeutung zu entziehen und in den Dienst der Volksgemeinschaft zu überführen. Gesetzliche Maßnahmen gegen die Extensivierung oder das gänzliche Unbenutztlassen landwirtschaftlicher Bodenflächen oder deren Verschwendung zu privaten Luxuszwecken. Kontrolle des Reichs über den kapitalistischen Besitz an Produktionsmitteln, vor allem über die Interessengemeinschaften, Kartelle und Trusts. Fortschreitender Ausbau der Betriebe des Reichs, der Länder und der öffentlichen Körperschaften unter demokratischer Verwaltung unter Vermeidung der Bureaukratisierung. Förderung der nicht auf Erzielung eines Profits gerichteten Genossenschaften. Ausgestaltung des wirtschaftlichen Rätesystems zu einer Vertretung der sozialen und wirtschaftlichen Interessen der Arbeiter, Angestellten und Beamten.

Sozialpolitik

Einheitliches Arbeitsrecht. Sicherung des Koalitionsrechts. Wirksamer Arbeiterschutz: gesetzliche Festlegung eines Arbeitstages von höchstens acht

Stunden, Herabsetzung dieser Arbeitszeit in Betrieben mit erhöhten Gefahren für Leben und Gesundheit. Äußerste Einschränkung der Nachtarbeit für Männer. Verbot der Nachtarbeit für Frauen und Jugendliche. Verbot der Arbeit von Frauen und Jugendlichen in besonders gesundheitsschädlichen Betrieben sowie an Maschinen mit besonderer Unfallgefahr. Verbot jeder Erwerbsarbeit schulpflichtiger Kinder. Überwachung aller Betriebe und Unternehmungen. Eine wöchentliche ununterbrochene Ruhepause von mindestens 42 Stunden. Jährlicher Urlaub unter Fortzahlung des Lohnes. Unterstützung aller Bestrebungen zur Beseitigung der Übelstände der Heimarbeit und ihre Aufhebung, wo es ohne schwere wirtschaftliche Schädigung der Heimarbeiter möglich ist. Umbau der sozialen Versicherung zu einer allgemeinen Volksfürsorge. Auf diesen Grundlagen Förderung des internationalen Arbeiterschutzes.
Allgemeines Recht der Frauen auf Erwerb.
Sicherung und Ausbau der staatsbürgerlichen und wirtschaftlichen Rechte der Beamten.
Planmäßige, den sozialen Bedürfnissen der Arbeiterklasse angepaßte Bevölkerungspolitik. Besondere Fürsorge für kinderreiche Familien.

Finanzen

Sicherung und Weiterbildung der Einkommens-, Vermögens- und Erbschaftssteuern, ihre Anpassung an die Wertveränderungen und an die Leistungsfähigkeit des werbenden Kapitals. Erbrecht des Reichs bei entfernteren Verwandtschaftsgraden, Pflichtteil des Reichs, abgestuft nach der Zahl der Erben. Wirksame Verfolgung der Steuerhinterziehung und Kapitalflucht. Schonung der Arbeitskraft und Belastung jedes verschwenderischen Überverbrauchs. Beteiligung der öffentlichen Gewalten am Vermögen der kapitalistischen Erwerbsunternehmungen.

Verfassung und Verwaltung

Sicherung der demokratischen Republik. Festigung der Reichseinheit. Ausbau des Reichs zum organisch gegliederten *Einheitsstaat*. Selbstverwaltung der Gemeinden und der zu höheren Selbstverwaltungskörpern gesetzlich organisierten Gemeindeverbände (Kreise, Bezirke, Provinzen). Überordnung der demokratischen Volksvertretung über die berufsständischen Organisationen. *Demokratisierung* aller staatlichen Einrichtungen. Vollständige verfassungsmäßige und tatsächliche *Gleichstellung* aller *über 20 Jahre alten Staatsbürger* ohne Unterschied des Geschlechts, der Herkunft und der Religion.

Gemeindepolitik

Schaffung einer *einheitlichen Gemeindeordnung* für Stadt und Land, sowie eines einheitlichen Gemeindevertreterkörpers. *Initiative und Volksabstimmung* in den Gemeinden. Unterstellung aller Gemeindebeamten unter die Gemeindevertretung. Wahl der Bürgermeister auf Zeit. Bildung und Förderung großer und leistungsfähiger Kommunaleinheiten. Beschränkung des staatlichen Aufsichtsrechts auf das Recht der Beanstandung ungesetzlicher

Verwaltungsakte der Gemeinde, Beseitigung des Bestätigungsrechtes der Aufsichtsbehörden für Gemeinde-Organe. Reichsgesetzliche Freigabe der kommunalen Sozialisierung.

Rechtspflege

Überwindung der herrschenden privatrechtlichen durch eine soziale Rechtsauffassung. Unterordnung des Vermögensrechts unter das Recht der Person und das Recht der sozialen Gemeinschaft. Kampf gegen Klassenjustiz, entscheidende Mitwirkung gewählter Volksrichter in allen Zweigen der Justiz. Erziehung zu allgemeiner Rechtskenntnis, volkstümliche Gesetzessprache. Zusammensetzung des Richterstandes aus allen Volksklassen, Mitwirkung der Frauen in allen Justizämtern. Neuordnung des juristischen Bildungsganges in sozialistischem Geiste. Übertragung der gesamten Justiz auf das Reich. Berufung in Strafsachen. Reichsgesetzliche Regelung des Strafvollzugs. Schutz- und Erziehungs-, nicht Vergeltungsstrafrecht. Abschaffung der Todesstrafe.

Kultur- und Schulpolitik

Recht aller Volksgenossen an den Kulturgütern. *Oberstes Erziehungsrecht der Volksgemeinschaft.*

Religion ist Privatsache, Sache innerer Überzeugung, nicht Parteisache, *nicht Staatssache;* Trennung von Staat und Kirche.

Ausgestaltung der Schule zur *weltlichen Einheitsschule.* Unentgeltlichkeit des Unterrichts, der Lernmittel und der Verpflegung in den Schulen.

Umwandlung der Schulen in Lebens- und Arbeitsgemeinschaften der Jugend mit weitgehender Selbstverwaltung. Gemeinsame Erziehung beider Geschlechter durch beide Geschlechter. Mitarbeit pädagogisch hervorragend begabter Laien, verantwortliche Mitwirkung der Eltern an der Schulerziehung und Schulaufsicht durch Elternräte.

Erziehung des heranwachsenden Menschen in der Familie, in der Schule und der freien Jugendbewegung zum bewußten Glied der sozialen Volks- und Menschheitsgemeinschaft, zu den Idealen der Republik, der sozialen Pflichterfüllung und des Weltfriedens.

Jugendhilfe (als selbständiges, öffentliches Arbeitsgebiet mit eigenen beamteten Organen), beginnend mit dem werdenden Kind und endend mit dem Eintritt der Volljährigkeit.

Bildungsstätten für erwachsene Volksgenossen als freie Arbeitsgemeinschaften zum Aufbau einer lebendigen Volkskultur.

Völkerbeziehungen und Internationale

Internationaler Zusammenschluß der Arbeiterklasse auf demokratischer Grundlage als beste Bürgschaft des Friedens.

Ein Völkerbund, der kein die Völkerbundsatzungen anerkennendes Volk ausschließt und in dem die Parlamente aller Länder durch Delegierte nach der Stärke der Parteien vertreten sind. Ausbau des Völkerbundes zu einer *wahrhaften Arbeits-, Rechts- und Kulturgemeinschaft.* Entscheidung *aller* internationalen Streitigkeiten durch ein *internationales Gericht. Selbstbe-*

stimmung der Völker im Rahmen des für alle gleichmäßig geltenden internationalen Rechts. Völkerrechtlicher Schutz aller nationalen Minderheiten nach dem Grundsatz *vollkommener Gegenseitigkeit.* Internationale Abrüstung unter Garantie des Völkerbundes, Herabsetzung der Wehrmacht in allen Staaten auf das Maß, das die innere Sicherheit der Staaten und Erzwingung internationaler Verpflichtungen durch gemeinschaftliches Vorgehen des Völkerbundes erfordert. Unterstellung aller Kolonien und Schutzgebiete unter die Oberhoheit des Völkerbundes. Durchführung des Grundsatzes der Offenen Tür für alle wirtschaftlichen Austauschgebiete. Demokratisierung und Vereinfachung der diplomatischen Vertretungen der Staaten.

Revision des Friedensvertrages von Versailles im Sinne wirtschaftlicher Erleichterung und Anerkennung der nationalen Lebensrechte.

Protokoll über die Verhandlungen des Parteitags der Sozialdemokratischen Partei Deutschlands, abgehalten in Görlitz vom 18. bis 24. September 1921, Berlin 1921, S. III ff.

17. Programm der Vereinigten[1] Sozialdemokratischen Partei Deutschlands, Heidelberg 1925

Grundsätzlicher Teil

Die ökonomische Entwicklung hat mit innerer Gesetzmäßigkeit zum Erstarken des kapitalistischen Großbetriebes geführt, der in Industrie, Handel und Verkehr immer mehr den Kleinbetrieb zurückdrängt und seine soziale Bedeutung verringert. Mit der immer stärker werdenden Entfaltung der Industrie wächst die industrielle Bevölkerung ständig im Verhältnis zur landwirtschaftlichen. Das Kapital hat die Massen der Produzenten von dem Eigentum an ihren Produktionsmitteln getrennt und den Arbeiter in einen besitzlosen Proletarier verwandelt. Ein großer Teil des Grund und Bodens befindet sich in den Händen des Großgrundbesitzes, des natürlichen Verbündeten des Großkapitals. So sind die ökonomisch entscheidenden Produktionsmittel zum Monopol einer verhältnismäßig kleinen Zahl von Kapitalisten geworden, die damit die wirtschaftliche Herrschaft über die Gesellschaft erhalten.

Zugleich wächst mit dem Vordringen der Großbetriebe in der Wirtschaft Zahl und Bedeutung der Angestellten und Intellektuellen jeder Art. Sie üben in dem vergesellschafteten Arbeitsprozeß die Leitungs-, Überwachungs-, Organisations- und Verteilungsfunktionen aus, sie fördern durch wissenschaftliche Forschung die Produktionsmethoden. Mit dem Anwachsen ihrer Zahl verlieren sie immer mehr die Möglichkeit des Aufstiegs in privilegierte Stellungen, und ihre Interessen stimmen in steigendem Maße mit denen der übrigen Arbeiterschaft überein.

Mit der Entwicklung der Technik und der Monopolisierung der Produktionsmittel wächst riesenhaft die Produktivität der menschlichen Arbeit. Aber Großkapital und Großgrundbesitz suchen die Ergebnisse des gesellschaftlichen Arbeitsprozesses für sich zu monopolisieren. Nicht nur den Proletariern, sondern auch den Mittelschichten wird der volle Anteil an dem materiellen und kulturellen Fortschritt vorenthalten, den die gesteigerten Produktivkräfte ermöglichen.

Ununterbrochen sind im Kapitalismus Tendenzen wirksam, die arbeitenden Schichten in ihrer Lebenshaltung zu drücken. Nur durch steten Kampf ist es ihnen möglich, sich vor zunehmender Erniedrigung zu bewahren und ihre Lage zu verbessern. Dazu gesellt sich hochgradige Unsicherheit der Existenz, die stets drohende Arbeitslosigkeit. Diese wird besonders qualvoll und erbitternd in Zeiten der Krisen, die jedem wirtschaftlichen Aufschwung folgen und in der Anarchie der kapitalistischen Produktionsweise begründet sind. Das kapitalistische Monopolstreben führt zur Zusammenfassung von Industriezweigen, zur Verbindung aufeinanderfolgender Produktionsstufen und zur Organisierung der Wirtschaft in Kartelle und Trusts. Dieser Prozeß

1 Das Wort „Vereinigte" entfiel später.

vereinigt Industriekapital, Handelskapital und Bankkapital zum Finanzkapital.
Einzelne Kapitalsgruppen werden so zu übermächtigen Beherrschern der Wirtschaft, die nicht nur die Lohnarbeiter, sondern die ganze Gesellschaft in ihre ökonomische Abhängigkeit bringen.
Mit der Zunahme seines Einflusses benutzt das Finanzkapital die Staatsmacht zur Beherrschung auswärtiger Gebiete als Absatzmärkte, Rohstoffquellen und Stätten für Kapitalsanlagen. Dieses imperialistische Machtbestreben bedroht die Gesellschaft ständig mit Konflikten und mit Kriegsgefahr. Doch mit dem Druck und den Gefahren des Hochkapitalismus steigt auch der Widerstand der stets wachsenden Arbeiterklasse, die durch den Mechanismus des kapitalistischen Produktionsprozesses selbst, sowie durch stete Arbeit der Gewerkschaften und der Sozialdemokratischen Partei geschult und vereint wird. Immer größer wird die Zahl der Proletarier, immer schroffer der Gegensatz zwischen Ausbeutern und Ausgebeuteten, immer erbitterter der Klassenkampf zwischen den kapitalistischen Beherrschern der Wirtschaft und den Beherrschten. Indem die Arbeiterklasse für ihre eigene Befreiung kämpft, vertritt sie das Gesamtinteresse der Gesellschaft gegenüber dem kapitalistischen Monopol. Eine gewaltig erstarkte Arbeiterbewegung, groß geworden durch die opferreiche Arbeit von Generationen, stellt sich dem Kapitalismus als ebenbürtiger Gegner gegenüber. Mächtiger denn je ersteht der Wille, das kapitalistische System zu überwinden und durch internationalen Zusammenschluß des Proletariats, durch Schaffung einer internationalen Rechtsordnung, eines wahren Bundes gleichberechtigter Völker, die Menschheit vor kriegerischer Vernichtung zu schützen.
Das Ziel der Arbeiterklasse kann nur erreicht werden durch die Verwandlung des kapitalistischen Privateigentums an den Produktionsmitteln in gesellschaftliches Eigentum. Die Umwandlung der kapitalistischen Produktion in sozialistische für und durch die Gesellschaft betriebenen Produktion wird bewirken, daß die Entfaltung und Steigerung der Produktivkräfte zu einer Quelle der höchsten Wohlfahrt und allseitiger Vervollkommnung wird. Dann erst wird die Gesellschaft aus der Unterwerfung unter blinde Wirtschaftsmacht und aus allgemeiner Zerrissenheit zu freier Selbstverwaltung in harmonischer Solidarität emporsteigen.
Der Kampf der Arbeiterklasse gegen die kapitalistische Ausbeutung ist nicht nur ein wirtschaftlicher, sondern notwendigerweise ein politischer Kampf. Die Arbeiterklasse kann ihren ökonomischen Kampf nicht führen und ihre wirtschaftliche Organisation nicht voll entwickeln ohne politische Rechte. In der demokratischen Republik besitzt sie die Staatsform, deren Erhaltung und Ausbau für ihren Befreiungskampf eine unerläßliche Notwendigkeit ist. Sie kann die Vergesellschaftung der Produktionsmittel nicht bewirken, ohne in den Besitz der politischen Macht gekommen zu sein.
Der proletarische Befreiungskampf ist ein Werk, an dem die Arbeiter aller Länder beteiligt sind. Die Sozialdemokratische Partei Deutschlands ist sich der internationalen Solidarität des Proletariats bewußt und entschlossen, alle Pflichten zu erfüllen, die ihr daraus erwachsen. Dauernde Wohlfahrt der Nationen ist heute nur erreichbar durch ihr solidarisches Zusammenwirken.
Die Sozialdemokratische Partei kämpft nicht für neue Klassenprivilegien und Vorrechte, sondern für die Abschaffung der Klassenherrschaft und der Klassen selbst, für gleiche Rechte und Pflichten aller, ohne Unterschied des Geschlechts und der Abstammung. Von dieser Anschauung ausgehend, be-

kämpft sie nicht bloß die Ausbeutung und Unterdrückung der Lohnarbeiter, sondern jede Art der Ausbeutung und Unterdrückung, richte sie sich gegen ein Volk, eine Klasse, eine Partei, ein Geschlecht oder eine Rasse.
Den Befreiungskampf der Arbeiterklasse zu einem bewußten und einheitlichen zu gestalten und ihm sein notwendiges Ziel zu weisen, ist die Aufgabe der Sozialdemokratischen Partei. In ständigem Ringen und Wirken auf politischem, wirtschaftlichem, sozialem und kulturellem Gebiet strebt sie zu ihrem Endziel.

Aktionsprogramm

Verfassung

Die demokratische Republik ist der günstigste Boden für den Befreiungskampf der Arbeiterklasse und damit für die Verwirklichung des Sozialismus. Deshalb schützt die Sozialdemokratische Partei die Republik und tritt für ihren Ausbau ein. Sie fordert:
Das Reich ist in eine Einheitsrepublik auf Grundlage der dezentralisierten Selbstverwaltung umzuwandeln. Auf dem organisch neu zu gliedernden Unterbau der Gemeinden und Länder erhebt sich eine starke Reichsgewalt, die in Gesetz und Verwaltung die für eine einheitliche Führung und den Zusammenhalt des Reiches notwendigen Befugnisse besitzt.
Ausdehnung der unmittelbaren Reichsverwaltung auf die Justiz: Alle Gerichte werden Gerichte des Reichs. Für die Sicherheitspolizei sind im Wege der Gesetzgebung einheitliche Grundsätze aufzustellen. Eine einheitliche Reichskriminalpolizei ist zu schaffen.
Abwehr aller monarchistischen und militärischen Bestrebungen, Umgestaltung der Reichswehr zu einem zuverlässigen Organ der Republik.
Vollständige Verwirklichung der verfassungsmäßigen Gleichstellung aller Staatsbürger ohne Unterschied des Geschlechts, der Herkunft, der Religion und des Besitzes.

Verwaltung

Ziel der sozialdemokratischen Verwaltungspolitik ist die Ersetzung der aus dem Obrigkeitsstaat übernommenen polizeistaatlichen Exekutive durch eine Verwaltungsorganisation, die das Volk auf Grundlage der demokratischen Selbstverwaltung zum Träger der Verwaltung macht. Darum wird gefordert:
Demokratisierung der Verwaltung.
Reichsgesetzliche Vereinheitlichung der Länderverwaltung.
Die Grundsätze der Verwaltung bestimmt das Reich. Die Durchführung obliegt den Selbstverwaltungskörpern, soweit es sich nicht um Angelegenheiten handelt, die wegen ihrer zentralen Natur der unmittelbaren Verwaltung durch das Reich bedürfen.
Den örtlichen und provinzialen Besonderheiten ist im Wege der Rahmengesetzgebung Spielraum zu lassen.

Ein reichsrechtliches Landesverwaltungsgesetz regelt gleichmäßig für alle Länder die Gliederung und die Zuständigkeit der staatlichen Verwaltungsbezirke und der Verwaltungsorgane.
Eine Reichsgemeindeordnung hat für Gemeinden und Gemeindeverbände (Landgemeinden, Städte, Kreise, Provinzen) einheitliches Recht zu schaffen. Das Einkammersystem ist für alle Selbstverwaltungskörper durchzuführen. Die Wahl der Bürgermeister ist auf Zeit festzusetzen. Die Selbstverwaltungskörper erledigen die Geschäfte ihres Verwaltungsbereiches im Rahmen der Reichs- und Landesgesetze selbständig und unter eigener Verantwortung. Für Fragen von allgemeinem öffentlichen Interesse sind Volksbegehren und Volksabstimmung in den Gemeinden einzuführen.
Die Reichskontrolle über die Verwaltung, insbesondere der Schutz des Staatsbürgers gegen die in seine Rechtssphäre eingreifenden Verwaltungsakte, ist durch unabhängig im Instanzweg gegliederte Verwaltungsgerichte zu gewährleisten. Das Reichsverwaltungsgericht hat gleichzeitig die Aufgabe eines Oberverwaltungsgerichts in allen Landessachen.
Durch ein Reichskommunalisierungs- und ein Reichsenteignungsgesetz sind den Gemeinden und Gemeindeverbänden die für die Durchführung und Ausdehnung der kommunalen Gemeinwirtschaft erforderlichen Befugnisse und Machtmittel einzuräumen. Die Form der Verwaltung ist so zu gestalten, daß einerseits die Betriebe in ihrer Wirtschaftsführung von bürokratischen Fesseln befreit werden, andererseits aber das unbeschränkte Bestimmungsrecht der öffentlichen Körperschaften gewahrt bleibt.
Für alle Beamten und Angestellten der öffentlichen Körperschaften ist ein einheitliches Dienstrecht zu schaffen, das Auswahl, Stellung, Beförderung, Interessenvertretung und Schutz nach demokratischen und sozialen Gesichtspunkten ordnet.

Justiz

Die Sozialdemokratische Partei bekämpft jede Klassen- und Parteijustiz und tritt ein für eine mit sozialem Geiste erfüllte Rechtsordnung und Rechtspflege unter entscheidender Mitwirkung gewählter Laienrichter in allen Zweigen und auf allen Stufen der Justiz.
Insbesondere fordert sie:
Im bürgerlichen Recht Unterordnung des Vermögensrechtes unter das Recht der sozialen Gemeinschaft, Erleichterung der Ehescheidung, Gleichstellung der Frau mit dem Manne, Gleichstellung der unehelichen Kinder mit den ehelichen. Im Strafrecht größeren Schutz der Person und der sozialen Rechte, Ersetzung des Vergeltungsprinzips durch das Prinzip der Erziehung des einzelnen und des Schutzes der Gesellschaft. Abschaffung der Todesstrafe.
Im Strafprozeß Wiederherstellung der Schwurgerichte und Ausdehnung ihrer Zuständigkeit insbesondere auf politische und Preßvergehen. Zulassung der Berufung in allen Strafsachen, Beseitigung aller die Verteidigung beeinträchtigenden Bestimmungen.
Im Untersuchungsverfahren Schutz des Inhaftierten gegen behördliche Übergriffe, Verhaftung, außer im Falle der Ergreifung auf frischer Tat, nur auf Grund richterlichen Befehls, mündliche Verhandlung über Haftbeschwerde.
Im Strafvollzug reichsgesetzliche Regelung im Geiste der Humanität und des Erziehungsprinzips.

Sozialpolitik

Der Schutz der Arbeiter, Angestellten und Beamten und die Hebung der Lebenshaltung der breiten Massen erfordern:
Schutz des Koalitions- und Streikrechts. Gleiches Recht der Frauen auf Erwerbsarbeit. Verbot jeder Erwerbsarbeit schulpflichtiger Kinder.
Gesetzliche Festlegung eines Arbeitstages von höchstens acht Stunden. Verkürzung dieser Arbeitszeit für Jugendliche und in Betrieben mit erhöhten Gefahren für Gesundheit und Leben. Einschränkung der Nachtarbeit. Wöchentliche ununterbrochene Ruhepause von mindestens 42 Stunden. Jährlicher Urlaub unter Fortzahlung des Lohnes.
Die Sorge für die Erledigung von Notstandsarbeiten bleibt ausschließlich den Gewerkschaften überlassen.
Bekämpfung der Mißstände der Heimarbeit mit dem Ziel ihrer völligen Beseitigung unter weitgehender Fürsorge für die Betroffenen.
Überwachung aller Betriebe und Unternehmungen durch die Gewerbeinspektion, die unter Heranziehung von Arbeitern und Angestellten als Beamte und als Vertrauenspersonen zu einer Reichseinrichtung auszubauen ist.
Sicherung der Rechtsgültigkeit der Tarifverträge und Hilfeleistung bei ihrem Abschluß durch die Schlichtungsbehörden.
Selbständige Arbeitsgerichte, die losgelöst sind von der ordentlichen Gerichtsbarkeit.
Einheitliches Arbeitsrecht.
Vereinheitlichung der sozialen Versicherung bis zu ihrem Umbau zu einer allgemeinen Volksfürsorge. Einbeziehung der Arbeitsunfähigen und Erwerbslosen.
Umfassende, vorbeugende, heilende und vorsorgende Maßnahmen auf dem Gebiete der Volkswohlfahrt, insbesondere der Erziehungs-, Gesundheits- und Wirtschaftsfürsorge, einheitliche, reichsrechtliche Regelung der Wohlfahrtspflege, die die Mitwirkung der Arbeiterklasse in ihrer Durchführung sicherstellt.
Förderung der internationalen Verträge und Gesetzgebung.

Kultur- und Schulpolitik

Die Sozialdemokratische Partei erstrebt die Aufhebung des Bildungsprivilegs der Besitzenden.
Erziehung, Schulung und Forschung sind öffentliche Angelegenheiten; ihre Durchführung ist durch öffentliche Mittel und Einrichtungen sicherzustellen.
Unentgeltlichkeit des Unterrichts, Unentgeltlichkeit der Lehr- und Lernmittel, wirtschaftliche Versorgung der Lernenden.
Die öffentlichen Einrichtungen für Erziehung, Schulung, Bildung und Forschung sind weltlich. Jede öffentlich-rechtliche Einflußnahme von Kirche, Religions- und Weltanschauungsgemeinschaften auf diese Einrichtungen ist zu bekämpfen. Trennung von Staat und Kirche, weltliche Volks-, Berufs- und Hochschulen. Keine Aufwendung aus öffentlichen Mitteln für kirchliche und religiöse Zwecke.
Einheitlicher Aufbau des Schulwesens, Herstellung engster Beziehungen zwischen Werkarbeit und geistiger Arbeit auf allen Stufen.
Gemeinsame Erziehung beider Geschlechter durch beide Geschlechter.
Einheitliche Lehrerbildung auf Hochschulen.

Finanzen und Steuern

Die Sozialdemokratische Partei Deutschlands fordert eine grundlegende, umfassende Finanzreform, die auf dem Prinzip der Quellenbesteuerung und der Lastenverteilung nach der wirtschaftlichen Leistungsfähigkeit aufgebaut ist.
Insbesondere:
Weiterbildung der Einkommen-, Vermögens- und Erbschaftssteuer.
Gleichmäßige und einheitliche Steuerveranlagung mit Offenlegung der Steuerlisten. Wirksame Verfolgung der Steuerhinterziehung, insbesondere durch obligatorische Buch- und Betriebsführung.
Steuerfreiheit für ein soziales Existenzminimum. Stärkste Schonung des Massenverbrauchs. Beseitigung der Umsatzsteuer.
Beteiligung der öffentlichen Gewalten am Vermögen und an der Verwaltung der kapitalistischen Erwerbsunternehmungen.

Wirtschaftspolitik

Im Kampf gegen das kapitalistische System fordert die Sozialdemokratische Partei Deutschlands:
Grund und Boden, Bodenschätze und natürliche Kraftquellen, die der Energieerzeugung dienen, sind der kapitalistischen Ausbeutung zu entziehen und in den Dienst der Gemeinschaft zu überführen.
Ausgestaltung des wirtschaftlichen Rätesystems zur Durchführung eines Mitbestimmungsrechts der Arbeiterklasse an der Organisation der Wirtschaft unter Aufrechterhaltung des engen Zusammenwirkens mit den Gewerkschaften.
Kontrolle des Reiches über die kapitalistischen Interessengemeinschaften, Kartelle und Trusts.
Förderung der Produktionssteigerung in Industrie und Landwirtschaft.
Förderung des Siedlungswesens.
Abbau des Schutzzollsystems durch langfristige Handelsverträge zur Herstellung des freien Güteraustauschs und des wirtschaftlichen Zusammenschlusses der Nationen.
Ausbau der Betriebe des Reiches, der Länder und der öffentlichen Körperschaften unter Vermeidung der Bürokratisierung.
Förderung der nicht auf Erzielung eines Profits gerichteten Genossenschaften und gemeinnützigen Unternehmungen.
Förderung des gemeinnützigen Wohnungsbaues, öffentlich-rechtliche Gestaltung des Mietrechts, Bekämpfung des Bauwuchers.

Internationale Politik

Als Mitglied der Sozialistischen Arbeiter-Internationale kämpft die Sozialdemokratische Partei Deutschlands in gemeinsamen Aktionen mit den Arbeitern aller Länder gegen imperialistische und faschistische Vorstöße und für die Verwirklichung des Sozialismus.
Sie tritt mit aller Kraft jeder Verschärfung der Gegensätze zwischen den Völkern und jeder Gefährdung des Friedens entgegen.

Sie fordert die friedliche Lösung internationaler Konflikte und ihre Austragung vor obligatorischen Schiedsgerichten.
Sie tritt ein für das Selbstbestimmungsrecht der Völker und für das Recht der Minderheiten auf demokratische und nationale Selbstverwaltung.
Sie widersetzt sich der Ausbeutung der Kolonialvölker, der gewaltsamen Zerstörung ihrer Wirtschaftsformen und ihrer Kultur.
Sie verlangt die internationale Abrüstung.
Sie tritt ein für die aus wirtschaftlichen Ursachen zwingend gewordene Schaffung der europäischen Wirtschaftseinheit, für die Bildung der Vereinigten Staaten von Europa, um damit zur Interessensolidarität der Völker aller Kontinente zu gelangen.
Sie fordert die Demokratisierung des Völkerbundes und seine Ausgestaltung zu einem wirksamen Instrument der Friedenspolitik.

Sozialdemokratischer Parteitag 1925 in Heidelberg, Protokoll mit dem Bericht der Frauenkonferenz, Berlin 1925, S. 5 ff.

18. Erklärung von Otto Wels in der Reichstagssitzung vom 23. März 1933

Wels (SPD-Abgeordneter): [...] Das Wort des Herrn Reichskanzlers erinnert uns aber auch an ein anderes, das am 23. Juli 1919 in der Nationalversammlung gesprochen wurde. Da wurde gesagt: „Wir sind wehrlos, wehrlos ist aber nicht ehrlos." (Lebhafte Zustimmung bei den Sozialdemokraten.) „Gewiß, die Gegner wollen uns an die Ehre, daran ist kein Zweifel. Aber daß dieser Versuch der Ehrabschneidung einmal auf die Urheber selbst zurückfallen wird, da es nicht unsere Ehre ist, die bei dieser Welttragödie zugrunde geht, das ist unser Glaube bis zum letzten Atemzug."

(Sehr wahr! bei den Sozialdemokraten. — Zuruf von den Nationalsozialisten: Wer hat das gesagt?)

— Das steht in einer Erklärung, die eine sozialdemokratisch geführte Regierung damals im Namen des deutschen Volkes vor der ganzen Welt abgegeben hat, vier Stunden bevor der Waffenstillstand abgelaufen war, um den Weitervormarsch der Feinde zu verhindern. — Zu dem Ausspruch des Herrn Reichskanzlers bildet jene Erklärung eine wertvolle Ergänzung.

Aus einem Gewaltfrieden kommt kein Segen;

(sehr wahr! bei den Sozialdemokraten)

im Innern erst recht nicht.

(Erneute Zustimmung bei den Sozialdemokraten.)

Eine wirkliche Volksgemeinschaft läßt sich auf ihn nicht gründen. Ihre erste Voraussetzung ist gleiches Recht. Mag sich die Regierung gegen rohe Ausschreitungen der Polemik schützen, mag sie Aufforderungen zu Gewalttaten und Gewalttaten selbst mit Strenge verhindern. Das mag geschehen, wenn es nach allen Seiten gleichzeitig und unparteiisch geschieht und wenn man es unterläßt, besiegte Gegner zu behandeln, als seien sie vogelfrei.

(Sehr wahr! bei den Sozialdemokraten.)

Freiheit und Leben kann man uns nehmen, die Ehre nicht.

(Lebhafter Beifall bei den Sozialdemokraten.)

Nach den Verfolgungen, die die Sozialdemokratische Partei in der letzten Zeit erfahren hat, wird billigerweise niemand von ihr verlangen oder erwarten können, daß sie für das hier eingebrachte Ermächtigungsgesetz stimmt. Die Wahlen vom 5. März haben den Regierungsparteien die Mehrheit gebracht und damit die Möglichkeit gegeben, streng nach Wortlaut und Sinn der Verfassung zu regieren. Wo diese Möglichkeit besteht, besteht auch die Pflicht.

(Sehr richtig! bei den Sozialdemokraten.)

Kritik ist heilsam und notwendig. Noch niemals, seit es einen Deutschen Reichstag gibt, ist die Kontrolle der öffentlichen Angelegenheiten durch die gewählten Vertreter des Volkes in solchem Maße ausgeschaltet worden, wie es jetzt geschieht,

(sehr wahr! bei den Sozialdemokraten)

und wie es durch das neue Ermächtigungsgesetz noch mehr geschehen soll. Eine solche Allmacht der Regierung muß sich um so schwerer auswirken, als auch die Presse jede Bewegungsfreiheit entbehrt.

Meine Damen und Herren! Die Zustände, die heute in Deutschland herrschen, werden vielfach in krassen Farben geschildert. Wie immer in solchen Fällen fehlt es auch nicht an Übertreibungen. Was meine Partei betrifft, so erkläre ich hier: wir haben weder in Paris um Intervention gebeten, noch Millionen nach Prag verschoben, noch übertreibende Nachrichten ins Ausland gebracht.

(Sehr wahr! bei den Sozialdemokraten.)

Solchen Übertreibungen entgegenzutreten wäre leichter, wenn im Inlande eine Berichterstattung möglich wäre, die Wahres vom Falschen scheidet.

(Lebhafte Zustimmung bei den Sozialdemokraten.)

Noch besser wäre es, wenn wir mit gutem Gewissen bezeugen könnten, daß die volle Rechtssicherheit für alle wiederhergestellt sei.

(Erneute lebhafte Zustimmung bei den Sozialdemokraten.)

Das, meine Herren, liegt bei Ihnen.

Die Herren von der Nationalsozialistischen Partei nennen die von ihnen entfesselte Bewegung eine nationale Revolution, nicht eine nationalsozialistische. Das Verhältnis ihrer Revolution zum Sozialismus beschränkt sich bisher auf den Versuch, die sozialdemokratische Bewegung zu vernichten, die seit mehr als zwei Menschenaltern die Trägerin sozialistischen Gedankengutes gewesen ist

(Lachen bei den Nationalsozialisten)

und auch bleiben wird. Wollten die Herren von der nationalsozialistischen Partei sozialistische Taten verrichten, sie brauchten kein Ermächtigungsgesetz.

(Sehr wahr! bei den Sozialdemokraten.)

Eine erdrückende Mehrheit wäre Ihnen in diesem Hause gewiß. Jeder von Ihnen im Interesse der Arbeiter, Bauern, der Angestellten, der Beamten oder des Mittelstandes gestellte Antrag könnte auf Annahme rechnen, wenn nicht einstimmig, so doch mit gewaltiger Majorität.

(Lebhafte Zustimmung bei den Sozialdemokraten. Lachen bei den Nationalsozialisten.)

Aber dennoch wollen Sie vorerst den Reichstag ausschalten, um Ihre Revolution fortzusetzen. Zerstörung von Bestehendem ist aber noch keine Revolution. Das Volk erwartet positive Leistungen. Es wartet auf durchgreifende Maßnahmen gegen das furchtbare Wirtschaftselend, das nicht nur in Deutschland, sondern in aller Welt herrscht.

Wir Sozialdemokraten haben in schwerster Zeit Mitverantwortung getragen und sind dafür mit Steinen beworfen worden.

(Sehr wahr! bei den Sozialdemokraten. —
Lachen bei den Nationalsozialisten.)

Unsere Leistungen für den Wiederaufbau von Staat und Wirtschaft, für die Befreiung der besetzten Gebiete werden vor der Geschichte bestehen.

(Zustimmung bei den Sozialdemokraten.)

Wir haben gleiches Recht für alle und ein soziales Arbeitsrecht geschaffen. Wir haben geholfen, ein Deutschland zu schaffen, in dem nicht nur Fürsten und Baronen, sondern auch Männern aus der Arbeiterklasse der Weg zur Führung des Staates offensteht.

(Erneute Zustimmung bei den Sozialdemokraten.)

Davon können Sie nicht zurück, ohne Ihren eigenen Führer preiszugeben.

(Beifall und Händeklatschen bei den Sozialdemokraten.)

Vergeblich wird der Versuch bleiben, das Rad der Geschichte zurückzudrehen. Wir Sozialdemokraten wissen, daß man machtpolitische Tatsachen durch bloße Rechtsverwahrungen nicht beseitigen kann. Wir sehen die machtpolitische Tatsache Ihrer augenblicklichen Herrschaft. Aber auch das Rechtsbewußtsein des Volkes ist eine politische Macht, und wir werden nicht aufhören, an dieses Rechtsbewußtsein zu appellieren.

Die Verfassung von Weimar ist keine sozialistische Verfassung. Aber wir stehen zu den Grundsätzen des Rechtsstaates, der Gleichberechtigung, des sozialen Rechtes, die in ihr festgelegt sind. Wir deutschen Sozialdemokraten bekennen uns in dieser geschichtlichen Stunde feierlich zu den Grundsätzen der Menschlichkeit und der Gerechtigkeit, der Freiheit und des Sozialismus.

(Lebhafte Zustimmung bei den Sozialdemokraten.)

Kein Ermächtigungsgesetz gibt Ihnen die Macht, Ideen, die ewig und unzerstörbar sind, zu vernichten. Sie selbst haben sich ja zum Sozialismus bekannt. Das Sozialistengesetz hat die Sozialdemokratie nicht vernichtet. Auch aus neuen Verfolgungen kann die deutsche Sozialdemokratie neue Kraft schöpfen.

Wir grüßen die Verfolgten und Bedrängten. Wir grüßen unsere Freunde im Reich. Ihre Standhaftigkeit und Treue verdienen Bewunderung. Ihr Bekennermut, ihre ungebrochene Zuversicht — —

(Lachen bei den Nationalsozialisten. — Bravo! bei den Sozialdemokraten.)

verbürgen eine hellere Zukunft.

(Wiederholter lebhafter Beifall bei den Sozialdemokraten. — Lachen bei den Nationalsozialisten.)

Stenographische Berichte des Deutschen Reichstages, Bd. 457, S. 32 ff.

19. Richtlinien für eine Deutsche Staatsverfassung 1945

Präambel

Die Achtung und der Schutz der Freiheit und der Würde der Persönlichkeit sind die unveräußerlichen Grundlagen des staatlichen und gesellschaftlichen Lebens der deutschen Republik.
In diesem Geiste erstrebt sie
eine gesellschaftliche Ordnung der sozialen Gerechtigkeit, der Humanität und des Friedens;
eine politische und soziale Demokratie, getragen von der Mitbestimmung und Mitverantwortung aller Bürger;
die Befreiung der Wirtschaft von den Fesseln des privaten Monopoleigentums und die Planung der Wirtschaft;
Schutz vor jeder wirtschaftlichen Ausbeutung;
Sicherung einer menschenwürdigen Existenz für alle;
Gleichheit der wirtschaftlichen und kulturellen Entwicklungsmöglichkeiten;
Förderung des geistigen und kulturellen Lebens der Nation und Erziehung ihrer Jugend im Geist der sittlichen Verantwortung, der Demokratie und der Völkerverständigung;
Ausschaltung des Krieges als Mittel der Politik;
internationale Einrichtungen, denen zur Sicherung des Friedens und des Wohlstandes aller Völker die nationalstaatliche Souveränität untergeordnet wird.

Aufbau des Staates

Deutschland ist eine Republik mit politischer und sozialer Demokratie. Es ist ein Einheitsstaat mit weitestgehender Dezentralisation und Selbstverwaltung.
Die öffentliche Gewalt geht vom Volk aus.
Das Staatsgebiet gliedert sich in Länder — ohne Rücksicht auf die bisherigen Ländergrenzen. Sie sollen unter wirtschaftlichen und kulturellen Gesichtspunkten gebildet werden, und zwar ungefähr im Umfang und den Grenzen eines durchschnittlichen Landesarbeitsamts der Weimarer Republik.
Die Gesetze und sonstige öffentliche Aufgaben sind weitestgehend durch die Länder und die sonstigen Körperschaften der gemeindlichen Selbstverwaltung durchzuführen.

Gleichheit aller Bürger

Alle Staatsbürger sind vor dem Gesetz gleich und haben dieselben staatsbürgerlichen Rechte und Pflichten.

Grundrechte

Die Freiheit der Person,
die Unverletzlichkeit der Wohnung, des Brief-, Post-, Telegramm- und Fernsprechgeheimnisses,
die Freiheit, durch Wort, Schrift, Bild oder in sonstiger Weise seine Meinung zu äußern,
und das Recht, zu Zwecken, die den Strafgesetzen nicht zuwiderlaufen, Vereinigungen zu bilden und sich zu versammeln,
genießen den Schutz des Staates.
Von der Freiheit der Vereinigung und der Meinungsäußerung ist jedoch grundsätzlich ausgeschlossen der Zusammenschluß und die Werbung für eine staatliche Ordnung, die ohne dauernde Beseitigung der Vereinigungsfreiheit und der Freiheit der Meinungsäußerung nicht aufrechterhalten werden kann.
Weitere Einschränkungen sind nur auf Grund von Gesetzen zulässig, z. B. zur Verhinderung von Bestrebungen, die den Völkerfrieden gefährden.

Der Volksrat

Der Volksrat besteht aus den Abgeordneten des Volkes. Sie werden in allgemeiner, gleicher, unmittelbarer und geheimer Wahl gewählt. Wahlberechtigt und wählbar sind Männer und Frauen über 21 Jahren! Der Wahltag muß ein Sonntag oder öffentlicher Ruhetag sein. Der Volksrat wird für vier Jahre gewählt.
Gewählt wird nach dem Grundsatz der Einmännerwahlkreise.
Durch besondere Vorkehrungen soll erreicht werden, daß die Reststimmen starker Minderheiten bei der Gesamtzusammenstellung des Volksrats berücksichtigt werden.
Dem Volksrat stehen beratende Körperschaften zur Seite, in denen sowohl Vertreter interessierter Berufs- und Kulturgruppen als auch Sachverständige, die durch den Volksrat oder die Regierung berufen sind, ihren Sitz haben.

Der Staatspräsident und die Regierung

Der Staatspräsident wird vom Volksrat gewählt. Seine Amtszeit beträgt fünf Jahre. Wiederwahl ist zulässig.
Vor Ablauf seiner Amtszeit kann der Staatspräsident nur durch eine Dreiviertelmehrheit des Volksrats aus dem Amt entfernt werden.
Die Regierung besteht aus dem Ministerpräsidenten und den Staatsministern. Der Ministerpräsident, und auf seinen Vorschlag die Minister, werden vom Staatspräsidenten ernannt. Der Ministerpräsident und die Minister bedürfen zu ihrer Amtsführung des Vertrauens des Volksrats.
Zur Herbeiführung stabiler Regierungen und zur Beschränkung der Vertrauensentziehung auf grundsätzlich wichtige Anlässe ist vorzusehen:

1. daß einzelne Mitglieder oder die ganze Regierung zum Rücktritt nur dann gezwungen werden, wenn der Volksrat ein ausdrückliches Mißtrauensvotum gegen sie angenommen hat;
2. daß nur motivierte Mißtrauensvoten eingebracht werden dürfen;
3. daß der Volksrat kein uneingeschränktes Recht hat, Ausgaben zu beschließen.

Schutz der Verfassungsgrundlagen

Zur Verteidigung der Grundlagen des Staates wird ein Staatsrat eingesetzt, dessen Mitglieder vom Staatspräsidenten ernannt werden. Er soll aus erfahrenen Personen des öffentlichen Lebens bestehen, unter ihnen hohe richterliche Beamte. Die nicht-richterlichen Mitglieder des Staatsrates sollen die Mehrheit bilden. Die Mitglieder des Staatsrates scheiden mit der Vollendung des 65. Lebensjahres aus.
Dem Staatsrat steht als Verfassungsgerichtshof die ausschließliche gerichtliche Entscheidung darüber zu,

1. ob ein Gesetz, das nicht nach den Vorschriften über Verfassungsänderungen beschlossen worden ist, als mit dem Geist der Verfassung in Widerspruch stehend ungültig ist.
2. welche Betätigungen von der Vereinigungsfreiheit und der Freiheit der Meinungsäußerung ausgeschlossen sind, weil sie eine staatliche Ordnung erstreben, die ohne dauernde Beseitigung der Vereinigungsfreiheit und der Freiheit der Meinungsäußerung nicht aufrechterhalten werden kann.

Mit Zustimmung des Staatsrats kann der Staatspräsident, wenn die öffentliche Sicherheit und Ordnung gefährdet sind, die Freiheit der Person, die Unverletzlichkeit der Wohnung, das Brief-, Post-, Telegramm- und Fernsprechgeheimnis, die Freiheit der Meinungsäußerung und die Vereins- und Versammlungsfreiheit vorübergehend über die in den bestehenden Gesetzen vorgesehenen Einschränkungen hinaus weiter einschränken oder ganz aufheben. Der Staatspräsident hat den Volksrat unverzüglich über die getroffenen Maßnahmen zu unterrichten; auf dessen Verlangen sind sie aufzuheben.

Die Gesetzgebung

Die Gesetzesvorlagen werden von der Regierung oder aus der Mitte des Volksrates eingebracht. Alle Gesetzesvorlagen sind den beratenden Fachkörperschaften zur Stellungnahme zuzuleiten. Die Gesetze werden im Volksrat beschlossen. Der Staatspräsident hat die beschlossenen Gesetze auszufertigen und binnen Monatsfrist im Gesetzblatt zu verkünden.
Für die Berücksichtigung der Wünsche und Vorschläge starker Minderheiten wird vorgesehen, daß auf ihren Antrag hin nach Ablauf einer Frist von vier Wochen eine erneute Lesung des Gesetzes stattfinden muß. Deren Resultat ist endgültig.
Volksbegehren und Volksentscheid kann ein Mittel der Gesetzgebung sein. Verfassungsänderungen können beschlossen werden durch eine Zweidrittelmehrheit des Volksrats oder durch einfache Mehrheit des Volksrats, falls diese die Zustimmung der Mehrheit der Stimmberechtigten in einem Volksentscheid erhält.
Die Erteilung einer befristeten Gesetzgebungsvollmacht an die Regierung für einen Notstand kann mit einfacher Mehrheit beschlossen werden. Der Volksrat hat das Recht, die Aufhebung der so erlassenen Vorschriften zu verlangen.

Die Rechtspflege

Die Berufsrichter einschließlich der Verwaltungsrichter sind unabhängig und nur dem Gesetz unterworfen. Sie werden — abgesehen von Sonderregelungen für die Übergangszeit — auf Lebenszeit ernannt.

Es gibt keine Ausnahmegerichte. Niemand darf seinem gesetzlichen Richter entzogen werden.
Eine Handlung kann nur dann mit einer Strafe belegt werden, wenn diese Strafe gesetzlich bestimmt war, bevor die Tat begangen wurde.
Zum Schutz des Einzelnen gegen unberechtigte Anordnungen und Verfügungen der Verwaltungsbehörde müssen Verwaltungsgerichte bestehen.

Staatsfunktionäre

Alle Staatsbürger sind nach Maßgabe der Gesetze und entsprechend ihrer Befähigung und ihrer Leistungen zu den öffentlichen Ämtern zugelassen.
Allen Beamten wird die Freiheit ihrer politischen Gesinnung und die Vereinigungsfreiheit gewährleistet. Ihre politische Aktivität muß ihre Grenze finden in ihrer Pflicht, Diener der Gesamtheit, nicht einer Partei zu sein.

Religion und Religionsgesellschaften

Es besteht Trennung von Kirche und Staat.
Es herrscht Glaubens- und Gewissensfreiheit für alle. Niemand ist verpflichtet, seine religiöse Überzeugung zu offenbaren.

Bildung und Schule

Die Kunst, die Wissenschaft und ihre Lehre sind frei. Der Staat gewährt ihnen Schutz und nimmt an ihrer Pflege teil.
Das allgemeine Schulwesen ist öffentlich. Jugendfürsorge und Jugendwohlfahrt sind öffentliche Aufgaben.
Die Religionsgesellschaften und andere Weltanschauungsgemeinschaften haben das Recht, außerhalb des staatlichen Unterrichts denjenigen Kindern Unterricht in ihrer Weltanschauung zu erteilen, die selber oder deren Erziehungsberechtigte dies ausdrücklich wünschen.

Die Wirtschaft

Die Wirtschaft steht im Dienst der Gesellschaft.
Ihre Aufgabe ist, eine menschenwürdige Existenz für alle zu sichern und den allgemeinen Wohlstand zu heben.
Das erfordert die Freiheit von wirtschaftlicher Ausbeutung, die Gleichheit der wirtschaftlichen Entwicklungsmöglichkeiten und die freie Entfaltung der Fähigkeiten aller.
Die wirtschaftlichen Schlüsselstellungen sind öffentlicher Besitz oder unterliegen staatlicher Kontrolle.
Mit Hilfe dieser Schlüsselstellungen und besonders durch die Entscheidung über Umfang und Zweck der Investitionen wird die Gesamtwirtschaft staatlich geplant.
Die Festsetzung des staatlichen Wirtschaftsplanes erfolgt durch Gesetz.
Bei der Aufstellung des Wirtschaftsplanes muß die Wirtschaftskammer, in der die wirtschaftlichen Berufsverbände und sonstigen Interessenvertretungen entsprechend ihrer wirtschaftlichen und sozialen Bedeutung vertreten sind, zur Beratung und Begutachtung herangezogen werden.

Die Kontrolle der Durchführung des Wirtschaftsplanes ist durch demokratische Körperschaften der Wirtschaft auf allen Stufen zu sichern, in den einzelnen Betrieben durch die Mitarbeit von Vertretern der Arbeitnehmer.
Im Rahmen der staatlichen Planung ist der freien Initiative und dem wirtschaftlichen Wettbewerb der einzelnen staatlichen, genossenschaftlichen und privaten Betriebe die größtmögliche Freiheit zu sichern.

Arbeitsrecht

Es wird ein einheitliches Arbeitsrecht geschaffen. Jedem Staatsbürger soll die Möglichkeit gegeben werden, durch Arbeit seinen Lebensunterhalt zu erwerben. Soweit ihm angemessene Arbeitsgelegenheit nicht nachgewiesen werden kann, hat er einen Anspruch darauf, daß für seinen Unterhalt gesorgt wird.
Jedem wird die gleiche Möglichkeit für seine Berufswahl und Berufsausbildung gegeben.
Die Vereinigungsfreiheit zur Wahrung und Förderung der Arbeits- und Wirtschaftsbedingungen ist für jedermann und für alle Berufe gewährleistet. Alle Abreden und Maßnahmen, die diese Freiheit einzuschränken oder zu behindern suchen, sind rechtswidrig.
Die Arbeitnehmer aller Betriebe und Verwaltungen wählen Betriebsräte zur Vertretung ihrer Interessen.

Fürsorge- und Gesundheitswesen

Das Fürsorge- und Gesundheitswesen ist eine öffentliche Angelegenheit.
Zur Erhaltung der Gesundheit, zum Schutz der Mutterschaft, zur Vorsorge gegen wirtschaftliche Folgen von Alter oder Unfällen wird eine einheitliche Sozialversicherung geschaffen, bei der die Versicherten maßgebend mitzuwirken haben.

Zur Politik Deutscher Sozialisten. Politische Kundgebungen und programmatische Richtlinien der Union deutscher sozialistischer Organisationen in Großbritannien. London 1945, S. 5 ff.

Literaturhinweise

Abendroth, Wolfgang: Aufstieg und Krise der deutschen Sozialdemokratie. Das Problem der Zweckentfremdung einer politischen Partei durch die Anpassungstendenz von Institutionen an vorgegebene Machtverhältnisse. Frankfurt a. M. 1964.

Adolph, Hans J. L.: Otto Wels und die Politik der deutschen Sozialdemokratie 1894—1939. Eine politische Biographie. Berlin 1971.

Arbeiterbewegung und SPD. Band 1. Georg *Fülberth* / Jürgen *Harrer:* Die deutsche Sozialdemokratie 1890—1933. Darmstadt und Neuwied 1974.

Balser, Frolinde: Sozial-Demokratie 1848/49—1863. Die erste deutsche Arbeiterorganisation „Allgemeine Arbeiterverbrüderung" nach der Revolution. (Industrielle Welt 2), 2 Bde., Stuttgart 1962.

Bebel, August: Aus meinem Leben. 3 Teile, 1. Aufl. Stuttgart 1910—1914.

Bernstein, Eduard: Die Voraussetzungen des Sozialismus und die Aufgaben der Sozialdemokratie. Berlin — Bonn-Bad Godesberg 1973.

**Besson*, Waldemar: Friedrich Ebert — Verdienst und Grenze. Göttingen 1962.

Blumenberg, Werner: Kämpfer für die Freiheit. 2. Aufl. Berlin — Bonn-Bad Godesberg 1974.

**Blumenberg*, Werner: Karl Marx in Selbstzeugnissen und Bilddokumenten. rowohlts monographien Nr. 76, Reinbek 1962.

Bracher, Karl Dietrich: Deutschland zwischen Demokratie und Diktatur. Beiträge zur neueren Politik und Geschichte. Berlin und München 1964.

Braun, Otto: Von Weimar zu Hitler. New York 1940.

Braunthal, Julius: Geschichte der Internationale. 3 Bde., Hannover 1961/63/71 (Neuauflage Bd. 1/2 1974).

Bry, Gerhard: Wages in Germany 1871—1945. A Study by the National Bureau of Economic Research New York. (Princeton University Press) Princeton 1960.

Conze, Werner und *Groh*, Dieter: Die Arbeiterbewegung in der nationalen Bewegung. Die deutsche Sozialdemokratie vor, während und nach der Reichsgründung. (Industrielle Welt 6) Stuttgart 1966.

Dederke, Karlheinz: Reich und Republik. Deutschland 1917—1933. In Verbindung mit dem Institut für Zeitgeschichte, München. Stuttgart 1969.

* Preiswerte Taschenbücher unter 10,— DM.

Eckert, Georg (Hrsg.): 100 Jahre deutsche Sozialdemokratie. Hannover 1963.

Edinger, Lewis J.: Sozialdemokratie und Nationalsozialismus. Der Parteivorstand der SPD im Exil von 1933—1945. Hannover/Frankfurt a. M. 1960.

**Eichler*, Willi: Hundert Jahre Sozialdemokratie. Hrsg. Vorstand der SPD, Bonn. Bielefeld [1963].

Fetscher, Iring, *Grebing*, Helga, *Dill*, Günter (Hrsg.): Der Sozialismus. Vom Klassenkampf zum Wohlfahrtsstaat. Text, Bilder, Dokumente. München 1968.

Fromm, Erich: Das Menschenbild bei Marx. 3. Aufl. Frankfurt a. M. 1969.

**Grebing*, Helga: Geschichte der deutschen Arbeiterbewegung. dtv-Taschenbuch Nr. 647, 3. Aufl. München 1972.

Groh, Dieter: Negative Integration und revolutionärer Attentismus. Die deutsche Sozialdemokratie am Vorabend des 1. Weltkrieges. Frankfurt/Berlin 1973.

**Hirsch*, Helmut: August Bebel. Sein Leben in Dokumenten, Reden und Schriften. rowohlts monographien Nr. 196, Reinbek 1973.

**Hirsch*, Helmut: Friedrich Engels. rowohlts monographien Nr. 142, Reinbek 1968.

**Hirsch*, Helmut: Rosa Luxemburg. rowohlts monographien Nr. 158, Reinbek 1969.

**Hofmann*, Werner: Ideengeschichte der sozialen Bewegung des 19. und 20. Jahrhunderts. Sammlung Göschen Bd. 4205, 4. Aufl. Berlin 1971.

Hunt, Richard N.: German Social Democracy 1918—1933. New Haven/London 1964.

Institut für Marxismus-Leninismus beim ZK der SED (Hrsg.): Geschichte der deutschen Arbeiterbewegung. 8 Bde., Berlin-DDR 1966.

Kastning, Alfred: Die deutsche Sozialdemokratie zwischen Koalition und Opposition 1919—1923. Paderborn 1970.

Klotzbach, Kurt: Bibliographie zur Geschichte der deutschen Arbeiterbewegung 1914—1945 (Archiv für Sozialgeschichte, Beiheft 2). Bonn-Bad Godesberg 1975.

Kolb, Eberhard (Hrsg.): Vom Kaiserreich zur Weimarer Republik. Köln 1972.

Kremendahl, Hans / *Meyer*, Thomas: (Hrsg): Sozialismus und Staat, 2 Bde., Kronberg Ts. 1974.

Kuczynski, Jürgen: Die Geschichte der Lage der Arbeiter unter dem Kapitalismus. Bde. 1—21, Berlin-DDR 1961 ff.

**Lassalle*, Ferdinand: Reden und Schriften. Hrsg. von Friedrich Jenaczek. dtv-Taschenbuch Nr. 676, München 1970.

---

* Preiswerte Taschenbücher unter 10,— DM.

**Limmer*, Hans: Die deutsche Gewerkschaftsbewegung. Reihe „Geschichte und Staat" Nr. 116, München 1966.
**Luxemburg*, Rosa: Schriften zur Theorie der Spontaneität. Rowohlt Klassiker Nr. 249, Reinbek 1970.

Marx, Karl / *Engels*, Friedrich: Studienausgabe in vier Bänden. Fischer-Bücherei Nr. 6059, 6060, 6061, 6062, Frankfurt a. M. 1966.
Matthias, Erich: Kautsky und der Kautskyanismus. Die Funktion der Ideologie in der deutschen Sozialdemokratie vor dem ersten Weltkrieg. In: Marxismus-Studien 2, 1957, S. 151—197.
Matthias, Erich: Sozialdemokratie und Nation. Ein Beitrag zur Ideengeschichte der sozialdemokratischen Emigration in der Prager Zeit des Parteivorstandes 1933—1938. Stuttgart 1952.
Matthias, Erich: Die Sozialdemokratische Partei Deutschlands. In: Das Ende der Parteien 1933, hrsg. von Erich Matthias und Rudolf Morsey. Düsseldorf 1960, S. 101—278.
Mehring, Franz: Geschichte der deutschen Sozialdemokratie. 4 Bde., 10. Aufl. Stuttgart 1921 (Neudruck 2 Bde., Berlin-DDR 1960).
Miller, Susanne: Burgfrieden und Klassenkampf. Die deutsche Sozialdemokratie im Ersten Weltkrieg. Düsseldorf 1974.
Miller, Susanne: Das Problem der Freiheit im Sozialismus. Freiheit, Staat und Revolution in der Programmatik der Sozialdemokratie von Lassalle bis zum Revisionismusstreit. Frankfurt 1964 (Neuausgabe Bonn-Bad Godesberg 1974).
**Mommsen*, Hans (Hrsg.): Sozialdemokratie zwischen Klassenbewegung und Volkspartei. Fischer Athenäum Taschenbuch, Frankfurt 1974.

Na'aman, Shlomo: Lassalle. Hannover 1970.
Nettl, J. Peter: Rosa Luxemburg. 2. Aufl. Köln/Berlin 1968.
**Neumann*, Sigmund: Die Parteien der Weimarer Republik. Hrsg. von Karl Dietrich Bracher. Urban-Taschenbücher, Nr. 175, 3. Aufl. 1973.
Nichols, Anthony und *Matthias*, Erich (Hrsg.): German Democracy and the Triumph of Hitler. Essays in Recent German History. London 1971.

Osterroth, Franz: Biographisches Lexikon des Sozialismus. Hannover 1960.
Osterroth, Franz/*Schuster*, Dieter: Chronik der deutschen Sozialdemokratie. Hannover 1963 (Neuausgabe, Band 1: Bis zum Ende des Ersten Weltkrieges, Bonn-Bad Godesberg 1975).

Prager, Eugen: Geschichte der USPD. Entstehung und Entwicklung der Unabhängigen Sozialdemokratischen Partei Deutschlands. Berlin 1922 (Neudruck: Glashütten i. Taunus 1970).
Programmatische Dokumente der deutschen Sozialdemokratie. Hrsg. und eingeleitet von Dieter Dowe und Kurt Klotzbach. Berlin — Bonn-Bad Godesberg 1973.

* Preiswerte Taschenbücher unter 10,— DM.

**Programme* der deutschen Sozialdemokratie. Hrsg. Bundessekretariat der Jungsozialisten. Bonn 1963 (Fortdrucke).

Ritter, Gerhard A.: Die Arbeiterbewegung im Wilhelminischen Reich. Die Sozialdemokratische Partei und die Freien Gewerkschaften 1890 bis 1900. Berlin-Dahlem 1959.

Ritter, Gerhard A. und *Miller*, Susanne: Die deutsche Revolution 1918 bis 1919. Dokumente. 2. erweiterte und überarbeitete Aufl. Hamburg 1975.

Röder, Werner: Die deutschen sozialistischen Exilgruppen in Großbritannien. Ein Beitrag zur Geschichte des Widerstandes gegen den Nationalsozialismus. 2. Aufl. Bonn-Bad Godesberg 1973.

Rosenberg, Arthur: Entstehung und Geschichte der Weimarer Republik. (Neuauflage) Frankfurt a. M. 1955.

Schorske, Carl E.: German Social Democracy 1905—1917. The Developement of the Great Schism. Cambridge (Mass.) 1955.

**Schumacher*, Kurt: Der Kampf um den Staatsgedanken in der deutschen Sozialdemokratie. Urban-Taschenbücher Nr. 839, Stuttgart 1973.

**Schuster*, Dieter: Die Deutsche Gewerkschaftsbewegung/DGB. Hrsg.: DGB-Bundesvorstand, 3. Aufl. Düsseldorf 1971.

Stampfer, Friedrich: Die vierzehn Jahre der ersten deutschen Republik. 3. Aufl. Hamburg [1953].

Steinberg, Hans-Josef: Sozialismus und deutsche Sozialdemokratie. Zur Ideologie der Partei vor dem 1. Weltkrieg. 3. Aufl. Bonn-Bad Godesberg 1972.

Tormin, Walter: Geschichte der deutschen Parteien seit 1848. 2. Aufl. Stuttgart/Berlin/Köln/Mainz 1967.

**Uexküll*, Gösta von: Ferdinand Lassalle. rowohlts monographien Nr. 212, Reinbek 1974.

Varain, Heinz Josef: Freie Gewerkschaften, Sozialdemokratie und Staat. Die Politik der Generalkommission unter der Führung Carl Legiens (1890—1920). Düsseldorf 1956.

Wachenheim, Hedwig: Die deutsche Arbeiterbewegung 1844—1914. Köln und Opladen 1967 (Auch Ausgabe der Büchergilde Gutenberg).

Weber, Hermann (Hrsg.): Der deutsche Kommunismus. Hrsg. und kommentiert von Hermann Weber. Köln 1963.

Weber, Hermann (Hrsg.): Das Prinzip Links. Eine Dokumentation. Beiträge zur Diskussion des demokratischen Sozialismus in Deutschland 1847 bis 1973. Hannover 1973.

Weisenborn, Günther (Hrsg.): Der lautlose Aufstand. Bericht über die Widerstandsbewegung des deutschen Volkes 1933—1945. 2. Aufl. Hamburg 1954.

* Preiswerte Taschenbücher unter 10,— DM.

Personen-Register